HTML5와 CSS3로 작성하는
반응형 웹 디자인 **2판**

HTML5와 CSS3로 작성하는

반응형 웹 디자인 2판

벤 프레인 지음 | 류영선 옮김

[PACKT] PUBLISHING   정보문화사 Information Publishing Group

이 책은 Packt Publishing과 정보문화사가 정식 계약하여 번역한 책입니다. 저작권법에 의해 한국 내에서 보호를 받는 저작물로 무단 전재와 복제를 금합니다.

HTML5와 CSS3로 작성하는
반응형 웹 디자인 2판

초판 1 쇄 인쇄 | 2016 년 4 월 20 일
초판 1 쇄 발행 | 2016 년 4 월 25 일

지 은 이 | 벤 프레인
옮 긴 이 | 류영선
발 행 인 | 이상만
발 행 처 | 정보문화사

책임편집 | 최동진
편집진행 | 노미라

주   소 | 서울시 종로구 대학로 12 길 38 (정보빌딩)
전   화 | (02)3673-0037(편집부) / (02)3673-0114(代)
팩   스 | (02)3673-0260
등   록 | 1993 년 8 월 20 일 제 1-1013 호
홈페이지 | www.infopub.co.kr

I S B N | 978-89-5674-685-2

※ 책값은 뒤표지에 있습니다.
※ 잘못된 책은 구입한 서점에서 바꿔 드립니다.

저자 소개

벤 프레인^{Ben Frain}은 1996년부터 웹 디자이너이자 개발자로 일해 왔다. 현재는 bet365에서 수석 프론트엔드 개발자로 일하고 있다.

샐퍼드 대학교에서 미디어와 공연학을 전공했으며, TV 드라마의 무명 연기자 및 기술 저널리스트로 일했다.

잘 알려지지 않은(그의 말에 따르면) 네 편의 시나리오를 집필했으며, 아직도 그 중 하나는 팔릴 것이라 믿고 있다. 일 외적으로는, 체력과 그의 아내가 허락하는 한 계속해서 실내축구를 즐기려 하며, 그의 두 아들과 뛰어 놀기를 좋아한다.

그가 쓴 또 다른 책, '디자이너를 위한 사스와 컴파스'도 있다.

홈페이지 www.benfrain.com와 트위터 twitter.com/benfrain에서 그를 만날 수 있다.

이 책의 기술 감수자들의 헌신과 소중한 의견에 감사한다. 그들 덕분에 더 좋은 책을 완성할 수 있었다.

또한 웹 커뮤니티에 감사드린다. 그들의 정보 공유가 없었다면 웹 개발자로서 내 일을 즐길 수 없었을 것이다.

마지막으로 가장 중요한 내 가족에게 감사의 말씀을 전하고 싶다. 이 책을 위해 많은 TV 에피소드(아내)와 차 한잔(부모님), 그리고 칼싸움(아들)이 희생됐다.

기술 감수자 소개

에스테판 S 아베이트^{Esteban S. Abait}는 수석 소프트웨어 설계자다. 그는 복잡한 소프트웨어 제품의 구조를 고안하고 개발을 계획했고 시스코, 인튜이트, 사우스 웨스트 같은 국내외 다양한 고객과 일해 왔다. 자바, PHP, 루비 및 Node.js 같은 다양한 기술을 사용해 작업해 왔으며, 최근 몇 년 동안은 웹과 모바일, REST API가 그의 주요 관심사였다. 자바 스크립트를 사용해 대규모의 유지 보수 웹 애플리케이션을 개발했으며, 또한 REST 클라이언트를 작업했다. 한편으로 복제, 샤딩^{Sharding} 또는 분산 캐시가 핵심인 높은 트래픽을 가진 웹사이트를 작업했다.

에스테판은 Globant사에서 현재 기술 이사로 일하고 있다. 프로젝트의 결과가 기한 내 최고의 품질을 만족시키도록 하는 것이 그의 역할이다. 또한 소프트웨어 프로그램 교육을 설계하고 소프트웨어 개발자들을 인터뷰한다. 그리고 고객에게 웹 기술에 대한 컨설팅을 제공한다.

Globant(http://www.globant.com/)사는 기술 서비스를 제공하는 새로운 회사로, 새로운 기술과 트렌드를 활용해 혁신적인 소프트웨어 솔루션을 제공하고 있다. Globant는 디지털 회사의 창의적이고 문화적인 접근 방식으로 공학과 IT 서비스 제공자의 기술적 엄격함을 결합하고 있다. Globant는 엔지니어링과 디자인, 혁신이 만나는 장소다.

크리스토퍼 스콧 에르난데스^{Christopher Scott Hernandez}는 1996년 아버지를 위해 최초로 보트 실내 장식 사이트를 구축한 이후 웹 사이트를 개발해 온 디자이너이자 개발자다. 그는 이후 이베이, 링크드인, 애플 등 세계에서 가장 방문자 수가 많은 크고 작은 회사에서 자신의 전문지식을 가지고 일해 왔다.

그는 또한 팩트 출판사의 'HTML5 멀티미디어 개발 쿡북'을 기술 감수했다. 크리스는 열렬한 독자이며 책을 사랑한다. 코드를 작성하지 않을 때는 아내와 딸과 함께 아름다운 텍사스 오스틴의 산책로를 거닐며 시간을 보내는 것을 즐긴다.

모비 레드포드^{Mauvis Ledford}는 웹과 모바일 웹, 클라우드 응용프로그램 스케일링 분야를 전문으로 하는 풀스택 개발자이자 CTO이다.

모비는 디즈니 모바일과 스카이프, 넷플릭스 그리고 샌프란시스코와 뉴욕시의 많은 스타트업 기업의 발전에 기여했다. 그는 현재 무료 반응형 멀티미디어 e포트폴리오와 디지털 이력서를 전문으로 하는 스타트업 기업인 Pathbrite사의 CTO다. http://www.pathbrite.com을 방문하여 자신만의 디지털 이력서를 만들어 보자.

모비는 또한 팩트 출판사의 'HTML5와 CSS3로 작성하는 반응형 웹 디자인' 1판과 오넬리 미디어의 '자바와 자바스크립트로 구축하는 하이브리드 안드로이드 애플리케이션'의 기술 감수자다.

소피 윌리엄스^{Sophie Williams}는 완벽주의자로서 타이포그래피 전문가다. 그녀는 그래픽 디자인을 전공했으며 현재 www.bet365.com에서 웹과 UI 디자이너로 일하고 있다. 웹 디자인을 사랑하지만, 가슴 한편으로는 활자와 인쇄물에 대한 동경을 가지고 있다. 일 외적으로는 컵케이크를 만들고, 예술과 공예작업을 사랑하며, 현실 세계가 잘못됐을 때 이를 지적하는 것을 좋아한다.

웹 사이트 www.sophiewill.com나 트위터 @sophiewill13에서 소피를 만날 수 있다.

역자의 글

'HTML5와 CSS3로 배우는 반응형 웹 디자인' 1판이 출간된 것이 2012년 9월이었으니, 3년 6개월 만에 개정판이 출간된 셈이다. 짧다면 짧은 시간이지만, 웹 디자인 세상에서 이 시간은 엄청난 변화가 일어날 수 있는 긴 시간이다. 이 책도 2판이라는 이름이 무색할 만큼, 제목과 목차를 제외한 거의 모든 내용이 새로운 웹 기술의 발전에 맞게 다시 쓰여지고 보강되었다. 돌이켜 보면 1판에서 불가능했거나 별도의 서드 파티 솔루션을 사용해야 했던 많은 기술들이 W3C에 의해 표준화된 방법으로 제공되기 시작했고, 이런 개선된 방법들로 인해 반응형 웹 디자인의 구축도 한결 쉬워졌다.

이미 1판을 읽은 독자라면 2판은 이런 기술변화가 어떻게 반응형 웹 디자인에 적용되었는지 확인할 수 있는 좋은 기회가 될 것이다. 1판을 놓친 독자라면 신기술로 바로 자신의 반응형 웹 디자인을 구축할 수 있는 좋은 지침서가 될 것이다.

1판에 비해 용어도 손을 보았다. 잘 쓰지 않는 한글 용어보다는 현장에서 많이 쓰는 용어를 사용하여 최대한 개발자들이 볼 때 이질감이 없도록 하였다. 꽤 많은 노력을 기울이고 단어 하나, 조사 하나의 선택에도 많은 고민을 하였지만, 저자의 의도를 충분히 전달하지 못하거나 잘못 번역된 부분이 있을 수 있다. 잘못된 부분이나 책의 내용과 관련된 어떤 의견도 보내주면 소중히 다루도록 하겠다.

역자 메일 주소 : youngsun.ryu@gmail.com

끝으로 항상 내 삶의 원동력이 되어 주는 아내 지은과 딸 예서, 사랑하는 가족에게 감사를 드린다. 상투적인 문구일지 모르겠지만, 특히 이번 작업은 가족 겨울 여행과 아빠와의 놀이 시간이 희생된 결과다. 이들이 옆에 없었다면 이 책은 결코 완성되지 못했을 것이다.

서 문

반응형 웹 디자인은 스마트폰부터 데스크탑에 이르는 모든 디바이스에서 잘 어울리는 단일 솔루션을 제공해 준다. 반응형 웹 디자인은 쉽게 모든 사용자의 스크린 크기에 반응하여, 현재뿐 아니라 미래의 디바이스에 이르기까지 모든 디바이스에서 최상의 사용자 경험을 제공할 것이다.

이 책은 반응형 웹 디자인의 모든 핵심내용을 다루고 있다. 그리고 반응형 디자인 방법론에, HTML5와 CSS3가 제공하는 가장 최신의, 그리고 유용한 기술을 적용해 그 어느 때보다 훨씬 더 유지하기 쉽고 간결한 디자인을 만드는 방법을 제시한다. 또한 코드와 이미지, 파일을 작성하고 배포하는 공통적인 모범사례^{Best Practice}도 설명한다.

HTML5와 CSS3만 이해하고 있다면, 지금 바로 반응형 웹 디자인을 작성할 수 있다.

이 책의 구성

1장. '반응형 웹 디자인 핵심'에서는 반응형 웹 디자인 코딩에 필요한 주요 기술에 대해 전반적으로 알아본다.

2장. '미디어 쿼리 – 다양한 뷰포트의 지원'에서는 CSS 미디어 쿼리에 대해 알아야 할 모든 것을 다룬다. CSS 미디어 쿼리의 기능과 구문, 그리고 다양한 사용 방법에 대해 설명한다.

3장. '유동형 레이아웃과 반응형 이미지'에서는 비례형 레이아웃과 반응형 이미지의 작성 방법과 함께 플렉스박스 레이아웃에 대해 자세히 설명한다.

4장. '반응형 웹 디자인을 위한 HTML5'에서는 HTML5의 모든 시맨틱 요소 – 텍스트 레벨 시맨틱과 접근성에 대한 고려사항을 설명한다. 또한 HTML5로 페이지에 비디오와 오디오를 삽입하는 방법을 배운다.

5장. 'CSS3 – 선택자, 타이포그래피, 색상 모드 그리고 새로운 기능'에서는 무한한 가능성을 제공해주는 CSS의 선택자와 HSLA, RGBA 색상, 웹 타이포그래피, 뷰포트 상대 단위에 대해 설명한다.

6장. 'CSS3의 멋진 기능'에서는 CSS 필터와 박스 섀도, 선형 및 원형 그라디언트, 다중 배경 및 고해상도 디바이스에서 배경 이미지를 사용하는 방법에 대해 설명한다.

7장. '독립적인 해상도 SVG의 사용'에서는 자바스크립트를 사용해 상호작용하는 방법뿐 아니라 문서와 배경 이미지에서 SVG를 사용하는 데 필요한 모든 것을 설명한다.

8장. 'CSS3 트랜지션, 트랜스폼 그리고 애니메이션'에서는 CSS로 엘리먼트에 애니메이션을 적용하고 트랜스폼하는 방법을 배운다.

9장. 'HTML5와 CSS3로 폼 정복'에서는 사용하기 어려웠던 웹 폼을 최신 HTML5와 CSS3 기술로 얼마나 쉽게 처리할 수 있게 되었는지 설명한다.

10장. '반응형 웹 디자인으로의 접근'에서는 반응형 웹 디자인을 시작하기 전에 고려해야 할 필수 사항을 알아보고, 마지막으로 여러분의 반응형 도전에 도움이 될 몇 가지 조언을 전한다.

필요한 준비물
- 텍스트 에디터
- 최신 브라우저
- 농담을 즐길 수 있는 여유

대상 독자

모바일용 웹사이트와 대형 디스플레이용 웹사이트를 따로 제작하고 있는가? 또는 이미 첫 번째 반응형 웹 디자인을 구현했지만, 이들을 한데 합치는데 어려움을 겪고 있는가? 그렇다면 이 책 'HTML5와 CSS3로 작성하는 반응형 웹 디자인(2판)'은 여러분의 웹 사이트를 한 단계 발전시키는 데 필요한 모든 것을 제공해 줄 것이다.

이 책을 따라 하는데 약간의 HTML와 CSS에 대한 지식이 필요하다. 하지만 그 외 반응형 디자인과 좋은 웹 사이트 제작에 필요한 지식은 모두 이 책에 담겨 있다.

편집 규약

이 책에서 본문과 구분되는 몇 가지 텍스트 스타일이 사용됐다. 몇 가지 예와 의미는 다음과 같다.

텍스트의 코드 워드나 데이터베이스 테이블 이름, 폴더 이름, 파일 이름, 파일 확장자, 경로 이름, 더미 URL, 사용자 입력, 트위터 핸들은 다음과 같이 표기한다.
"앞의 문제는 <head>에 다음 코드를 추가함으로써 쉽게 해결할 수 있다."

코드 블록은 다음과 같이 표기한다.

```
img {
  max-width: 100%;
}
```

새로운 용어와 중요 단어는 **굵은체**로 표시한다. 컴퓨터 화면에 표시되는 메뉴나 대화 상자의 텍스트는 다음과 같이 표시했다. "간단하게 URL을 선택하고 **'START TEST'**를 클릭한다."

> **NOTE**
> 경과나 중요한 참고사항은 이와 같은 박스로 표시된다.

> **TIPS**
> 팁과 트릭은 이렇게 표시된다.

독자 의견

독자의 의견은 언제나 환영이다. 이 책에 대한 여러분의 생각(좋은 점이든 나쁜 점이든)을 알려주기 바란다. 더 유익한 책을 만들기 위해 독자의 의견은 무엇보다 중요하다.

일반적인 의견은 메시지 제목을 책의 제목으로 작성해서 feedback@packtpub.com 으로 메일을 보내면 된다.

예제코드 다운로드

팩트 출판사(http://www.packtpub.com)에서 구입한 모든 팩트 도서의 예제 코드 파일은 자신의 계정으로 다운로드 할 수 있다. 만약 다른 곳에서 책을 구입하였다면, http://www.packtpub.com/support을 방문하여 등록하면 이메일 계정으로 직접 파일을 받을 수 있다. 또한 정보문화사 홈페이지(http://www.infopub.co.kr) 자료실에서 다운로드 할 수 있다.

이미지 다운로드

이 책에서 사용된 스크린샷과 다이어그램의 컬러 이미지를 PDF 파일로 제공한다. 컬러 이미지는 결과물의 변화를 이해하는데 도움이 될 것이다. https://www.packtpub.com/sites/default/files/downloads/8934OT_ColorImages.pdf에서 PDF 파일을 다운로드 할 수 있다.

저작권 침해

인터넷에서의 저작권 침해는 모든 매체에서 벌어지고 있는 심각한 문제다. 팩트 출판사는 저작권과 라이선스 문제를 아주 심각하게 인식하고 있다. 만약 어떤 형태로든 팩트 출판사 서적의 불법 복제물을 인터넷에서 발견한다면, 적절한 조치를 취할 수 있게 해당 주소나 사이트 명을 즉시 알려주길 부탁한다.

의심되는 불법 복제물의 링크를 copyright@packtpub.com으로 보내주기 바란다.

저자와 더 좋은 책을 위한 팩트 출판사의 노력을 배려하는 마음에 깊은 감사의 뜻을 전한다.

질문

이 책과 관련된 질문이 있다면 questions@packtpub.com을 통해 문의하기 바란다. 최선을 다해 질문에 답해 드리겠다.

한국어판에 관한 질문은 이 책의 옮긴이 youngsun.ryu@gmail.com을 통해 문의하기 바란다.

Contents

차례

1장 | 반응형 웹 디자인 핵심

2장 | 미디어 쿼리 – 다양한 뷰포트의 지원

4장 │ 반응형 웹 디자인을 위한 HTML5

차례

5장 │ CSS3 – 선택자, 타이포그래피, 색상 모드 그리고 새로운 기능

6장 │ CSS3의 멋진 기능

7장 | 독립적인 해상도 SVG의 사용

차례

8장 | CSS3 트랜지션, 트랜스폼 그리고 애니메이션

9장 | HTML5와 CSS3로 폼 정복

차례

10장 | 반응형 웹 디자인으로의 접근

1장

반응형 웹 디자인 핵심

불과 몇 년 전까지도, 웹 사이트는 모든 사용자에게 일관된 사용자 경험을 제공하고자 고정된 폭으로 제작되었다. 이 고정된 폭(일반적으로 960 픽셀)은 랩톱 스크린 사이즈에 비하면 충분히 크지 않아서 해상도가 큰 모니터를 사용하는 사용자는 스크린의 양쪽 사이드 공간을 낭비할 수밖에 없었다.

하지만 2007년, 애플의 아이폰이 등장하고 처음으로 진정한 모바일 브라우징 경험을 제공하면서, 사람들이 웹에 접근하고 상호작용하는 방식이 완전히 바뀌었다.

이 책의 첫 번째 판에 다음과 같은 문구가 있다.

"지난 2010년 7월에서 2011년 7월까지 12개월 동안, 전 세계적으로 모바일 브라우저의 사용이 2.86%에서 7.02%로 증가했다."

2015년 중반, 동일한 통계 시스템(gs.statcounter.com)의 보고에 의하면 이 수치는 33.47%로 증가했다. 참고로 북미에서 모바일 브라우저 사용 수치는 25.86%였다.

통계 자료에 의하면 모바일 디바이스의 사용이 지속적으로 증가하는 한편, 이제 27인치나 30인치 디스플레이도 아주 흔해졌다. 그 어느 때보다 웹에 접속하는 소형 스크린과 대형 스크린 사이의 차이가 커졌다.

다행히 이렇게 끊임없이 변화하고 있는 브라우저와 디바이스에 대한 해결책이 있다. HTML5와 CSS3로 만들어진 반응형 웹 디자인은 하나의 웹 사이트가 다양한 디바이스와 스크린에서 모두 '잘 동작'할 수 있게 해준다. 반응형 웹 디자인은 웹 사이트의 레이아웃과 성능이 디바이스의 환경(스크린 사이즈나 입력 장치, 디바이스 또는 브라우저의 성능)에 반응하여 동작하도록 해준다.

더욱이, HTML5와 CSS3로 만들어진 반응형 웹 디자인은 서버 기반의 백엔드back-end 솔루션 없이 동작하도록 구현되어 있다.

반응형 웹 디자인 시작하기

당신이 HTML5나 CSS3, 반응형 웹 디자인에 이미 정통한 사람이든지, 혹은 처음 접하는 사람이든지 상관없이 이번 장을 읽어 볼 필요가 있다.

이미 HTML5와 CSS3로 반응형 웹 페이지를 작성하고 있다면, 이번 장은 반응형 웹 디자인에 대해 간단히 정리해 보는 시간이 될 것이다. 반면 처음 접하는 사람이라면 반응형 웹 디자인의 핵심을 파악하는 일종의 '부트 캠프Boot Camp'로 생각하자.

이번 장을 마치고 나면, 반응형 웹 페이지를 만드는 데 필요한 모든 것을 이해하게 될 것이다.

그렇다면 나머지 9개의 장은 왜 필요한지 궁금해질 것이다. 이 장의 마지막에서 이것 역시 명확하게 이해하게 될 것이다.

1장에서 다루는 내용은 다음과 같다.
- 반응형 웹 디자인 정의
- 브라우저 지원 수준을 결정하는 방법
- 필요한 도구와 텍스트 에디터에 대한 간단한 고찰
- 첫 번째 반응형 예제 : 간단한 HTML5 페이지
- 뷰포트 meta 태그의 중요성
- 이미지 스케일을 만드는 방법
- CSS3 미디어 쿼리로 디자인 브레이크 포인트 만들기
- 기본 예제에서 부족한 점
- 반응형 디자인의 탐구가 더 필요한 이유

반응형 웹 디자인 정의

'반응형 웹 디자인responsive web design'이라는 용어는 2010년 이선 마르코트Ethan Marcotte에 의해 만들어졌다. 온라인 매거진 A List Apart에 기고한 글(http://www.alistapart.com/articles/responsiveweb-design/)에서 3개의 기존 기술(유연한 그리드 레이아웃Flexible Grid Layou과 유연한 이미지Flexible Image와 미디어, 그리고 미디어 쿼리Media Query)을 하나의 접근 방식으로 통합하고, 반응형 웹 디자인이라고 이름 붙였다.

반응형 웹 디자인 핵심

반응형 웹 디자인은 뷰포트와 디바이스에 따라 웹 콘텐츠를 가장 적절한 포맷으로 보여주는 것이다.

초기에는 '데스크톱'의 고정된 폭 디자인으로 만드는 것이 일반적이었다. 그런 다음 작은 화면에 적합하도록 콘텐츠를 재작성하거나 제거하였다. 그러나 프로세스가 진화함에 따라 그 반대 방향, 즉 작은 스크린에서 시작하여 큰 스크린으로 발전시켜나가는 것이 훨씬 더 효과적임이 명백해졌다.

반응형 웹 디자인에 대해 자세히 알아보기 전에, 먼저 브라우저 지원과 텍스트 에디터에 대해 살펴보고자 한다.

브라우저 지원 수준 결정

반응형 웹 디자인의 인기와 편재로 인해 그 어느 때보다 고객이나 의뢰인에게 판매하기 쉬워졌다. 대부분의 사람들이 반응형 웹 디자인에 대해 이해하고 있다. 모든 디바이스에서 동작하는 하나의 코드베이스 개념은 큰 설득력을 제공하고 있다.

대부분의 반응형 디자인 프로젝트를 시작할 때 등장하는 질문 중 하나가 브라우저의 지원 수준이다. 다양한 디바이스와 브라우저의 변종으로 인해 모든 브라우저를 완벽하게 지원하는 것이 현실적으로 불가능하다. 때로는 시간적인 제한 때문에, 때로는 비용 문제 때문에, 또는 두 가지 이유 모두다.

구형 브라우저일수록, 일반적으로 동등한 기능과 외관을 지원하기 위해 최신 브라우저보다 많은 작업과 코드가 필요하다. 따라서 코드를 줄여서 속도를 빠르게 하고, 더 많은 기능을 지원하는 브라우저에만 향상된 비주얼과 기능을 제공하는 것이 합리적이다.

이 책의 첫 번째 판에서는 아주 오래된 데스크톱 전용 브라우저를 지원하는 방법을 다루는 데 많은 시간을 할애했지만, 개정판에서는 이를 지원하지 않는다.

이 책을 쓴 2015년 중반에, 인터넷 익스플로러 6과 7, 8은 거의 사라졌다. 심지어 IE 9의 전 세계 브라우저 시장에서의 점유율도 2.45%에 불과했다(IE 10이 1.94%에 불과한 반면 IE 11은 11.68%로 계속 상승하고 있다). 만약 인터넷 익스플로러 8 이하용 웹 사이트 개발 외에 다른 대안이 없다면 유감스럽지만 이 책이 도움이 되지 못한다는 양해를 구하고 싶다.

그 외의 사람들은 고객 또는 의뢰인에게 오래된 브라우저를 위한 개발이 왜 잘못된 것이며 주 개발 시간과 자원을 최신 브라우저와 플랫폼에 투자하는 것이 모든 면에서 재정적으로 큰 도움이 된다는 것을 설명하는 것이 좋다.

하지만 궁극적으로 문제는 통계가 아니라 우리에게 있다. 극단적인 경우에도, 구축한 사이트는 적어도 모든 일반적인 브라우저에서 잘 동작해야 한다. 기본 기능 외에도, 모든 웹 프로젝트에서 어떤 플랫폼을 확장하고 시각적이나 기능적인 이상을 어느 정도까지 용인할 것인지 미리 결정하는 것이 좋다.

실질적으로 가장 간단한 기본 수준의 경험에서 시작하여 확장하는(**점진적 향상**^{Progressive Enhancement}으로 알려진 방법) 것이 반대 방향 · 궁극적인 경험을 먼저 만들고 성능이 떨어지는 플랫폼을 위해 폴백^{Fallback}을 제공하는(**우아한 성능 저하**^{Graceful Degradation}로 알려진 방법) 것보다 쉽다.

사전에 이 문제를 아는 것이 왜 중요한지 예를 들어 생각해본다. 운이 없게도 웹 사이트를 방문하는 사람들의 25%가 인터넷 익스플로러 9(예를 들어)를 사용한다고 가정해보자. 브라우저가 어떤 기능을 지원하는지에 따라 솔루션을 조정해야 할 것이다. 웹 사이트 방문자 중 다수가 안드로이드 2 같은 구형 모바일폰 플랫폼을 사용하는 경우도 마찬가지다. 어떤 프로젝트 인지에 따라 '기본' 경험이 달라진다는 사실도 고려해야 한다.

적절한 데이터가 없는 경우, 특정한 플랫폼이나 브라우저 버전 개발을 위해 시간을 할애해야 하는지를 결정하는 간단하면서도 결정적인 논리를 적용한다. 브라우저 X를 지원하고 개발하는데 소요되는 비용이 브라우저 X를 사용하는 사용자로부터 나오는 수익이나 이득보다 크다면, 브라우저 X용 특별 솔루션을 개발하지 않는다.

이것은 구형 버전이나 플랫폼을 수정할 수 있는지의 문제가 아니라, 수정해야 하느냐의 문제다.

어떤 플랫폼의 어떤 브라우저 버전이 특정 기능을 지원하는지 여부를 판단해야 한다면, http://caniuse.com 웹 사이트를 잘 활용하기 바란다. 이 웹 사이트는 이 책을 통해 살펴볼 여러 기능들에 대한 특정 브라우저의 지원 여부 정보를 간단한 인터페이스를 통해 제공해준다.

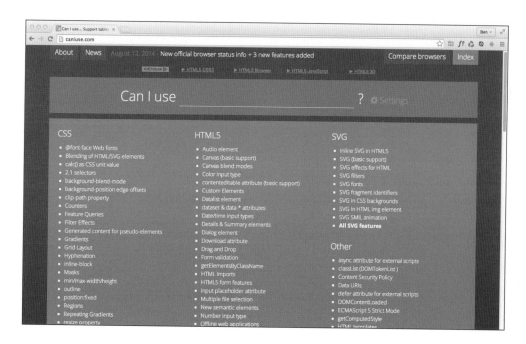

필요한 도구와 텍스트 에디터

반응형 웹 디자인을 만드는데 어떤 텍스트 에디터나 IDE 시스템을 사용해도 차이는 없다. 가장 간단한 텍스트 에디터가 HTML과 CSS, 자바스크립트를 작성하는 데 효과적이라면 당신에게 가장 좋은 텍스트 에디터다. 마찬가지로 반응형 웹 디자인을 동작하게 만들기 위해 필요한 특별한 도구도 없다. 실제로 HTML과 CSS, 자바스크립트를 작성할 수만 있으면 충분하다. 서브라임 텍스트^{Sublime Text}나 빔^{Vim}, 코다^{Coda}, 비주얼 스튜디오^{Visual Studio} 또는 노트패드^{Notepad}를 사용하든 큰 차이는 없다. 당신이 가장 익숙한 도구를 사용하라.

하지만 이전보다 웹 사이트 구축에 필요한 많은 수작업과 시간이 소요되는 작업을 줄여주는 다양한 도구가 존재함을 명심하자. 예를 들어, CSS 처리기(Sass, LESS, Stylus, PostCSS)는 코드를 구성하고 변수, 색상 조작, 연산하는 데 도움이 된다. PostCSS 같은 도구 역시 끔찍한 CSS 벤더 프리픽스^{vendor prefix} 같은 작업을 자동으로 해준다. 또한 유효성 검사 도구는 HTML과 자바스크립트, CSS 코드를 검토하여 오타나 문법 오류를 제거하는 데 소요되는 많은 시간을 줄여준다.

새로운 도구는 끊임없이 나오고 있으며 지속해서 개선되고 있다. 따라서 앞으로 이 책을 통해 몇 가지 유용한 도구의 이름이 언급되겠지만, 더 좋은 다른 도구가 언제든지 등장할 수 있음을 염두에 두자. 예제에서는 표준 HTML과 CSS 외에는 사용하지 않겠지만, 프론트엔드^{front-end} 코드를 신속하고 안정적으로 작성하기 위한 자신만의 도구가 있다면 이를 사용하기 바란다.

첫 번째 반응형 예제

이 책의 첫 문장에서 이 장을 마칠 때에는 반응형으로 동작하는 웹 페이지를 만드는 데 필요한 모든 것을 알게 될 것이라고 약속했다. 지금까지는 이슈들에 대해서만 이야기했는데, 이제 본격적으로 반응형 웹 디자인에 대해 알아볼 시간이다.

기본 HTML 파일

간단한 HTML5 구조로 시작한다. 이 시점에서 코드의 각 줄에 대해서 걱정할 필요는 없다(특히, `<head>`의 내용에 대해서는 4장에서 자세히 다룬다).

지금은 우선 `<body>` 태그 안에 있는 엘리먼트에 집중하자. 몇 개의 div 태그와 로고용 그래픽, 이미지(맛있어 보이는 스콘[1]), 아이템 목록 외에 아무것도 없어 이상하게 보일 것이다.

아래의 코드는 예제 코드를 간소화한 버전이다. 구조에 집중할 수 있도록 코드에서 텍스트의 단락을 제거했다. 하지만 이 페이지가 전통 영국 케이크인 스콘을 만드는 방법을 설명하고 있음을 알 수 있을 것이다.

전체 HTML 파일은 `rwd.education` 웹 사이트에서 다운로드할 수 있다.

```
<!doctype html>
<html class="no-js" lang="en">
    <head>
        <meta charset="utf-8">
        <title>Our first responsive web page with HTML5 and CSS3</title>
        <meta name="description" content="A basic responsive web page - an example from Chapter 1">
        <link rel="stylesheet" href="css/styles.css">
```

---

1) 역자 주 : 작고 동그란 빵으로 흔히 버터나 잼, 크림을 발라 먹음

```
    </head>
    <body>
        <div class="Header">
            <a href="/" class="LogoWrapper"><img src="img/SOC-
Logo.png" alt="Scone O'Clock logo" /></a>
            <p class="Strap">Scones: the most resplendent of snacks</p>
        </div>
        <div class="IntroWrapper">
            <p class="IntroText">Occasionally maligned and
misunderstood; the scone is a quintessentially British classic.</p>
            <div class="MoneyShot">
                <img class="MoneyShotImg" src="img/scones.jpg"
alt="Incredible scones" />
                <p class="ImageCaption">Incredible scones, picture
from Wikipedia</p>
            </div>
        </div>
        <p>Recipe and serving suggestions follow.</p>
        <div class="Ingredients">
            <h3 class="SubHeader">Ingredients</h3>
            <ul>

            </ul>
        </div>
        <div class="HowToMake">
            <h3 class="SubHeader">Method</h3>
            <ol class="MethodWrapper">

            </ol>
        </div>
    </body>
</html>
```

기본적으로 웹 페이지는 유연하게 동작한다. 미디어 쿼리를 사용하지 않았음에도 불구
하고 지금 시점에서 예제 페이지를 열고, 브라우저 창의 크기를 조정하면 필요에 따라 텍

스트가 재조정되는 것을 볼 수 있다.

다른 디바이스에서는 어떨까? CSS 없이 아이폰에서 다음과 같이 렌더링된다.

그림에서 볼 수 있듯이 아이폰에서 '정상' 웹 페이지처럼 렌더링된다. iOS가 기본적으로 웹 페이지를 960px 폭으로 렌더링한 후 뷰포트^{Viewport}에 맞춰 축소해 주기 때문이다.

브라우저에 보이는 영역을 기술적으로 '**뷰포트**'라고 한다. 뷰포트가 디바이스의 스크린 사이즈와 항상 일치하지는 않는다. 특히 사용자가 브라우저 창을 리사이즈할 수 있는 경우에는 브라우저에서 보이는 영역이 스크린 사이즈와 동일하지 않다.

따라서 지금부터는 웹 페이지에서 사용할 수 있는 공간을 말할 때 좀 더 정확한 용어인 뷰포트를 사용하기로 한다.

앞의 문제는 \<head\>에 다음 코드를 추가함으로써 쉽게 해결할 수 있다.

```
<meta name="viewport" content="width=device-width">
```

이 뷰포트 meta 태그는 페이지를 렌더링하는 방법을 브라우저에 알려주는 비표준 방법(하지만 사실상의 표준^{De Facto Standard})이다. 이 경우, 뷰포트 meta 태그는 '콘텐츠를 디바이스의 폭에 맞춰 렌더링 하라'고 말해주고 있다. 그림으로 이 코드가 주는 효과를 보여주는 것이 가장 쉬울 것 같다.

훌륭하다! 이제 텍스트가 좀 더 디바이스에 적합한 크기로 렌더링되어 표시되고 있다. 다음으로 이동하자.

meta 태그 및 다양한 설정과 치환(그리고 동일한 기능의 표준 기반 버전)에 대해서는 2장에서 자세히 다룬다.

이미지 길들이기

한 장의 그림이 천 마디 말보다 가치가 있다는 말이 있다. 샘플 페이지는 스콘에 대해 말하고 있지만, 정작 아름다운 이미지 한 장 없다. 페이지의 상단에 스콘 이미지를 추가하려고 한다. 이 이미지는 마치 '영웅'과 같이 페이지를 읽는 사용자들을 유인하는 역할을 하게될 것이다.

멋있는 이미지이지만 페이지에 렌더링되기에는 너무 커서(폭 2000px) 수정이 필요하다. CSS를 사용하여 이미지에 고정폭을 추가할 수도 있지만, 문제는 이미지를 다양한 스크린 사이즈에 따라 확장하길 원한다는 것이다.

예를 들어, 아이폰의 320px 폭에 맞춰 이미지를 320px로 설정했을 때, 사용자가 스크린을 회전하면 어떻게 될까? 320px 폭의 뷰포트는 이제 480px로 바뀐다. 다행히 CSS 코드 한 줄로 쉽게 폭의 크기에 맞춰 확장되는 유동형 이미지^{Fluid Image}를 지원할 수 있다.

HTML 페이지의 head에 연결되어 있는 css/styles.css 파일을 만들어보자.

일반적으로는 몇 개의 디폴트 값을 먼저 설정하고 뒤에서 이들 디폴트 값에 대해 하나씩 설명하지만, 여기서는 목적을 달성하기 위해 다음과 같이 코드를 추가하고 바로 설명한다.

```
img {
  max-width: 100%;
}
```

이제 페이지를 새로 고치면 우리가 기대했던 바에 훨씬 더 가까워진 결과를 보게 된다.

이 max-width 규칙은 모든 이미지 폭의 100%에 맞춰 렌더링하도록 명기한다(크기의 100% 까지만 확장한다). 이미지를 포함하고 있는 엘리먼트(body나 div 같은)가 이미지보다 작으면, 최대로 가능한 공간까지 확장한다.

TIPS

왜 단순히 width: 100%를 사용할 수 없는가?

이미지를 유동형으로 만들기 위해 더 널리 사용되는 width 속성을 사용할 수도 있다. 예를 들어 width: 100%를 사용할 수 있지만 효과가 다르다. width 속성이 사용되면 이미지는 자신의 크기에 상관없이 지정된 width 로 표시된다. 예제에서는 로고(이미지도 함께)가 100%로 확장된다. 이미지를 포함하는 컨테이너가 이미지 (예제의 경우 로고)보다 클 경우, 이미지를 본래 크기보다 더 크게 확대시킨다.

훌륭하게 모든 것이 기대한 대로 배치되었다. 뷰포트 크기에 상관없이 모든 콘텐츠가 페이지의 가로 사이즈에 맞춰 표시된다.

하지만 더 큰 뷰포트에서 페이지를 보면 기본 스타일이 그대로 확장된다. 예제 페이지를 1400px 크기의 스크린에서 보면 다음과 같다.

사실 너비가 600px 정도만 되어도 문제가 발생하기 시작한다. 이 시점에서 몇 가지를 재조정하는 것이 좋다. 이미지 크기를 조정하고 한쪽 사이드로 위치시킨다. 일부 폰트 크기도 조정하고 엘리먼트의 배경색도 변경한다.

다행히 이 모든 작업이 CSS 미디어 쿼리를 사용하면 쉽게 할 수 있다.

미디어 쿼리

앞에서 이야기하였듯이 600px 정도를 넘어가기 시작하면 현재 레이아웃이 늘어져 보이기 시작한다. CSS3 미디어 쿼리를 사용하여 스크린의 폭에 따라 레이아웃을 조정해 보자. 미디어 쿼리는 다수의 조건(예를 들어 스크린 폭과 높이)에 따라 특정 CSS 규칙을 적용할 수 있게 해준다.

인기 있는 디바이스 너비의 크기로 브레이크 포인트를 설정하지 마라

'브레이크 포인트^Breakpoint'는 반응형 디자인이 변경 적용되어야 할 포인트를 정의하는 용어다.

미디어 쿼리가 처음 사용되기 시작했을 때 인기 있는 디바이스의 크기를 브레이크 포인트로 사용하는 것이 일반적이었다. 당시 일반적으로 아이폰(320px×480px)과 아이패드(768px×1024px)의 크기를 브레이크 포인트로 삼았다.

하지만 실제로는 나쁜 선택이었고, 지금은 상황이 더욱 악화되었다. 문제는 특정한 스크린 사이즈에 맞춰 디자인을 해야 한다는 것이다. 우리는 특정 크기에서만 최상으로 보이는 것이 아니라 스크린 사이즈에 얽매이지 않는 반응형 디자인을 원한 것이었다.

따라서 콘텐츠와 디자인에 따라 적당한 브레이크 포인트를 결정하도록 하자. 아마 초기 레이아웃은 500px 폭에서는 제대로 보이지 않고 800px 정도는 되어야 잘 보일 수도 있다. 언제 브레이크 포인트가 필요한 지를 프로젝트 디자인에서 스스로 결정하도록 하자.

전체 **미디어 쿼리**에 대해서는 2장에서 자세히 알아본다.

기본 예제가 잘 동작하도록 하기 위해 여기서는 미디어 쿼리의 한 유형인 최소 폭 미디어 쿼리^Minimum width Media Query에 집중한다. 이 유형의 미디어 쿼리에서 CSS 규칙은 뷰포트가 정의된 최소 폭일 때만 적용된다. 정확한 최소 폭은 percent 및 em, rem, px 등 여러 다양한 길이 단위를 사용하여 지정할 수 있다. CSS에서 최소 폭 미디어 쿼리는 다음과 같이 사용할 수 있다.

```
@media screen and (min-width: 50em) {
   /* 스타일 지정 */
}
```

@media 지시어는 브라우저에 미디어 쿼리를 시작함을 알려준다. screen(이 경우 'screen' 선언은 기술적으로 필요하지 않다. 자세한 사항은 2장에서 다룬다)은 브라우저에 이 규칙이 모든 스크린 유형에 적용됨을 알리고, (min-width: 50em)은 50em 이상 크기의 뷰포트에 제한됨을 알린다.

지금은 간단하게 가장 작은 스크린에 먼저 적용하고, 디자인이 필요한 경우 점진적으로 다른 레이어로 확장한다는 정도로만 이해해두자.

큰 스크린을 위한 예제 수정

이미 우리 디자인이 폭 600px/37.5rem 정도에서 문제가 있음을 알고 있다.

따라서 다른 뷰포트 크기에서 다르게 배치할 수 있는 방법을 간단한 예제를 통해 알아보자.

우선, 이미지를 적당한 크기로 오른쪽에 위치시킨다. 그리고 소개 텍스트는 왼쪽에 배치한다.

다음으로 메인 텍스트인 스콘을 만드는 방법을 설명하는 'Method'를 왼쪽 아래에 배치하고, 상세한 재료를 작은 박스로 처리하여 오른쪽에 배치한다.

이런 변경은 미디어 쿼리 내에서 특정 스타일을 캡슐화하여 비교적 간단하게 처리할 수 있다. 적절한 스타일이 추가된 결과는 다음과 같다.

작은 스크린에서의 화면과 동일해 보이지만, 뷰포트가 50rem 이상이 되면 새로운 레이아웃이 적용된다.

새롭게 추가한 레이아웃 스타일은 다음과 같다.

```
@media screen and (min-width: 50rem) {
  .IntroWrapper {
    display: table;
    table-layout: fixed;
    width: 100%;
  }


  .MoneyShot,
  .IntroText {
    display: table-cell;
    width: 50%;
    vertical-align: middle;
    text-align: center;
  }
```

```
.IntroText {
  padding: .5rem;
  font-size: 2.5rem;
  text-align: left;
}

.Ingredients {
  font-size: .9rem;
  float: right;
  padding: 1rem;
  margin: 0 0 .5rem 1rem;
  border-radius: 3px;
  background-color: #ffffdf;
  border: 2px solid #e8cfa9;
}

.Ingredients h3 {
  margin: 0;
}
}
```

좋아 보이지 않는가? 뷰포트 크기에 반응하도록 추가한 최소한의 코드로, 상황에 맞는 레이아웃을 제공하는 페이지를 만들었다. 약간의 스타일을 추가한 것만으로 눈에 훨씬 편안하게 보인다. 이런 변화를 적용한 기본 반응형 페이지는 이제 아이폰에서 보면 다음과 같다.

그리고 폭 50rem 이상에서는 다음과 같이 보인다.

시각적인 장식들은 어떻게 페이지가 반응형으로 동작하는지 이해하는 데 도움이 되지 않는다. 따라서 이에 대한 설명은 생략했다. 전체 코드를 보고 싶으면 http://rwd.education 이나 https://github.com/benfrain/rwd에서 코드를 다운로드 한다.

아주 간단한 예제지만 반응형 웹 디자인 구축에 필수적인 방법론을 잘 설명하고 있다.

지금까지 알아본 핵심 사항을 요약해 보면 다음과 같다. 모든 디바이스에서 잘 동작하는 '기본' 스타일로 시작한다. 그런 다음 뷰포트의 크기나 기능에 따라 레이어를 점진적으로 확장시킨다.

> **NOTE**
>
> CSS 미디어 쿼리(레벨 3) 전체 규격은 http://www.w3.org/TR/css3-mediaqueries/에서 볼 수 있다.
> 또한 CSS 미디어 쿼리(레벨 4)의 작업 초안은 http://dev.w3.org/csswg/mediaqueries-4/에서 볼 수 있다.

예제에서 부족한 점

1장에서 기본 반응형 HTML5와 CSS3 웹 페이지 작성에 필요한 필수 구성 요소를 다루었다.

하지만 이 기본 반응형 예제는 여러 한계를 가지고 있다.

다양한 조명 조건에 따라 페이지가 다르게 반응하게 하려면 어떻게 해야 할까? 사용자들이 사용하는 다양한 포인팅 디바이스(예를 들어 마우스 대신 손가락을 사용)에 따라 링크의 크기를 변경하려면 어떻게 해야 할까? CSS만으로 시각적 요소들을 이동하거나 애니메이션 시키는 건 어떨까?

다음으로 마크업이 있다. 페이지를 article이나 section, menu 같은 시맨틱 엘리먼트들로 구성하려면 어떻게 해야 할까? 또는 내장된 유효성 검사기(자바스크립트가 필요 없이)로 입력 폼을 어떻게 만들 수 있을까? 뷰포트에 따라 시각적 요소들의 순서를 바꾸려면 어떻게 해야 할까?

이미지도 잊지 말자. 이 예제에서 유동형 이미지를 사용했지만, 만일 모바일폰으로 페이지를 방문한 사용자들이 화면에 보이는 작은 이미지 대신 큰 이미지(2000px 이상)를 다운로드하고 싶어 한다면 어떻게 해야 할까? 페이지의 로드가 상당히 느려질 것이다. 확실히 더 좋은 방법이 필요하다.

로고와 아이콘은 어떤가? 예제에서는 PNG를 사용했지만, 쉽게 해상도에 상관없는 SVG^{Scalable Vector Graphics}를 사용할 수도 있다. SVG는 스크린의 해상도에 상관없이 항상 이미지를 선명하게 보여준다.

이 질문에 대해 잠시 생각해 보기 바란다. 다음 장들을 통해 이 질문에 대한 해답을 찾아보겠다.

요약

이제 반응형 웹 페이지 구축에 필요한 필수 요소들에 대해 이해하게 되었을 것이다. 하지만 아직 개선이 필요한 요소들이 많이 남아 있다.

하지만 우리가 원하는 것은 완벽한 반응형 웹 디자인이 아니라 최선의 경험을 제공할 수 있도록 하는 것이므로 괜찮다. 그러니 계속 나아가 보자.

먼저, CSS 레벨 3와 레벨 4 미디어 쿼리가 제공해주는 요소들에 대해 파악해 보자. 웹 페이지가 어떻게 뷰포트에 반응하는지 이미 알아보았지만, 아직 브라우저에서 사용할 수 있는 많은 재미있는 요소들이 남아 있다. 2장에서 좀 더 자세히 알아본다.

2장

미디어 쿼리 – 다양한 뷰포트의 지원

1장에서 반응형 웹 페이지의 필수 구성 요소인 유동형 레이아웃과 유동형 이미지, 미디어 쿼리에 대해 간략히 살펴봤다.

2장에서는 미디어 쿼리의 기능과 구문, 그리고 향후 발전을 이해하기 위해 필요한 모든 것들에 대해 자세히 알아본다.

2장에서 다루는 내용은 다음과 같다.

- 반응형 웹 디자인에 미디어 쿼리가 필요한 이유
- 미디어 쿼리 구문 이해
- CSS의 @import문으로 link 태그에서 미디어 쿼리를 사용하는 방법
- 테스트할 수 있는 디바이스 특징에 대한 이해
- 미디어 쿼리로 스크린 크기에 따라 시각적 변화를 주는 방법
- 미디어 쿼리를 그룹으로 묶을 것인지 각각 따로 사용할 것인지에 대한 검토
- iOS나 안드로이드 디바이스에서 미디어 쿼리가 동작하도록 meta 뷰포트 태그를 사용하는 방법
- 미래의 미디어 쿼리 규격에 제안되고 있는 기능 검토

CSS3 규격은 다수의 모듈로 구성되어 있다. 미디어 쿼리(레벨 3)도 이들 모듈 중 하나에 불과하다. 미디어 쿼리는 디바이스의 특징에 따라 특정 CSS 스타일을 적용할 수 있도록 해준다. 예를 들어, CSS 코드 몇 줄로 뷰포트의 폭이나, 화면 비율, 방향(가로 방향인지 세로 방향인지)에 따라 콘텐츠가 표시되는 방법을 변경할 수 있다.

미디어 쿼리는 이미 널리 구현되어 있다. 일부 구형 인터넷 익스플로러(8 이하 버전)를 제외한 대부분의 브라우저가 미디어 쿼리를 지원한다. 한마디로, 지금 미디어 쿼리를 사용하지 못할 이유가 전혀 없다.

> **TIPS**
>
> W3C 명세서의 프로세스(여유가 있다면 `http://www.w3.org/2005/10/Process-20051014/tr`에서 W3C 프로세스의 공식 설명을 읽어 보기 바란다)는 작업 초안Working Draft; WD에서 후보 권고안Candidate Recommendation; CR, 추천 권고안Proposed Recommendation; PR을 거쳐 몇 년이 지난 후 권고안Recommendation; REC으로 승인된다. 따라서 보다 성숙한 단계에 있는 모듈이 일반적으로 사용하기에 더 안전하다. 예를 들어, CSS 트랜스폼 모듈 레벨 3 (`http://www.w3.org/TR/css3-3d-transforms/`)는 2009년 3월 이후 WD 상태에 머물러 있으며, 미디어 쿼리와 같이 CR 상태에 있는 모듈보다 지원하는 브라우저가 적다.

왜 반응형 디자인에 미디어 쿼리가 필요한가?

CSS3 미디어 쿼리는 특정 디바이스의 능력이나 상황에 따라 특정한 CSS 스타일을 적용할 수 있게 해준다. W3C의 CSS3 미디어 쿼리 모듈 규격(`http://www.w3.org/TR/css3-mediaqueries/`)에 따르면, 미디어 쿼리를 다음과 같이 공식적으로 소개하고 있다.

> *"미디어 쿼리는 특정 미디어 기능의 상태를 확인할 수 있는 미디어 타입과 0개 또는 그 이상의 표현식으로 구성되어 있다. 미디어 쿼리에서 사용할 수 있는 미디어 기능은 'width'와 'height', 'color'이다. 미디어 쿼리를 사용하면 콘텐츠 자체를 변경하지 않고도 출력 장치의 특정한 범위에 따라 프리젠테이션을 변경할 수 있다."*

미디어 쿼리 없이 CSS만으로 실질적 웹 사이트의 표현을 변경할 수 없을지 모른다. 미디어 쿼리 덕분에 스크린의 세로 모드나 크고 작은 뷰포트 크기 같은 상황들을 사전에 대비할 수 있는 방어적인 CSS 규칙을 작성할 수 있다.

유동형 레이아웃으로 디자인의 상당 부분을 수행할 수 있지만, 다루고자 하는 다양한 스크린 사이즈 전체를 고려해 보면 레이아웃을 좀 더 완벽하게 수정할 필요가 있다. 미디어 쿼리가 이를 가능하게 해준다. 미디어 쿼리를 CSS의 기본 조건 논리로 생각할 수 있다.

CSS의 기본 조건 논리

진정한 프로그래밍 언어는 하나 또는 둘 이상의 조건을 다루는 기능을 제공하고 있다. 이것은 일반적으로 if/else 문으로 대표되는 조건 논리^{Conditional Logic}의 형태를 가진다.

어려운 프로그래밍 용어에 두드러기가 나더라도 아주 간단한 개념이니 너무 걱정하지 않아도 된다. 아마 카페에서 친구에게 주문을 부탁할 때에도 조건 논리를 사용하고 있을 것이다. "초콜릿 머핀이 있으면 그걸로 하고, 없으면 당근 조각 케이크로 할게" 이것도 일종의 두 가지 가능한 결과(이 경우에 둘 다 좋다)를 가지고 있는 간단한 조건문이다.

이 글을 쓴 시점에서 CSS는 사실 조건부 논리나 프로그래밍 기능을 제공하지 않고 있다. 루프나 함수, 반복, 복잡한 수식은 여전히 CSS 처리기(Sass 전처리기^{Pre-Processor} 주제에 대해서는 '디자이너를 위한 Sass와 컴파스^{Sass and Compass for Designers}'라는 좋은 책을 추천한다)의 영역이다. 하지만 미디어 쿼리는 CSS에서 기본 조건 논리를 작성할 수 있는 메커니즘의 하나다. 미디어 쿼리로 특정 조건이 충족되는지 여부에 따라 범위 내에서 스타일을 사용할 수 있다.

> **NOTE**
>
> **CSS의 프로그래밍 기능**
>
> CSS 전처리기의 인기는 CSS 규격을 작성하는 에디터에게도 영향을 미쳤다. 현재 CSS 변수에 대한 WD 작업(http://www.w3.org/TR/css-variables/)이 진행 중이다.
> 하지만, 이를 지원하는 브라우저는 파이어폭스뿐이라 아직 이에 대한 사용을 고려하는 것은 시기상조다.

미디어 쿼리 구문

그러면 CSS 미디어 쿼리는 어떻게 구성되며, 어떻게 동작할까?

아무 CSS 파일이나 열어 다음 코드를 하단에 추가하고 웹 페이지를 확인해 보자. 여기서는 example_02-01 파일을 열어보자.

```
body {
  background-color: grey;
}
@media screen and (min-width: 320px) {
  body {
    background-color: green;
  }
}
@media screen and (min-width: 550px) {
  body {
    background-color: yellow;
  }
}
@media screen and (min-width: 768px) {
  body {
    background-color: orange;
  }
}
@media screen and (min-width: 960px) {
  body {
    background-color: red;
  }
}
```

　이제 브라우저로 웹 페이지를 읽고, 브라우저 창 크기를 조절해 보자. 페이지의 배경색이 현재 뷰포트 크기에 따라 달라질 것이다. 앞으로 구문의 동작에 대해 자세히 살펴보겠지만 먼저 미디어 쿼리를 어디에서 어떻게 사용할 수 있는지 이해하는 것이 중요하다.

링크 태그에서의 미디어 쿼리

　CSS 2 버전 이후로 작업해 본 사람은 <link> 태그의 media 속성으로 디바이스 타입(예를 들어 screen이나 print)에 따라 스타일 시트를 지정할 수 있음을 잘 알고 있을 것이다. HTML의 <head> 태그에 다음 코드를 삽입하면 된다.

```
<link rel="style sheet" type="text/css" media="screen" href="Screen-
styles.css">
```

미디어 쿼리는 단순히 디바이스의 타입에 의해서가 아니라, 디바이스의 기능이나 성능에 따라 스타일을 지정할 수 있게 해준다. 브라우저에 질문을 던지는 것이라고 생각하면 된다. 만약 브라우저의 대답이 '예'이면, 해당되는 스타일이 적용된다. 브라우저의 대답이 '아니오'면 스타일은 적용되지 않는다. CSS2의 "스크린인가?"와 같은 단순한 질문보다 미디어 쿼리는 더 많은 질문을 할 수 있다. 미디어 쿼리는 "스크린이고 세로 방향인가?"와 같은 식으로 질문한다. 다음 예를 살펴보자.

```
<link rel="stylesheet" media="screen and (orientation: portrait)"
href="portrait-screen.css" />
```

먼저 미디어 쿼리 표현식은 미디어의 타입(screen인가?)을 물어보고, 다음으로 기능(스크린이 세로 방향인가?)을 물어본다. 세로 방향의 스크린 디바이스라면 portrait-screen.css 스타일 시트가 적용될 것이고 다른 조건은 모두 무시된다. 미디어 쿼리의 시작에 'not'을 붙이면 어떠한 미디어 쿼리 표현식의 로직을 반대로 만들 수 있다. 예를 들어, 다음 코드는 앞선 예제의 결과를 반대로 하여 세로 방향의 스크린이 아닌 경우에 스타일 시트를 적용한다.

```
<link rel="stylesheet" media="not screen and (orientation: portrait)"
href="portrait-screen.css" />
```

미디어 쿼리 조합

또한 여러 개의 표현식을 함께 사용할 수도 있다. 예를 들어, 첫 번째 미디어 쿼리 예제를 확장하여 800 픽셀보다 큰 뷰포트를 가진 디바이스로 한정할 수도 있다.

```
<link rel="stylesheet" media="screen and (orientation: portrait) and
(min-width: 800px)" href="800wide-portrait-screen.css" />
```

더 나아가 미디어 쿼리의 목록을 만들 수도 있다. 나열된 쿼리 중 하나라도 해당되면 파일이 적용되고, 해당되는 것이 없다면 적용되지 않는다. 다음 예를 살펴보자.

```
<link rel="stylesheet" media="screen and (orientation: portrait) and
(min-width: 800px), projection" href="800wide-portrait-screen.css" />
```

주의해야 할 사항이 두 가지 있다. 첫 번째, 각 미디어 쿼리는 콤마로 구분한다. 두 번째, 'projection' 타입에는 괄호 안에 해당되는 기능/값이 기술되어 있지 않은 것을 확인할 수 있을 것이다. 이와 같이 값이 지정되어 있지 않으면, 미디어 쿼리는 모든 미디어 타입에 적용된다.

TIPS

미디어 쿼리를 지정할 때 어떤 CSS 길이 단위도 사용할 수 있다. **픽셀(px)**이 가장 일반적으로 사용되지만 **ems(em)**나 **rems(rem)**도 동일하게 사용할 수 있다. 각각의 장점에 대한 상세한 내용은 http://benfrain.com/just-use-pixels을 참고하기 바란다.
따라서 800px에 브레이크 포인트가 em 단위로 지정하고 싶다면, 픽셀을 16으로 나누면 된다. 예를 들어, 800px은 50em으로 지정할 수 있다(800 / 16 = 50).

@import로 미디어 쿼리 사용하기

또한 CSS의 @import 기능을 사용하여 조건에 따라 스타일 시트를 가져와 기존의 스타일 시트에 추가할 수 있다. 예를 들어, 다음 코드는 최대 360 픽셀의 뷰포트를 가지는 스크린 디바이스에 phone.css 스타일 시트를 적용한다.

```
@import url("phone.css") screen and (max-width:360px);
```

CSS의 @import 기능을 사용하면 HTTP 요청이 증가(로딩 속도에 영향을 미치는)하기 때문에 가급적 이 방법은 사용하지 않는 것이 좋다.

CSS에서 미디어 쿼리 사용하기

지금까지는 HTML의 `<head></head>` 섹션 안에 `@import`문을 사용하여 CSS 파일을 링크해 왔다. 하지만 CSS 스타일 시트 안에서 미디어 쿼리를 사용할 수도 있다. 예들들어, 다음 코드를 스타일 시트에 추가하면, 스크린 너비가 400 픽셀 이하인 디바이스의 모든 h1 엘리먼트를 녹색으로 만든다.

```
@media screen and (max-device-width: 400px) {
  h1 { color: green }
}
```

먼저 `@media` 규칙으로 미디어 쿼리를 지정하고, 매칭되는 타입을 지정한다. 앞선 예제에서는 screen에만 규칙을 적용(예를 들어 `print`에는 적용하지 않는다)하려고 한다. 다음으로 괄호 안에 쿼리를 지정하고 모든 CSS 규칙처럼 괄호를 열고 필요한 스타일을 작성한다.

이 시점에서 대부분의 경우 screen을 지정할 필요가 없음을 신중하게 지적하고 싶을 것이다. 규격에서는 이에 대해 다음과 같이 말하고 있다.

"미디어 쿼리에서 제공되는 약식 구문은 모든 미디어 타입에 적용된다. 키워드 'all'은 (뒤따라 나오는 'and'와 함께) 생략될 수 있다. 즉, 미디어 타입이 지정되어 있지 않은 경우 이것은 명시적으로 'all'을 의미한다."

따라서 미디어 쿼리를 모든 미디어 타입에 적용하는 것이 아니라면 screen and 부분을 남겨 두어야 한다. 이것이 지금부터 우리가 미디어 쿼리를 작성하는 방법이다.

미디어 쿼리로 판단할 수 있는 사항

반응형 디자인을 구축할 때 미디어 쿼리의 사용은 대부분 디바이스의 뷰포트 너비(width)에 관련되어 있다. 경험상 다른 디바이스의 특성(가끔 해상도와 뷰포트 높이^{height}를 제외하고)은 많이 사용되지 않는다. 그러나 언젠가 필요할 때가 있을 것이므로 미디어 쿼리 레벨 3에서 판단할 수 있는 모든 디바이스의 특성 목록을 나열하면 다음과 같다.

- width : 뷰포트 너비
- height : 뷰포트 높이
- device-width : 렌더링되는 표면(일반적으로 디바이스의 스크린 사이즈)의 너비
- device-height : 렌더링되는 표면(일반적으로 디바이스의 스크린 사이즈)의 높이
- orientation : 디바이스의 세로 방향/가로 방향 여부
- aspect-ratio : 높이에 대한 너비의 비율로 뷰포트에 기반. 16 : 9 와이드 스크린 디스플레이의 경우 aspect-ratio: 16/9와 같이 표시된다.
- device-aspect-ratio : aspect-ratio와 유사하나 뷰포트 대신 렌더링되는 표면의 너비와 높이에 기반
- color : 색상 구성 요소 당 비트의 수. 예를 들어 min-color: 16은 디바이스의 16 비트 색상 지원 여부를 판단한다.
- color-index : 디바이스의 색상 조회 테이블에 있는 항목의 수. 값은 숫자여야 하며 음수가 될 수 없다.
- monochrome : 모노크롬 플레임 버퍼의 픽셀 당 비트 수. 값은 monochrome: 2와 같이 숫자(정수)여야 하며 음수가 될 수 없다.
- resolution : 스크린이나 프린터의 해상도를 테스트. min-resolution: 300dpi 또한 센티미터당 도트 수도 사용 가능. min-resolution: 118dpcm
- scan : TV에 특정적인 기능으로 프로그레시브progressive 또는 인터레이스interlace로 지정. 예를 들어, 720p HD TV(720p에서 p는 progressive를 의미)는 scan: progressive 로 지정하고, 1080i HD TV(1080i에서 i는 interlaced를 의미)는 scan: interlace 로 지정
- grid : 디바이스가 그리드 기반인지 비트맵 기반인지를 나타냄

scan과 grid를 제외한 위의 모든 특성은 범위를 제한하기 위해 min이나 max의 접두사를 사용할 수 있다. 예를 들어, 다음 코드를 살펴보자.

```
@import url("tiny.css") screen and (min-width:200px) and (max-width:360px);
```

예제에서 너비의 범위를 지정하기 위해 최솟값(min)과 최댓값(max)이 사용되었다. 뷰포트 너비의 최솟값이 200 픽셀이고 최댓값이 360 픽셀인 스크린 디바이스일 경우에만 tiny.css 파일을 적용한다.

NOTE

CSS 미디어 쿼리 레벨 4에서 사용되지 않는 기능

미디어 쿼리 레벨 4의 규격 초안에서 device-height와 device-width, device-aspect-ratio의 몇 가지 기능들이 사용되지 않는다(http://dev.w3.org/csswg/mediaqueries-4/#mf-deprecated 참조). 브라우저에서 이들 쿼리에 대해 계속 지원하겠지만, 새로운 스타일 시트를 작성할 때 이들을 사용하지 않는 것이 좋다.

미디어 쿼리로 디자인 변경하기

CSS는 스타일 시트의 캐스케이딩(중첩)을 의미한다. 중첩되는 스타일 시트를 정의하고, 상응하는 스타일을 재정의하는 것은 CSS에서 매우 자연스러운 방법이다. 따라서 먼저 시작부에 모든 디자인에 적용되는 기본 스타일(또는 적어도 '기본' 경험을 제공할 수 있는)을 설정하고, 미디어 쿼리로 문서의 해당 부분을 오버라이드(재정의)할 수 있다. 예를 들어 제한적인 뷰포트에서 내비게이션 링크를 텍스트로만 설정(또는 작은 텍스트로 설정)하고, 많은 공간을 사용할 수 있는 큰 뷰포트에서는 텍스트와 함께 아이콘을 제공할 수 있도록 미디어 쿼리로 스타일을 재정의 한다.

실제 어떻게 사용할 수 있는지 예제(example_02-02)를 통해 알아보자. 먼저 마크업 파일이다.

```
<a href="#" class="CardLink CardLink_Hearts">Hearts</a>
<a href="#" class="CardLink CardLink_Clubs">Clubs</a>
<a href="#" class="CardLink CardLink_Spades">Spades</a>
<a href="#" class="CardLink CardLink_Diamonds">Diamonds</a>
```

다음으로 CSS 파일이다.

```css
.CardLink {
  display: block;
  color: #666;
  text-shadow: 0 2px 0 #efefef;
  text-decoration: none;
  height: 2.75rem;
  line-height: 2.75rem;
  border-bottom: 1px solid #bbb;
  position: relative;
}

@media (min-width: 300px) {
  .CardLink {
    padding-left: 1.8rem;
    font-size: 1.6rem;
  }
}

.CardLink:before {
  display: none;
  position: absolute;
  top: 50%;
  transform: translateY(-50%);
  left: 0;
}

.CardLink_Hearts:before {
  content: "♥";
}

.CardLink_Clubs:before {
  content: "♣";
}

.CardLink_Spades:before {
  content: "♠";
}
```

```
.CardLink_Diamonds:before {
  content: "◆";
}

@media (min-width: 300px) {
  .CardLink:before {
    display: block;
  }
}
```

TIPS

팩트 출판사의 모든 도서에 사용된 예제 코드는 http://www.packtpub.com의 계정을 통해 다운로드 할 수 있다. 다른 곳에서 구매한 경우에는 http://www.packtpub.com/support를 방문해 등록하면 파일을 이메일로 직접 받을 수 있다. 또는 정보문화사 홈페이지 http://www.infopub.co.kr 자료실 에서 다운로드 가능하다.

작은 뷰포트에서 링크는 다음과 같이 보여진다.

Hearts
Clubs
Spades
Diamonds

큰 뷰포트에서 링크는 다음과 같이 보여진다.

모든 CSS 코드는 미디어 쿼리에서 사용할 수 있다

CSS에서 작성한 모든 코드는 일반적으로 미디어 쿼리 내부에서 그대로 사용할 수 있다. 따라서 미디어 쿼리로 전체 레이아웃을 변경하고 상황에 따라(일반적으로 뷰포트 크기에 따라) 사이트를 다르게 보이게 하는 것도 가능하다.

고해상도 디바이스용 미디어 쿼리

미디어 쿼리의 또 다른 일반적인 사용 예로 고해상도 디바이스에서 볼 때 스타일을 변경하는 것을 생각해 볼 수 있다. 다음 코드를 살펴보자.

```
@media (min-resolution: 2dppx) {
  /* 스타일 */
}
```

여기서 미디어 쿼리는 스크린 해상도가 화소 단위 당 최소 2 도트(2dppx)일 경우에만 스타일을 적용한다. 이것은 안드로이드와 아이폰 4(애플의 고해상도 디바이스는 '레티나Retina'로 불린다)같은 디바이스에 적용된다. 미디어 쿼리의 dppx 값을 감소시키면 더 넓은 범위의 디바이스에 적용할 수 있다.

미디어 쿼리 작성 시 고려사항

미디어 쿼리를 작성할 때 취할 수 있는 다른 접근방식에 대해 간단히 살펴보도록 한다. 각각의 접근방식은 장단점이 존재한다. 따라서 선택하지 않은 접근방식일지라도 각각의 장단점에 대해서 알아두는 것이 좋다.

미디어 쿼리로 다양한 CSS 파일 연결하기

브라우저의 관점에서 보면, CSS는 렌더링을 차단하는 자원으로 간주된다. 브라우저는 페이지의 렌더링을 완료하기 위해 링크된 CSS 파일을 가져와서 파싱해야 한다.

하지만 최신 브라우저들은 즉시 분석해야 할 스타일 시트(<head>에 미디어 쿼리로 연결)와 초기 페이지 렌더링 이후로 연기시킬 수 있는 스타일 시트를 식별할 수 있을 정도로 스마트하다.

이들 브라우저들은 적용할 수 없는 미디어 쿼리(예를 들어 미디어 쿼리를 적용하기에 스크린이 너무 작은)에 연결된 CSS 파일은 처음 페이지가 로드된 후로 지연시켜, 성능 향상을 제공한다.

이 주제에 대해서는 구글 개발자 페이지 `https://developers.google.com/web/fundamentals/performance/critical-rendering-path/render-blocking-css`를 참조하기 바란다.

하지만 특별히 다음 부분을 강조하고 싶다.

"렌더링 차단"은 브라우저가 해당 자원에 대한 페이지의 초기 렌더링을 보류할지 여부를 의미한다. 여전히 낮은 우선순위이기는 하지만, 어느 경우에나 CSS 자원은 브라우저에 의해 다운로드된다."

반복하자면 모든 링크된 파일은 여전히 다운로드 되어야 하며, 브라우저는 바로 적용되지 않는다면 해당 페이지의 렌더링을 잠시 보류한다.

따라서 미디어 쿼리(뷰포트 범위에 따라 다른 스타일을 적용)에 따라 네 개의 다른 스타일 시트가 링크되어 있는 반응형 웹 페이지(example_02-03 참조)를 로딩하는 최신 브라우저는 네 개의 CSS 파일 모두를 다운로드 하지만, 페이지의 렌더링에 적용되는 하나의 CSS만 파싱한다.

실전 미디어 쿼리 분할

비록 앞에서 미디어 쿼리를 분할하는 것이 잠재적으로 이득을 제공해 줄 수 있다고 배웠지만, 서로 다른 미디어 쿼리 스타일을 별도의 파일로 분리하는 것이 항상 실질적인 장점(개인적인 선호도나 코드의 구역화를 떠나서)이 되는 것은 아니다.

각각의 파일을 사용하면 결국 페이지의 렌더링에 필요한 HTTP 요청이 늘어나게 되고, 결국 어떤 상황에서는 페이지를 느리게 만들 수 있다. 웹에서 간단한 것은 없다. 따라서 사이트의 전체 성능을 평가하고 다양한 디바이스에서 각각의 시나리오를 테스트 해봐야 한다.

이에 대한 내 기본 입장은 성능 최적화에 상당한 시간을 사용할 수 있지 않는 한, 미디어 쿼리 분할을 성능 향상을 얻을 수 있는 마지막 장소로 생각하라는 것이다. 우선 다음의 사항들을 먼저 확인한다.

- 모든 이미지를 압축한다.
- 모든 스크립트는 축약하고 간소화한다.
- 모든 자원은 gzip으로 제공한다.
- 모든 정적 콘텐츠는 CDN을 통해 캐싱한다.
- 과잉 CSS 규칙은 삭제한다.

그런 다음 마지막으로 미디어 쿼리를 별도의 파일로 분할하여 성능 향상을 꾀할 수 있는지 알아보는 것이 좋다.

'inline'으로 미디어 쿼리 중첩하기

대부분의 경우 미디어 쿼리를 '일반적인' 규칙과 함께 기존의 스타일 시트에 추가하는 것이 좋다.

이에 동의한다면 이어서 다음과 같은 의문이 생길 것이다. 미디어 쿼리를 연관된 선택자에서 선언해야 하는가? 아니면 동일한 미디어 쿼리의 끝에 별도의 코드 블록으로 나누어야 하는가?

미디어 쿼리를 결합할 것인가 나눌 것인가?

필자는 '일반적인' 정의에 미디어 쿼리를 작성하는 것을 선호한다. 예를 들어 여러 엘리먼트들의 'width'를 변경한다고 가정해보면, 뷰포트의 너비에 따라 스타일 시트의 여러 곳에서 다음과 같이 작성한다.

```
.thing {
  width: 50%;
}

@media screen and (min-width: 30rem) {
  .thing {
    width: 75%;
  }
}
```

```
/* 몇 가지 추가 스타일 */

.thing2 {
  width: 65%;
}


@media screen and (min-width: 30rem) {
  .thing2 {
    width: 75%;
  }
}
```

처음에는 바보짓으로 보인다. 스크린의 최소 폭이 30rem이 되었을 때 적용되는 미디어 쿼리가 두 개나 있다. 하지만 과연 동일한 @media 선언을 반복하는 것이 지나친 낭비일까? 다음과 같이 하나의 블록으로 동일한 미디어 쿼리를 그룹화하는 것이 좋은 것일까?

```
.thing {
  width: 50%;
}

.thing2 {
  width: 65%;
}

@media screen and (min-width: 30rem) {
  .thing {
    width: 75%;
  }
  .thing2 {
    width: 75%;
  }
}
```

분명 이런 방법도 가능하다. 하지만 유지 보수 관점에서 보면 너무 복잡하다. 꼭 이렇게 해야 한다는 법은 없지만, 필자는 선택자^{selector}에 대한 개별 규칙을 정의하고, 규칙에 변화 (예를 들어, 미디어 쿼리 내에서의 변경 등)를 준다. 이렇게 하면 특정 선택자와 관련된 선언 을 찾기 위해 별도의 코드 블록을 검색할 필요가 없다.

> **NOTE**
>
> CSS의 전처리기나 후처리기로 미디어 쿼리의 규칙 '변형'을 규칙 세트에 더 쉽게 직접 중첩시킬 수 있다. 이에 대한 자세한 설명은 저자의 다른 책 '디자이너를 위한 Sass와 컴파스^{Sass and Compass for Designers}'를 참조한다.

단순히 파일 크기 때문에 미디어 쿼리를 이런 방식으로 작성하는 것이 합리적인 방법 일까? 아무도 아주 큰 CSS 파일을 사용자에게 제공하길 원치 않는다. 하지만 확실한 것 은 gzip 압축(서버에서 가능한 모든 자원을 압축한다)으로 이런 하찮은 차이를 줄일 수 있다 는 것이다. 이미 이에 대한 테스트도 진행했었다. `http://benfrain.com/inline-or-combined-media-queries-in-sass-fight/`를 참조하기 바란다. 결론적으 로 당신이 표준 스타일로 미디어 쿼리를 직접 작성한다면 파일 크기를 걱정하지는 않을 것 이다.

> **TIPS**
>
> 원래 규칙대로 직접 미디어 쿼리를 작성하면서 동일한 미디어 쿼리 정의를 하나로 통합하고 싶다면, 이를 용이하게 해주는 다양한 빌드 도구(그런트^{Grunt}와 걸프^{Gulp} 등)가 있다.

뷰포트 메타 태그

미디어 쿼리를 최대한 활용하여 작은 스크린을 가진 디바이스에서 웹 페이지를 원래 스 크린 크기대로(980px 윈도우에 렌더링하여 확대 축소할 필요 없이) 표시하길 원할 것이다.

애플이 2007년 아이폰을 처음 출시했을 때, 뷰포트 meta 태그라는 고유의 meta 태그 를 도입하였다. 이 태그는 이제 안드로이드 같은 많은 플랫폼에서도 지원하고 있다. 뷰포 트 meta 태그의 목적은 모바일 웹 브라우저가 어떻게 웹 페이지를 렌더링할 것인지를 웹 페이지와 통신하는 방법을 제공하는 것이다.

작은 스크린 디바이스에서 웹 페이지가 반응형으로 동작하게 하려면 이 meta 태그를 잘 사용해야 한다.

뷰포트 <meta> 태그는 HTML의 <head> 태그 내에 추가된다. 이 태그로 2.0(실제 크기의 두 배) 같이 특정한 너비(예를 들어 픽셀로 지정)나 스케일로 설정할 수 있다. 다음은 실제 크기의 두 배(200%)로 브라우저를 표시하도록 설정하는 뷰포트 meta 태그의 예이다.

```
<meta name="viewport" content="initial-scale=2.0,width=device-width"/>
```

<meta> 태그를 분석해 동작 과정을 이해해 보자. 먼저 name="viewport" 속성은 충분히 이해할 수 있을 것이다. 다음 content="initialscale=2.0 부분은 콘텐츠를 두 배(0.5는 절반 크기를, 3.0은 세 배를 의미한다)로 지정한다. 그리고 width=device-width 부분은 페이지의 너비가 디바이스의 너비와 동일함을 의미한다.

<meta> 태그는 사용자가 페이지를 축소/확대할 수 있는 정도를 제어하는데 사용된다. 예제에서는 사용자가 디바이스 너비의 절반 크기부터 세 배까지 확대할 수 있게 허용하고 있다.

```
<meta name="viewport" content="width=device-width, maximum-scale=3,
minimum-scale=0.5" />
```

확대가 중요한 접근성 도구이긴 하지만 이를 비활성화 할 수도 있다. 실제로 사용될 일은 드물지만 연습용으로는 적절한 도구일 수 있다.

```
<meta name="viewport" content="initial-scale=1.0, user-scalable=no"
/>
```

예제와 같이 비활성화는 user-scalable=no로 지정해주면 된다.

따라서 모바일 브라우저가 페이지를 뷰포트의 100% 크기로 렌더링하도록 스케일 값을 1.0으로 변경한다. 디바이스의 너비로 설정하면 페이지를 모바일 브라우저 너비의 100%로 렌더링 해야 한다는 뜻이다. 대부분의 경우 다음과 같은 <meta> 태그를 사용하면 된다.

```
<meta name="viewport" content="width=device-width,initial-scale=1.0"/>
```

TIPS

뷰포트 meta 엘리먼트의 사용이 증가함에 따라, W3C도 동일한 기능을 CSS로 구현하는 시도를 하고 있다. 이제 미디어 쿼리가 무엇이고 어떻게 동작하는지 이해하게 되었을 것이다. 다음 주제로 넘어가기 전에 미디어 쿼리의 다음 버전에서 어떤 것들이 가능한지 살펴보도록 하자. http://dev.w3.org/csswg/css-device-adapt/에서 새로운 @viewport 선언에 대해 자세히 읽어보기 바란다. 마크업의 <head> 섹션에 <meta> 태그를 작성하는 대신에, CSS에서 @viewport { width:320px; } 같은 형식으로 쓸 수 있다. 예제는 브라우저 너비를 320 픽셀로 설정한다. 하지만 아직 이를 지원하는 브라우저가 많지 않다. 모든 브라우저에서의 동작을 보장하기 위해서는 아직 meta 태그와 @viewport 선언을 조합해서 같이 사용하는 것이 좋다.

이제 미디어 쿼리가 어떻게 동작하는지 확실하게 이해했을 것이다. 하지만 아직 다른 주제로 넘어가기 전에, 가까운 미래에 미디어 쿼리의 다음 버전으로 무엇이 가능해질지 살짝 엿보는 것도 좋을 것 같다.

미디어 쿼리 레벨 4

이 글을 쓰는 시점에서 CSS 미디어 쿼리 레벨 4 규격(`http://dev.w3.org/csswg/mediaqueries-4/`)은 아직 초안 단계이고, 규격의 기능들이 많은 브라우저에서 구현되지 않았다. 따라서 앞으로 간단히 살펴볼 이 규격의 기능들이 언제든 변경될 수 있어서 사용하기 전에 브라우저에서 지원되는지, 구문이 변경되지는 않았는지 두 번 확인하는 것이 좋다.

미디어 쿼리 레벨 4에는 많은 기능들이 있지만, 여기서는 스크립팅^{Scripting}과 포인터^{Pointer}, 호버^{Hover} 및 광도^{Luminosity}에 대해 알아본다.

스크립팅 미디어 기능

기본값으로 자바스크립트가 동작하지 않는 것으로 HTML 태그에 클래스를 설정한 다음, 자바스크립트가 동작할 때 이를 다른 클래스로 대체하는 것이 일반적이다. 이는 새로운 HTML 클래스를 기반으로 코드를 분기(CSS 포함)할 수 있는 간단한 기능을 제공한다. 이를 활용하면 자바스크립트를 사용할 수 있는 사용자에게만 적용되는 특정 규칙을 작성할 수 있다.

이해하기 조금 어려울 수 있으니, 예제 코드를 통해 알아보자. 먼저 기본값으로 다음과 같은 HTML 코드를 작성한다.

```
<html class="no-js">
```

자바스크립트가 페이지에서 실행되면 먼저 no-js 클래스를 교체한다.

```
<html class="js">
```

이 작업이 완료되면 자바스크립트가 동작하는 경우에만 적용되는 `.js .header { display: block; }` 같은 특정 CSS 규칙을 작성할 수 있다.

하지만 CSS 미디어 쿼리 레벨 4의 스크립팅 미디어 기능은 이를 CSS로 직접 가능하게 하는 좀 더 표준화된 방법을 제공한다.

```
@media (scripting: none) {
    /* 자바스크립트가 동작하지 않을 때 적용할 스타일 */
}
```

자바스크립트가 동작할 때는 다음이 적용된다.

```
@media (scripting: enabled) {
    /* 자바스크립트가 동작할 때 적용할 스타일 */
}
```

마지막으로 초기에만 자바스크립트를 사용할 수 있는 경우 확인 가능한 기능을 제공한다. W3C 규격에 처음에는 자바스크립트를 사용할 수 있지만 나중에는 사용할 수 없는 인쇄된 페이지와 같은 예가 포함되어 있다. 이런 경우 다음과 같은 코드로 이 작업을 수행할 수 있다.

```
@media (scripting: initial-only) {
    /* 처음에만 자바스크립트가 동작할 때 적용할 스타일 */
}
```

이 기능의 규격 초안은 http://dev.w3.org/csswg/mediaqueries-4/#mf-scripting에서 확인할 수 있다.

상호작용 미디어 기능

포인터 미디어 기능^{Pointer Media Feature}에 대한 W3C의 소개는 다음과 같다.

"포인터 미디어 기능은 마우스 같은 포인팅 디바이스의 유무 및 정확도를 조회하는 데 사용된다. 디바이스가 여러 입력 메커니즘을 가지고 있다면, 포인터 미디어 기능은 브

라우저에 의해 결정된 주 입력 메커니즘의 특성을 반영해야 한다."

포인터 기능에는 none과 coarse, fine의 세 가지 상태정보가 있다.

coarse 포인터 디바이스는 터치 스크린 디바이스에서 손가락으로 입력할 때의 경우이다. 하지만 게임 콘솔의 커서 같이 마우스의 세밀한 제어를 제공하지 못하는 경우도 동일하게 적용된다.

```
@media (pointer: coarse) {
    /* 정확하지 않은 포인터가 제공될 때 적용할 스타일 */
}
```

fine 포인터 디바이스는 마우스뿐만 아니라 스타일러스 펜이나 세밀한 포인터 메커니즘을 제공하는 모든 입력장치가 될 수 있다.

```
@media (pointer: fine) {
    /* 정확한 포인터가 제공될 때 적용할 스타일 */
}
```

브라우저에서 이 포인터 기능이 빨리 지원될수록 좋다. 지금은 사용자가 마우스나 터치 입력장치, 또는 이 둘을 모두 가지고 있는지 여부를 확인하는 것이 너무 어렵다. 또한 어느 입력 장치를 사용하는지 알 수 없다.

TIPS

가장 안전한 방법은 사용자가 터치 기반의 입력을 사용하고 이에 따라 사용자 인터페이스를 확대하여 사용하는 것으로 가정하는 것이다. 이런 방식에서는 마우스를 사용하는 경우라도 인터페이스를 사용하는 데 아무런 어려움이 없을 것이다. 하지만 먼저 마우스를 사용하는 것으로 가정하고 작성하면, 터치 입력을 쉽게 감지하지 못할 경우 사용자에게 아주 어려운 경험이 될 것이다.
터치와 포인터 입력을 둘 다 지원하는 개발에 대해 아주 유용한 패트릭 H. 로크[Patrick H. Lauke]의 글을 https://patrickhlauke.github.io/getting-touchy-presentation/에서 찾을 수 있다.

이 기능의 규격 초안은 http://dev.w3.org/csswg/mediaqueries-4/#mf-interaction에서 확인할 수 있다.

호버 미디어 기능

이름에서 유추할 수 있듯이 호버 미디어 기능^{Hover Media Feature}은 사용자가 스크린의 엘리먼트 위에 호버가 가능한지를 테스트한다. 사용자가 복수 입력장치(예를 들어, 터치와 마우스 등)를 가지고 있는 경우, 주 입력 장치의 특성이 이용된다. 가능한 값과 예제 코드는 다음과 같다.

호버를 지원하지 않는 경우 none 값으로 스타일을 적용할 수 있다.

```
@media (hover: none) {
    /* 호버를 지원하지 않는 경우 적용할 스타일 */
}
```

호버를 지원하지만 추가 노력이 필요한 경우에는 on-demand 값을 사용할 수 있다.

```
@media (hover: on-demand) {
    /* 호버를 지원하지만 추가 노력이 필요한 경우 적용할 스타일 */
}
```

호버를 지원하는 경우 hover 값을 사용한다.

```
@media (hover) {
    /* 호버를 지원하는 경우 적용할 스타일 */
}
```

이 외에도 any-pointer와 any-hover 미디어 기능도 있다. 이것은 앞에서 살펴본 호버 및 포인터와 유사하지만 사용 가능한 모든 입력 장치의 성능을 테스트한다.

환경 미디어 기능

주변광과 같은 환경 요인에 따라 디자인을 변경할 수 있다면 좋지 않을까? 예를 들어, 어두운 방에 있다면 사용하는 색의 밝기를 어둡게 설정하는 것이다. 환경 미디어 기능^{Envi-}ronment Media Feature은 이런 문제의 해결을 목표로 하고 있다. 다음 예제를 살펴보자.

```css
@media (light-level: normal) {
  /* 표준 조명 조건에 적용할 스타일 */
}
@media (light-level: dim) {
  /* 어두운 조명 조건에 적용할 스타일 */
}
@media (light-level: washed) {
  /* 밝은 조명 조건에 적용할 스타일 */
}
```

이런 미디어 쿼리 레벨 4를 구현한 브라우저가 아직 많지 않음을 명심해야 한다. 또한 규격이 변경될 가능성도 있다. 하지만 앞으로 어떤 새로운 기능을 사용할 수 있을지 알아보는 것은 유용하다.

이 기능의 규격 초안은 http://dev.w3.org/csswg/mediaqueries-4/#mf-environment에서 확인할 수 있다.

요약

2장에서는 CSS3 미디어 쿼리가 무엇이며, 어떻게 CSS 파일에 포함하는지, 반응형 웹 디자인을 만들기 위해 미디어 쿼리를 어떻게 활용할 수 있는지, 최신 모바일 브라우저에서 원하는 대로 페이지를 렌더링하기 위해 meta 태그를 사용하는 방법을 배웠다.

그러나 미디어 쿼리만으로는 적응형 웹 디자인을 제공할 수 있을 뿐, 하나의 레이아웃에서 다른 레이아웃으로 부드럽게 전환할 수 있는 진정한 반응형 디자인은 아니라는 사실도 배웠다. 우리의 궁극적인 목표를 달성하기 위해서는 유동형 레이아웃^{Fluid Layout}을 활용해야 한다. 유동형 레이아웃으로 미디어 쿼리의 브레이크 포인트 사이에서 디자인을 유연하게 만들 수 있다. 유동형 레이아웃을 생성하는 방법은 3장에서 다룬다.

3장

유동형 레이아웃과 반응형 이미지

1990년대 후반 웹 사이트는 일반적으로 영역의 크기를 비율로 정의하여 작성하였다. 이 비율 기반의 폭은 화면에 따라 유동적으로 조정되었고 유동형 레이아웃^{Fluid Layout}으로 알려졌다.

2000년대 중후반에는 고정폭 디자인이 도입되었다(인쇄 매체를 흉내 냈던 인쇄디자이너를 비난하지 않을 수 없다). 현재는 반응형 웹 디자인을 구축하기 위해 유동형 레이아웃과 유동형 레이아웃이 제공하는 혜택을 다시 살펴보아야 할 때가 되었다.

2장에서 미디어 쿼리로 디자인이 뷰포트 크기 변화에 적응하도록 만들었다. 하지만 스타일이 다른 스타일로 변할 때 미디어 쿼리를 제공하는 브레이크 포인트 사이에서 좀 더 유연한 디자인이 필요하다. '유동형' 레이아웃으로 코딩하면 이 요구사항을 완벽하게 충족시킬 수 있다. 유동형 레이아웃으로 미디어 쿼리의 브레이크 포인트 사이의 간격을 쉽게 채울 수 있다.

2015년에 이르러 반응형 웹 사이트를 구축할 수 있는 더 좋은 방법이 생겼다. **플렉서블 박스**^{Flexible Box}(**또는 플렉스박스**^{Flexbox}로 더 잘 알려져 있다)로 불리는 새로운 CSS 레이아웃 모듈이 등장했고 많은 브라우저에서 이를 지원한다.

플렉스박스로 유동형 레이아웃 메커니즘보다 더 많은 작업을 수행할 수 있다. 마크업의 소스 순서를 변경하거나 레이아웃을 손쉽게 수정하고 싶다면 바로 플렉스박스가 정답이다. 3장에서 이런 놀라운 기능을 제공하는 플렉스박스에 대해 다룬다.

지금 반응형 웹 디자인을 그 어느 때보다 더 잘 처리할 수 있게 된 또 하나의 핵심은 바로 반응형 이미지[Responsive Image]이다. 이제 디바이스의 뷰포트에 가장 적합한 이미지를 보내도록 요청하는 특정한 메소드와 구문을 가지게 되었다. 3장의 마지막 섹션은 반응형 이미지의 동작을 이해하고 우리의 반응형 디자인에서 잘 동작하도록 만드는 방법을 설명하는 데 할애한다.

3장에서 다루는 내용은 다음과 같다.
- 고정 픽셀 크기를 비례 크기로 변환하는 방법
- 현재의 CSS 레이아웃 메커니즘과 단점을 검토
- 플렉서블 박스 레이아웃 모듈이 제공하는 이점 이해
- 반응형 이미지의 해상도를 변경하는 구문 이해

고정 픽셀 디자인을 유동형 비례 레이아웃으로 변환

포토샵이나 일러스트레이터, 파이어워크(RIP), 스케치[Sketch] 같은 프로그램으로 만든 그래픽 작업은 모두 고정된 픽셀 크기를 가진다. 디자인을 브라우저 같은 유동형 레이아웃으로 재설계하려면 비례형 크기로 변환해야 한다.

이에 대해 반응형 웹 디자인의 아버지인 이단 마르코트[Ethan Marcotte]는 2009년 유동형 그리드[Fluid Grids]라는 기사(http://alistapart.com/article/FLUIDGRIDS)에서 아주 간단하면서도 멋진 공식을 제안하였다.

타깃[Target] / 컨텍스트[Context] = 결과[Result]

수학 공식에 두드러기가 있는 사람이라면 단순하게 원하는 물건을 물건이 포함된 크기로 나눈다고 생각해도 좋다. 이 공식으로 어떤 고정된 레이아웃도 반응형/유동형 레이아웃으로 변환할 수 있다. 연습을 통해 이해해 보자.

데스크톱을 위해 설계된 아주 간단한 페이지 레이아웃을 생각해보자. 이상적인 상황에서는 작은 화면 레이아웃에서 큰 데스크톱 레이아웃으로 확장하겠지만, 비율을 설명하기 위해 두 가지 상황을 모두 고려한다.

레이아웃의 이미지는 다음과 같다.

레이아웃은 960px 폭으로 되어 있다. 머리글(헤더)과 바닥글(푸터)은 모두 레이아웃의 전체 폭으로 되어 있다. 좌측의 사이드 영역은 200px 폭이며 오른쪽 사이드 영역은 100px 폭이다. 중앙 영역은 660px 폭이라는 것을 쉽게 알 수 있을 것이다. 중앙과 사이드 영역을 비례형 크기로 변환해 보자.

먼저 왼쪽 사이드다. 폭이 200(타깃)이므로 이를 960(컨텍스트)으로 나누면 결과는 .208333333이 된다. 오른쪽으로 소수점 두 자리를 이동하면 20.8333333%다. 즉 200px을 960px의 비율로 설명하면 20.8333333%이다.

중앙 영역은 어떨까? 660(타깃)을 960(컨텍스트)으로 나누면 .6875가 되고, 소수점 두 자리를 오른쪽으로 옮기면 68.75%가 된다. 마지막으로 오른쪽 영역이다. 100(타깃)을 960(컨텍스트)으로 나누면 .104166667이 되고 소수점을 옮기면 10.4166667%가 된다. 다시 한 번 요약하면 타깃을 컨텍스트로 나누면 결과가 나온다.

브라우저에서 기본 레이아웃을 블록으로 만들어 보자. example_03-01에서 레이아웃을 볼 수 있다. HTML은 다음과 같다.

```
<div class="Wrap">
  <div class="Header"></div>
  <div class="WrapMiddle">
      <div class="Left"></div>
      <div class="Middle"></div>
      <div class="Right"></div>
  </div>
  <div class="Footer"></div>
</div>
```

CSS는 다음과 같다.

```
html,
body {
  margin: 0;
  padding: 0;
}

.Wrap {
  max-width: 1400px;
  margin: 0 auto;
}

.Header {
  width: 100%;
  height: 130px;
```

```css
  background-color: #038C5A;
}

.WrapMiddle {
  width: 100%;
  font-size: 0;
}

.Left {
  height: 625px;
  width: 20.8333333%;
  background-color: #03A66A;
  display: inline-block;
}

.Middle {
  height: 625px;
  width: 68.75%;
  background-color: #bbbf90;
  display: inline-block;
}

.Right {
  height: 625px;
  width: 10.4166667%;
  background-color: #03A66A;
  display: inline-block;
}

.Footer {
  height: 200px;
  width: 100%;
  background-color: #025059;
}
```

브라우저에서 예제 코드를 열고 페이지의 크기를 조정해 보면 중앙 영역의 크기가 다른 영역의 크기에 비례해서 동일한 크기로 조절되는 것을 알 수 있다. 또한 .Wrap의 max-width 값(예제에서는 `1400px`로 설정되어 있음)을 조정하여 레이아웃의 경계를 크거나 작게할 수 있다.

이제 앞에서 살펴본 레이아웃을 변경하여 작은 화면에서 동일한 콘텐츠를 보여주는 방법에 대해 생각해 보자. `example_03-02`에서 이 레이아웃의 최종 코드를 볼 수 있다.

작은 화면을 위해서는 하나의 콘텐츠로 레이아웃을 구성하는 것이 기본 아이디어이다. 왼쪽 사이드 영역은 '오프 캔버스^{Off Canvas}' 영역으로 볼 수 있다. 즉, 일반적으로 메뉴 같은 영역으로 메뉴 버튼을 눌렀을 때 보여졌다가 사라지는 영역이다. 메인 콘텐츠는 헤더 아래에 있고, 다음으로 오른쪽 사이드 영역이 따라 나오며, 마지막으로 푸터 영역이 표시된다. 예제에서 왼쪽 메뉴는 헤더를 클릭했을 때 노출시킨다. 실제로 메뉴 버튼은 보통 사이드 메뉴를 활성화시킬 때 사용한다.

기대한 것처럼 이를 미디어 쿼리와 결합하면 하나의 레이아웃에서 다른 레이아웃으로 이동할 때 둘 사이에서 확장하여 쉽게 디자인이 뷰포트에 맞춰 반응하도록 만들 수 있다.

전체 소스코드는 `example_03-02`에서 확인할 수 있기 때문에 여기서 모든 CSS 코드를 나열하지 않는다. 왼쪽 영역의 예는 다음과 같다.

```
.Left {
  height: 625px;
  background-color: #03A66A;
  display: inline-block;
  position: absolute;
  left: -200px;
  width: 200px;
  font-size: .9rem;
  transition: transform .3s;
}

@media (min-width: 40rem) {
  .Left {
      width: 20.8333333%;
      left: 0;
      position: relative;
  }
}
```

먼저 미디어 쿼리가 없는 작은 화면용 레이아웃을 볼 수 있다. 화면 크기가 커지면 폭이 비례형으로 적용되고, 위치는 상대적으로, `left` 값은 0으로 설정된다. `height`나 `display`, `background-color` 같은 속성은 변경이 필요 없다.

많은 진전이 있었다. 반응형 웹 디자인의 두 가지 핵심 기술을 결합했다. 고정 크기를 비례형 크기로 변환하고 미디어 쿼리를 사용하여 뷰포트 크기에 따라 특정 CSS 규칙을 적용했다.

TIPS

앞의 예제에서 주목해야 할 두 가지 중요사항이 있다. 먼저, 왜 소수점의 모든 숫자를 포함해야 하는지 궁금할 것이다. 폭은 브라우저에 의해 픽셀로 변환되지만, 그 값은 미래의 계산(예를 들어 중첩된 엘리먼트의 폭을 더 정확하게 계산할 수 있다)을 위해 그대로 유지하는 것이 좋다.
두 번째로 실제 프로젝트에서는 자바스크립트를 사용할 수 없는 경우도 대비해 메뉴를 볼 수 있도록 작성해야 한다. 이 시나리오는 8장에서 자세히 다룬다.

왜 플렉스박스가 필요한가?

지금부터 CSS의 플렉서블 박스 레이아웃(또는 플렉스박스로 더 잘 알려진)에 대해 자세히 알아본다.

하지만 먼저 인라인 블록^{Inline-Block}이나 플로트^{Float}, 테이블 같은 기존의 레이아웃 기술의 부족한 점을 알아보는 것이 좋겠다.

인라인 블록과 공백

레이아웃 매커니즘으로 인라인 블록을 사용할 때 가장 큰 문제는 HTML 엘리먼트 사이의 공간이다. 버그는 아니지만(대부분의 개발자들은 공백을 제거하는 정상적인 방법을 환영한다) 원하지 않는 공간을 제거하기 위해 몇 가지 해킹 방법이 필요하다(내 경우 여기에 약 95%의 시간을 사용한다). 이 작업을 수행하는 여러 가지 방법이 있다. 앞의 예제에서는 '폰트 사이즈 0' 방법을 사용했다. 하지만 여기서는 인라인 블록 사용 시 공백을 제거하는 해결방법을 나열하는 대신 이에 대한 크리스 코이어^{Chris Coyier}의 좋은 글: `http://css-tricks.com/fighting-the-space-between-inline-block-elements/`로 대신한다.

또한 인라인 블록에는 콘텐츠를 수직으로 가운데 정렬할 수 있는 방법이 없다는 사실도 알아두어야 한다. 인라인 블록을 사용하면 하나는 고정된 폭을 가지고, 다른 하나로 남은 공간을 유동적으로 채우는 두 개의 형제 엘리먼트를 가지는 것도 불가능하다.

플로트

필자는 플로트^{Float}를 싫어한다. 플로트는 모든 곳에서 일관되게 동작한다는 점에서 선호되지만, 두 가지 큰 문제가 있다.

먼저 플로트 엘리먼트의 폭을 백분율로 지정하면 브라우저에 따라 계산된 결과가 일관되게 반올림되지 않는다(일부는 반올림하고 일부는 버린다). 이로 인해 섹션이 의도와 다르게, 때로는 다른 섹션의 밑에 표시되기도 하고 때로는 불필요한 간격이 남기도 한다.

두 번째, 일반적으로 부모 엘리먼트가 무너지지 않게 하기 위해 플로트를 '초기화' 해주어야 한다는 점이다. 이 작업이 어려운 것은 아니지만 플로트가 강건한 레이아웃 메커니즘은 아니라는 사실을 말해주는 충분한 증거가 된다.

테이블과 테이블 셀

`display: table`과 `display: table-cell`을 HTML 엘리먼트와 혼동하지 말자. 이들 CSS 속성은 단지 HTML 기반의 레이아웃을 모방할 뿐 HTML 구조에 영향을 미치지는 않는다.

CSS 테이블 레이아웃은 일관되고 강건하게 엘리먼트들을 수직으로 중앙 정렬시켜 준다. 또한 `display: table`로 설정된 엘리먼트 내의 엘리먼트를 `display: table-cell`로 설정하면 공백이 완벽하게 지원된다. 플로트 엘리먼트 같은 반올림 문제도 발생하지 않는다.

하지만 여기에도 한계가 있다. 일반적으로 항목을 추가 엘리먼트로 래핑해야 한다(완벽하게 수직으로 중앙 정렬되게 하려면, table-cell은 반드시 table로 설정된 엘리먼트 내에 존재해야 한다). 또한 복수의 줄에 `display: table-cell`로 설정된 항목을 래핑하는 것도 불가능하다.

결론적으로 기존의 레이아웃 방법은 모두 심각한 한계를 가지고 있다. 다행히 이런 문제들을 해결해 주는 새로운 CSS 레이아웃 방법이 바로 플렉스박스다.

플렉스박스 소개

플렉스박스Flexbox는 앞에서 말한 디스플레이 매커니즘의 단점을 해결해준다.
다음은 플렉스박스의 장점이다.

- 콘텐츠를 쉽게 수직으로 중앙 정렬해 준다.
- 엘리먼트의 시각적 순서를 변경할 수 있다.
- 박스 내 엘리먼트들의 여백과 정렬을 자동으로 조절해 준다.
- 당신의 나이를 10살 젊어 보이게 해준다(실제로 그렇지는 않겠지만, 그 만큼 스트레스를 줄여준다는 의미이다).

플렉스박스의 험난했던 경로

플렉스박스가 현재의 안정적인 버전에 도달하기까지 몇 번의 큰 변화가 있었다. 예를 들어, 2009년 버전(http://www.w3.org/TR/2009/WD-css3-flexbox-20090723/)과 2011년 버전(http://www.w3.org/TR/2011/WD-css3-flexbox-20111129/), 그리고 예제가 기반하고 있는 2014년 버전(http://www.w3.org/TR/css-flexbox-1/) 사이의 변화를 살펴보면 변경된 구문의 차이를 확인할 수 있다.

이런 규격의 차이는 크게 세 가지 구현 버전이 존재하고 있음을 의미한다. 브라우저의 지원수준에 대한 고려가 필요하다.

브라우저의 플렉스박스 지원

인터넷 익스플로러 9이거나 8 또는 그 이하의 버전은 플렉스박스를 지원하지 않는다.

그 외의 대부분의 브라우저는 (거의 모든 모바일 브라우저를 포함) 플렉스박스의 대부분(전부는 아닐지라도)의 기능을 지원하고 있다. http://caniuse.com/에서 지원 정보를 확인할 수 있다.

플렉스박스를 사용하기 전에 먼저 몇 가지 중요한 사항을 알아두자.

프리픽스는 신경 쓰지 말자

플렉스박스의 몇 가지 사용 예를 보면 플렉스박스의 유용성에 감사하고, 사용의 필요성을 강하게 느끼게 될 것이다. 하지만 상이한 플렉스박스 규격을 모두 지원하는 코드를 수동으로 작성하는 것은 매우 힘든 작업이다. 다음과 같은 세가지 플렉스박스 관련 속성을 설정하는 예를 살펴보자.

```
.flex {
  display: flex;
  flex: 1;
```

```
    justify-content: space-between;
  }
```

이것은 가장 최근의 규격에서 속성과 값을 설정하는 방법이다. 하지만 안드로이드 브라우저(v4와 그 이전 버전)나 IE 10을 고려할 경우 다음과 같은 코드가 필요하다.

```
.flex {
  display: -webkit-box;
  display: -webkit-flex;
  display: -ms-flexbox;
  display: flex;
  -webkit-box-flex: 1;
  -webkit-flex: 1;
      -ms-flex: 1;
          flex: 1;
  -webkit-box-pack: justify;
  -webkit-justify-content: space-between;
      -ms-flex-pack: justify;
          justify-content: space-between;
}
```

지난 몇 년 동안 브라우저에서 새로운 기능의 실험 버전을 지원할 수 있도록 '벤더 프리픽스Vendor Prefix'로 기술해야 했다. 각각의 브라우저들은 자신만의 프리픽스를 사용했다. 예를 들어 마이크로소프트는 -ms-를, 웹킷은 -webkit-을, 모질라에서는 -moz-를 사용했다. 이는 새로운 기능에 대해 동일한 속성의 복수 버전을 작성해야 한다는 것을 의미한다. 먼저 벤더 프리픽스를 작성하고 마지막에 W3C의 공식 버전을 작성한다.

CSS의 발전 역사가 앞의 예제와 같은 코드를 낳게 되었다. 기능이 광범위한 디바이스에서 동작할 수 있도록 해주는 유일한 방법이었다. 최근에는 브라우저 벤더들이 프리픽스를 추가하지 않는 경향이긴 하지만, 아직 가까운 미래에는 여전히 특정 기능을 활성화하는 벤더 프리픽스가 필요하다. 다시 플렉스박스로 돌아가면, 이 벤더 프리픽스는 브라우저 간

차이뿐만 아니라 상이한 규격 때문에도 필요하다. 하지만 이런 각각의 이전 포맷과 현재 포맷을 모두 이해하고 코드를 작성하는 것은 여간 성가신 작업이 아니다.

이런 각각의 벤더 프리픽스의 작성에 들이는 시간보다는 생산적인 작업에 시간을 쓰는 것이 좋다. 플렉스박스를 사용한다면, 자동 프리픽스 솔루션 설정에 시간을 투자할 필요가 충분히 있다.

자동 프리픽스 솔루션

정확하고 쉽게 CSS 벤더 프리픽스를 추가하려면 정신건강을 위해서 자동 프리픽스 솔루션을 사용하는 것이 좋다. 여러 솔루션 중에 오토프리픽서^{Autoprefixer}(https://github.com/postcss/autoprefixer)를 추천한다.

다양한 오토프리픽서 버전이 있어서 코멘드라인 기반의 빌드 도구(예를 들어, 걸프^{Gulp}나 그런트^{Grunt} 같은)가 필요하지 않다. 예를 들어, 서브라임 텍스트$^{Sublime Text}$를 사용한다면 코멘드 팔렛트에서 바로 동작하는 버전이 있다(https://github.com/sindresorhus/sublime-autoprefixer). 또한 아톰^{Atom}이나 브라켓^{Brackets}, 비주얼 스튜디오용 오토프리픽서 버전도 있다.

지금부터 반드시 필요한 주요 포인트를 설명하기 위한 경우를 제외하고는 코드 샘플에서 벤더 프리픽스는 생략하겠다.

플렉스박스 시작하기

플렉스박스는 **방향**^{Direction}과 **정렬**^{Alignment}, **순서**^{Ordering}, **유연성**^{Flexibility}의 네 가지 주요 특성을 가진다. 몇 가지 예제를 통해 이들 특성과 각각의 연관성에 대해 알아보자.

예제는 아주 간단하다. 콘텐츠를 포함한 몇 개의 박스를 이동시켜서 플렉스박스의 동작 원리를 설명한다.

완벽하게 수직으로 중앙 정렬된 텍스트

첫 번째 플렉스박스 예제는 example_03-03이다.

마크업은 다음과 같다.

```
<div class="CenterMe">
  Hello, I'm centered with Flexbox!
</div>
```

마크업에 적용되는 전체 CSS 규칙은 다음과 같다.

```
.CenterMe {
  background-color: indigo;
  color: #ebebeb;
  font-family: 'Oswald', sans-serif;
  font-size: 2rem;
  text-transform: uppercase;
  height: 200px;
  display: flex;
  align-items: center;
  justify-content: center;
}
```

규칙에서 속성과 값의 쌍 대부분은 색상과 폰트 크기를 설정한다. 우리가 관심을 가지는 세 가지 속성은 다음과 같다.

```
.CenterMe {
  /* 다른 속성들 */
  display: flex;
  align-items: center;
  justify-content: center;
}
```

플렉스박스나 다른 박스 정렬과 관련된 규격(http://www.w3.org/TR/css3-align/)에 익숙하지 않다면 이들 속성들이 다소 이상하게 보일 것이다. 각각에 대해 살펴보자.

- display: flex : 플렉스박스의 가장 기본적인 속성이다. 이것은 단지 항목을 플렉스박스(블록이나 인라인 블록이 아닌)로 설정한다.
- align-items : 플렉스박스의 항목들을 크로스 축으로 정렬(예제에서는 텍스트를 수직으로 중앙 정렬)한다.
- justify-content : 이 속성은 콘텐츠를 주축으로 중앙 정렬시킨다. 플렉스박스 행으로 워드 프로세스의 좌, 우, 중앙 정렬(추가로 justify-content 값이 필요하다)시키는 버튼처럼 생각할 수 있다.

플렉스박스의 속성에 대해 자세히 알아보기 전에, 몇 가지 예제를 더 살펴보자.

TIPS

이 책의 몇몇 예제에서 구글의 '오스왈드^{Oswald}' 폰트(산세리프 폰트의 대체로)를 사용했다. @font-face 규칙을 이용한 사용자정의 폰트 파일의 사용에 대해서는 5장에서 살펴본다.

항목의 오프셋

각각이 다른 항목의 오프셋으로 표시되는 간단한 내비게이션 항목을 생각해 보자.

예제는 다음과 같다.

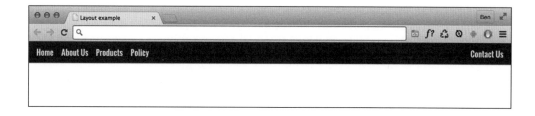

마크업은 다음과 같다.

```
<div class="MenuWrap">
  <a href="#" class="ListItem">Home</a>
  <a href="#" class="ListItem">About Us</a>
  <a href="#" class="ListItem">Products</a>
  <a href="#" class="ListItem">Policy</a>
  <a href="#" class="LastItem">Contact Us</a>
</div>
```

CSS는 다음과 같다.

```
.MenuWrap {
  background-color: indigo;
  font-family: 'Oswald', sans-serif;
  font-size: 1rem;
  min-height: 2.75rem;
  display: flex;
  align-items: center;
  padding: 0 1rem;
}

.ListItem,
.LastItem {
  color: #ebebeb;
```

```
    text-decoration: none;
}

.ListItem {
    margin-right: 1rem;
}

.LastItem {
    margin-left: auto;
}
```

어떤 플로트나 인라인 블록, 테이블 셀도 필요하지 않다. 래핑 엘리먼트에 display: flex;를 설정하기만 하면, 이 엘리먼트의 자식들은 플렉스 레이아웃 모델을 사용하는 플렉스 항목이 된다. 여기에서 매직 속성은 margin-left: auto이다. 이 속성은 해당 항목이 남아있는 모든 공간을 사용하게 해준다.

항목의 순서를 반대로 하기

항목의 순서를 거꾸로 뒤집고 싶은가?

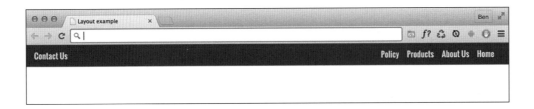

래핑 엘리먼트에 flex-direction: row-reverse;를 추가하고, 오프셋 항목의 margin-left: auto를 margin-right: auto로 변경하는 것으로 아주 쉽게 할 수 있다.

```
.MenuWrap {
    background-color: indigo;
```

```css
    font-family: 'Oswald', sans-serif;
    font-size: 1rem;
    min-height: 2.75rem;
    display: flex;
    flex-direction: row-reverse;
    align-items: center;
    padding: 0 1rem;
}

.ListItem,
.LastItem {
    color: #ebebeb;
    text-decoration: none;
}

.ListItem {
    margin-right: 1rem;
}

.LastItem {
    margin-right: auto;
}
```

항목을 수직으로 배치하기

항목을 수직으로 배치하는 것도 아주 간단하다. 래핑 엘리먼트를 flex-direction: column;로 변경하고 auto 마진을 제거하면 된다.

```css
.MenuWrap {
    background-color: indigo;
    font-family: 'Oswald', sans-serif;
    font-size: 1rem;
    min-height: 2.75rem;
    display: flex;
    flex-direction: column;
```

```
  align-items: center;
  padding: 0 1rem;
}


.ListItem,
.LastItem {
  color: #ebebeb;
  text-decoration: none;
}
```

열을 반대로 배치하기

반대 방향으로 항목을 쌓고 싶다면 `flex-direction: column-reverse;`로 바꾸면 된다.

> **NOTE**
>
> `flex-direction`와 `flex-wrap`를 한 번에 설정할 수 있는 `flex-flow` 속성도 있다. 예를 들어, `flex-flow: row wrap;`는 방향을 행 방향으로 설정하고 플렉스박스로 래핑한다. 하지만 적어도 초기에는 이 두 속성을 따로 설정하는 것이 이해하기 쉽다. 또한 `flex-wrap` 속성은 초기 플렉스박스 구현에서 제외되어 있어 일부 브라우저에서는 이 선언이 완전히 무시된 채 렌더링된다.

미디어 쿼리에서 다른 플렉스박스 레이아웃 사용하기

이름에서 알 수 있듯이 플렉스박스는 본질적으로 유연하다. 따라서 작은 뷰포트에서는 항목이 열로 나열되고 공간이 충분하면 행으로 레이아웃이 변경되도록 하는 것은 어떨까? 플렉스박스에서는 식은 죽 먹기다.

```
.MenuWrap {
  background-color: indigo;
  font-family: 'Oswald', sans-serif;
  font-size: 1rem;
  min-height: 2.75rem;
  display: flex;
```

```
    flex-direction: column;
    align-items: center;
    padding: 0 1rem;
}

@media (min-width: 31.25em) {
  .MenuWrap {
    flex-direction: row;
  }
}

.ListItem,
.LastItem {
  color: #ebebeb;
  text-decoration: none;
}

@media (min-width: 31.25em) {
  .ListItem {
    margin-right: 1rem;
  }
  .LastItem {
    margin-left: auto;
  }
}
```

example_03-05에서 이 결과를 볼 수 있다. 다른 레이아웃을 보려면 브라우저 창의 크기를 조정하면 된다.

Inline-flex

플렉스박스는 inline-block과 inline-table을 보완하는 inline 변형도 지원한다. 예상하는 것처럼 display: inline-flex;이다. 환상적인 중앙 정렬 능력 덕분에 꽤 어려운 일을 적은 노력으로 아주 쉽게 할 수 있다.

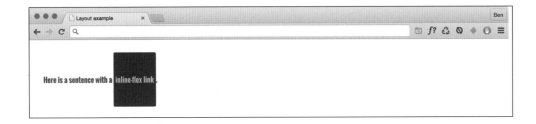

마크업은 다음과 같다.

```
<p>Here is a sentence with a <a href="http://www.w3.org/TR/css-flexbox-
1/#flex-containers" class="InlineFlex">inline-flex link</a>.</p>
```

CSS는 다음과 같다.

```
.InlineFlex {
  display: inline-flex;
  align-items: center;
  height: 120px;
  padding: 0 4px;
  background-color: indigo;
  text-decoration: none;
  border-radius: 3px;
  color: #ddd;
}
```

항목을 inline-flex로 설정한 경우(예를 들어, 부모 엘리먼트는 display: flex;
로 설정하지 않은 경우), 인라인 블록이나 인라인 테이블처럼 엘리먼트 사이의 공백을 유
지한다. 하지만 플렉스 컨테이너에 있는 경우에는 테이블 안에 있는 테이블 셀 항목처럼
공백이 제거된다.

물론 플렉스박스 안에 있는 항목을 항상 중앙 정렬시킬 필요는 없다. 다른 여러 옵션들
이 있으니 지금부터 하나하나 살펴보자.

플렉스박스 정렬 속성

이 예제는 example_03-07에서 찾을 수 있다. 다운받은 예제 코드는 해당 섹션을 끝마쳤을 때의 코드이다. 따라서 책의 내용을 따라가려면 예제의 CSS 파일을 삭제하고 새로 작성하는 것이 좋다.

플렉스박스 정렬을 이해하는 데 있어 축^{Axis}의 개념이 중요하다. '주축'과 '크로스 축' 두 개의 축을 고려해야 한다. 이들 각각이 나타내는 것은 플렉스박스의 방향에 따라 달라진다. 예를 들어, 플렉스박스의 방향이 row로 설정되어 있다면, 주축은 수평축이 되며 크로스 축은 수직축이 된다.

반대로 플렉스박스의 방향이 column으로 설정되어 있다면, 주축은 수직축이 되며 크로스 축은 수평축이 된다.

플렉스박스 규격(http://www.w3.org/TR/css-flexbox-1/#justify-content-property)은 이해를 돕기 위해 다음 그림을 제공하고 있다.

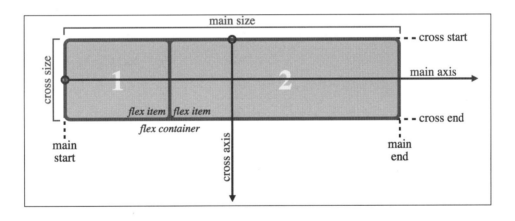

예제의 기본 마크업은 다음과 같다.

```
<div class="FlexWrapper">
  <div class="FlexInner">I am content in the inner Flexbox.</div>
</div>
```

기본 플렉스박스 스타일을 설정한다..

```css
.FlexWrapper {
  background-color: indigo;
  display: flex;
  height: 200px;
  width: 400px;
}

.FlexInner {
  background-color: #34005B;
  display: flex;
  height: 100px;
  width: 200px;
}
```

브라우저에서 결과는 다음과 같다.

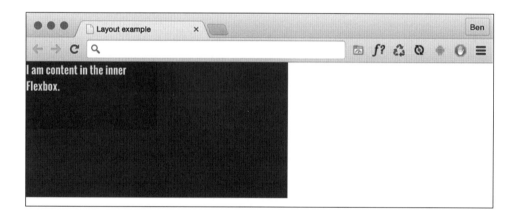

이제 이들 속성의 영향을 테스트해보자.

align-items 속성

`align-items` 속성은 항목의 크로스 축의 위치를 정한다. 이 속성을 래핑 엘리먼트에

다음과 같이 적용하면, 예측한 것처럼 박스의 항목이 수직으로 중앙 정렬된다.

```
.FlexWrapper {
  background-color: indigo;
  display: flex;
  height: 200px;
  width: 400px;
  align-items: center;
}
```

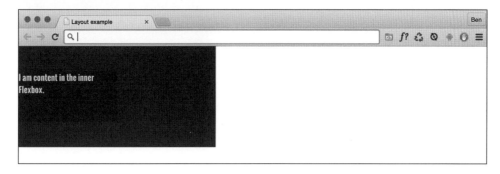

박스 내의 모든 항목에 동일 효과가 적용된다.

align-self 속성

때로는 하나의 항목만 다르게 정렬할 필요가 있다. 개별 플렉스 항목은 `align-self` 속성으로 정렬할 수 있다. 앞에서 설정한 정렬 속성을 제거하고 마크업에 다른 두 항목을 추가(`.FlexInner` HTML 클래스를 부여)한다. 가운데 항목에는 또 다른 HTML 클래스 (`.AlignSelf`)를 추가하고 이 클래스를 사용하여 `align-self` 속성을 추가한다.

```
.FlexWrapper {
  background-color: indigo;
  display: flex;
  height: 200px;
```

```
    width: 400px;
}

.FlexInner {
  background-color: #34005B;
  display: flex;
  height: 100px;
  width: 200px;
}

.AlignSelf {
  align-self: flex-end;
}
```

브라우저에서 보면 결과는 다음과 같다.

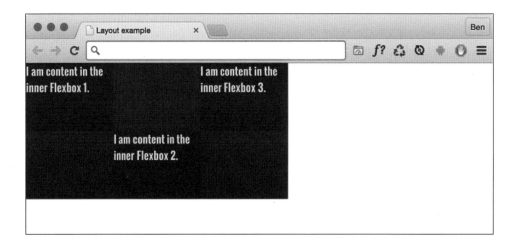

플렉스박스는 훌륭하게도 이런 변경을 아주 쉽게 해준다. 예제에서 `align-self` 속성의 값이 `flex-end`로 설정되었다. 주축의 정렬로 넘어가기 전에 크로스 축에서 사용할 수 있는 값들을 살펴보자.

사용 가능한 정렬 값

플렉스박스의 크로스 축에서 사용할 수 있는 값은 다음과 같다.

- `flex-start` : 엘리먼트를 `flex-start`로 설정하면 엘리먼트를 플렉스 컨테이너의 시작부에 위치하도록 정렬시킨다.
- `flex-end` : `flex-end`로 설정하면 엘리먼트를 플렉스 컨테이너의 끝에 정렬시킨다.
- `center` : 플렉스 컨테이너의 중앙에 위치시킨다.
- `baseline` : 컨테이너의 모든 플렉스 항목을 설정하여 기준선이 일치하도록 맞춘다.
- `stretch` : 모든 항목을 플렉스 컨테이너의 크기(크로스 축)로 늘린다.

> **NOTE**
>
> 이들 속성에는 고유의 특성이 존재한다. 따라서 설정한 속성이 원하는 대로 잘 동작하지 않는다면 항상 http://www.w3.org/TR/css-flexbox-1/에서 규격을 참조하는 것이 좋다.

justify-content 속성

주축의 정렬은 `justify-content`(비 플렉스박스/블록 레벨 항목을 위해 `justify-self` 속성도 제안되어 있다(http://www.w3.org/TR/css3-align/))를 사용한다. `justify-content`에 사용할 수 있는 값은 다음과 같다.

- `flex-start`
- `flex-end`
- `center`
- `space-between`
- `space-around`

처음 세 개의 값은 기대하는 바대로 동작할 것이다. 하지만 `space-between`와 `space-around`가 어떻게 동작하는지는 다음 마크업을 통해 살펴보자.

```
<div class="FlexWrapper">
  <div class="FlexInner">I am content in the inner Flexbox 1.</div>
  <div class="FlexInner">I am content in the inner Flexbox 2.</div>
  <div class="FlexInner">I am content in the inner Flexbox 3.</div>
</div>
```

다음은 CSS다. 세 개의 플렉스 항목 (FlexInner)을 각각 25% 폭으로 설정하고 폭을 100%로 설정한 플렉스 컨테이너 (FlexWrapper)로 래핑한다.

```
.FlexWrapper {
  background-color: indigo;
  display: flex;
  justify-content: space-between;
  height: 200px;
  width: 100%;
}

.FlexInner {
  background-color: #34005B;
  display: flex;
  height: 100px;
  width: 25%;
}
```

세 개의 항목이 공간의 75%만 차지하므로 브라우저에서 남은 공간을 어떻게 처리할지는 justify-content가 결정한다. space-between은 항목들 사이의 공간을 균등하게 배분하고, space-around는 공간을 어라운드around시킨다. 스크린샷이 이해하는데 도움이 될 것 같다. 그림은 space-between을 보여준다.

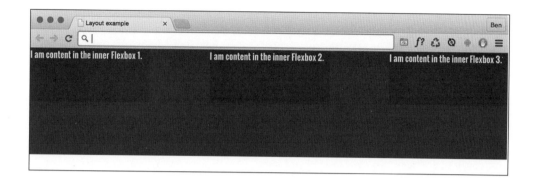

space-around로 바뀌면 결과는 다음과 같다.

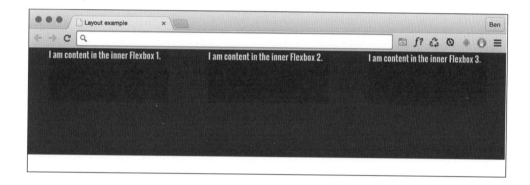

이 두 값은 매우 유용하다.

flex 속성

플렉스 항목의 폭을 정의하는 데 `width` 속성을 사용해 왔지만 `flex` 속성으로도 가능하다. 이 예를 설명하기 위해 동일한 마크업에 CSS만 변경해 본다.

```
.FlexItems {
  border: 1px solid #ebebeb;
  background-color: #34005B;
  display: flex;
  height: 100px;
  flex: 1;
}
```

flex 속성은 사실 별도의 세 가지 속성인 flex-grow와 flex-shrink, flex-basis를 약식으로 표기하는 방법이다. 이들 개별 속성에 대한 자세한 설명은 http://www.w3.org/TR/css-flexbox-1/을 참조한다. 하지만 규격은 약식 표기인 flex 속성을 사용하도록 권장하고 있으니 여기서는 이에 대해 알아본다.

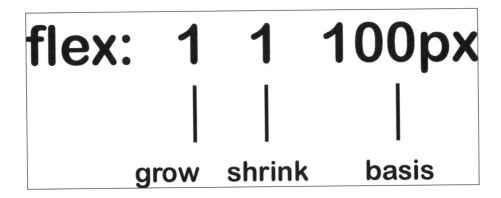

플렉스 항목에서 flex 속성이 제공되는 경우(그리고 브라우저가 지원하는 경우), 항목의 크기를 결정하는 데 width나 height 값 대신 사용된다. width나 height 값이 flex 속성 뒤에 지정된 경우에도 전혀 영향을 미치지 못한다. flex 속성 각각의 값에 대해 알아보자.

- flex-grow(플렉스에 전달하는 첫 번째 값)는 여유 공간이 있을 때 플렉스 항목이 확장되는 정도를 지정한다.
- flex-shrink는 여유 공간이 없을 때 플렉스 항목이 수축하는 정도를 지정한다.
- flex-basis(플렉스에 전달되는 마지막 값)는 플렉스 항목의 기준 크기다.

`flex: 1`처럼 작성할 수도 있지만, `flex` 속성에 모든 값을 작성하기를 추천한다. 이렇게 하는 것이 의도하는 바를 명확하게 전달할 수 있다. 예를 들어 `flex:1 1 auto`는 항목이 가용한 공간의 1 부분으로 확장되고, 공간이 부족할 경우 1 부분으로 축소되며, 기본 크기는 콘텐츠의 고유 폭(플렉스로 지정되지 않을 때 콘텐츠의 크기)과 동일하다는 것을 의미한다.

다른 예를 들어보자. `flex: 0 0 50px`은 항목이 확장되거나 축소되지 않으며 기본 크기는 50px(따라서 여유 공간에 상관없이 50px이 된다)임을 의미한다. `flex: 2 0 50%`는 어떨까? 이것은 가용한 공간의 두 부분을 차지하며 축소되지 않고, 기본 크기는 50%임을 의미한다. 이 간단한 예제들이 `flex` 속성을 이해하기 쉽게 설명해 주었기를 바란다.

`flex` 속성을, 비율을 설정하는 방법으로 생각할 수 있다. 각 플렉스 항목을 1로 설정하면 각각 동일한 공간을 차지한다.

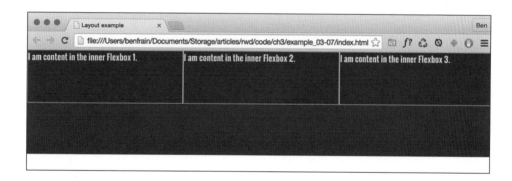

그럼 이론의 테스트를 위해 마크업의 HTML 클래스를 수정해 보자.

```
<div class="FlexWrapper">
  <div class="FlexItems FlexOne">I am content in the inner Flexbox
1.</div>
  <div class="FlexItems FlexTwo">I am content in the inner Flexbox
```

```
2.</div>
  <div class="FlexItems FlexThree">I am content in the inner Flexbox
3.</div>
</div>
```

그리고 수정된 CSS는 다음과 같다.

```
.FlexItems {
  border: 1px solid #ebebeb;
  background-color: #34005B;
  display: flex;
  height: 100px;
}

.FlexOne {
  flex: 1.5 0 auto;
}

.FlexTwo,
.FlexThree {
  flex: 1 0 auto;
}
```

이 경우 FlexOne은 FlexTwo와 FlexThree가 차지하는 공간의 1.5배를 차지한다.

이 약식 구문은 항목들 사이의 관계를 빠르게 정의하는데 유용하다. 예를 들어, "다른 것보다 1.8배 넓어야 함" 같은 요구사항이 들어오면 flex 속성으로 쉽게 대응할 수 있다.

믿을 수 없을 만큼 강력한 flex 속성을 이제 어느 정도 이해하게 되었기를 기대한다.

플렉스박스에 대해 여러 장을 쓸 수 있을 만큼 많은 예제가 있지만, 3장의 또 다른 주제인 반응형 이미지로 넘어가기 전에 두 가지만 더 알아보자.

간단한 푸터

뷰포트의 마지막에 푸터를 배치한다고 가정해보자. 본문의 콘텐츠가 충분하지 않을 때 이 작업은 항상 어려운 작업이었지만 플렉스박스로 아주 쉽게 할 수 있다. 다음 마크업(예제 example_03-08 참조)을 살펴보자.

```
<body>
  <div class="MainContent">
    Here is a bunch of text up at the top. But there isn't enough
content to push the footer to the bottom of the page.
  </div>
  <div class="Footer">
    However, thanks to flexbox, I've been put in my place.
  </div>
</body>
```

CSS는 다음과 같다.

```
html,
body {
  margin: 0;
  padding: 0;
}

html {
  height: 100%;
}
body {
  font-family: 'Oswald', sans-serif;
  color: #ebebeb;
  display: flex;
  flex-direction: column;
  min-height: 100%;
}
```

```
.MainContent {
  flex: 1;
  color: #333;
  padding: .5rem;
}

.Footer {
  background-color: violet;
  padding: .5rem;
}
```

브라우저에서 결과를 확인하고 .MainContentdiv에 더 많은 콘텐츠를 추가해 보자. 콘텐츠가 충분하지 않은 경우 푸터가 뷰포트의 바닥에 붙어 있는 것을 볼 수 있다. 콘텐츠가 충분한 경우에 푸터는 콘텐츠의 아래에 붙는다.

이것은 flex 속성을 공간이 충분할 때 확장되도록 설정하였기 때문이다. 본문이 최소 높이 100%의 플렉스 컨테이너로 설정되어 있기 때문에 본문 콘텐츠는 전체 가용한 공간으로 확장된다.

소스 순서 바꾸기

CSS의 시대가 된 이후로 웹 페이지의 HTML 엘리먼트의 시각적 순서를 바꾸는 데 한 가지 방법만 있었다. 전체 엘리먼트를 둘러싸고 display: table로 설정한 다음, 안에 있는 항목들의 display 속성을 display: table-caption(맨 위)과 display: table-footer-group(맨 아래), 그리고 display: table-header-group(display: table-caption로 설정한 항목 바로 아래) 사이에서 바꾸면 된다. 비록 이 기술이 잘 동작하기는 하지만, 사실 이 설정의 본래 의도라기보다는 우연한 결과에 의한 것이다.

하지만 플렉스박스는 시각적 소스 재배치 기능을 내장하고 있다. 어떻게 동작하는지 알아보자.

다음 마크업 코드를 살펴보자.

```
<div class="FlexWrapper">
  <div class="FlexItems FlexHeader">I am content in the Header.</div>
  <div class="FlexItems FlexSideOne">I am content in the SideOne.</
div>
  <div class="FlexItems FlexContent">I am content in the Content.</
div>
  <div class="FlexItems FlexSideTwo">I am content in the SideTwo.</
div>
  <div class="FlexItems FlexFooter">I am content in the Footer.</div>
</div>
```

세 번째 항목이 HTML 클래스인 FlexContent로 둘러싸여 있는 것을 볼 수 있다. 이 div가 페이지의 메인 콘텐츠를 담고 있다고 생각하자.

좀 더 간단하게 만들어 보자. 더 쉽게 섹션을 구분할 수 있도록 색상을 추가하고 이 항목을 다른 항목 다음에 둔다.

```
.FlexWrapper {
  background-color: indigo;
  display: flex;
  flex-direction: column;
}

.FlexItems {
  display: flex;
  align-items: center;
  min-height: 6.25rem;
  padding: 1rem;
}

.FlexHeader {
```

```
    background-color: #105B63;
}

.FlexContent {
  background-color: #FFFAD5;
}

.FlexSideOne {
  background-color: #FFD34E;
}

.FlexSideTwo {
  background-color: #DB9E36;
}

.FlexFooter {
  background-color: #BD4932;
}
```

브라우저에서 보면 다음과 같이 렌더링된다.

이제 .FlexContent의 순서를 마크업 변경 없이 첫 번째로 바꿔보자. 플렉스박스에서는 속성/값 쌍 하나를 추가하는 것으로 간단히 해결된다.

```
.FlexContent {
  background-color: #FFFAD5;
  order: -1;
}
```

order 속성은 간단하면서도 안전하게 플렉스박스 내에서 항목의 순서를 조정할 수 있게 해준다. 예제에서 -1은 다른 모든 항목보다 가장 앞에 위치시키는 것을 의미한다.

TIPS

전체 항목들의 순서를 바꾸려면 각 항목들의 순서를 번호로 추가하는 것이 좋다. 이렇게 하면 미디어 쿼리와 조합할 때 좀 더 이해하기 쉽다.

이 새로운 소스 순서 바꾸기 기술을 미디어 쿼리와 결합하여 다른 뷰포트 크기에서 레이아웃뿐 아니라 순서도 달라지게 해보자.

NOTE

최종 예제는 example_03-09에서 확인할 수 있다.

메인 콘텐츠를 문서의 시작부에 두는 것이 일반적이므로 다음과 같이 마크업을 수정한다.

```
<div class="FlexWrapper">
  <div class="FlexItems FlexContent">I am content in the Content.</
div>
  <div class="FlexItems FlexSideOne">I am content in the SideOne.</
div>
  <div class="FlexItems FlexSideTwo">I am content in the SideTwo.</
div>
  <div class="FlexItems FlexHeader">I am content in the Header.</div>
  <div class="FlexItems FlexFooter">I am content in the Footer.</div>
</div>
```

먼저 페이지의 콘텐츠를 두고, 그 다음 두 개의 사이드 바 영역을 둔다. 다음으로 헤더, 마지막으로 푸터를 배치한다. 플렉스박스를 사용할 것이기 때문에, 시각적으로 보이는 순서에 관계없이 문서의 구성에 맞춰 HTML을 작성하면 된다.

작은 화면(미디어 쿼리가 적용되지 않는)에서는 다음의 순서를 적용한다.

```css
.FlexHeader {
  background-color: #105B63;
  order: 1;
}

.FlexContent {
  background-color: #FFFAD5;
  order: 2;
}

.FlexSideOne {
  background-color: #FFD34E;
  order: 3;
}

.FlexSideTwo {
  background-color: #DB9E36;
  order: 4;
}

.FlexFooter {
  background-color: #BD4932;
  order: 5;
}
```

브라우저에서 결과는 다음과 같다.

그리고 브레이크 포인트에서는 다음과 같이 바꾼다.

```
@media (min-width: 30rem) {
  .FlexWrapper {
    flex-flow: row wrap;
  }
  .FlexHeader {
    width: 100%;
  }
  .FlexContent {
    flex: 1;
    order: 3;
  }
  .FlexSideOne {
    width: 150px;
    order: 2;
  }
  .FlexSideTwo {
    width: 150px;
```

```
    order: 4;
  }
  .FlexFooter {
    width: 100%;
  }
}
```

브라우저에서 결과는 다음과 같다.

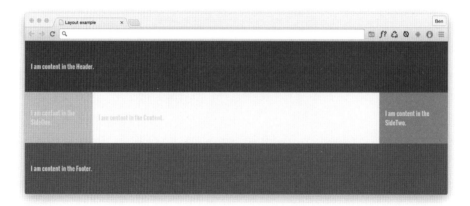

플렉스박스 정리

플렉스박스 레이아웃 시스템을 사용하면 다양한 가능성을 활용할 수 있다. 또한 고유의 '유연성' 덕분에 반응형 디자인과 완벽하게 잘 어울린다. 이전에 플렉스박스를 사용해 본 적이 없다면 새로운 속성과 값들이 약간은 이상해 보이고 때로는 플렉스박스로 하는 작업이 이전보다 어려워 보일 수 있다. 플렉스박스는 아직 표준이 완료되지 않았기 때문에 구현하기 전에 http://www.w3.org/TR/css-flexbox-1/에서 최신 규격을 확인해 보는 것이 좋다.

하지만 곧 플렉스박스를 좋아하게 될 것이라 믿는다.

반응형 이미지

사용자의 디바이스와 환경에 따라 적절한 이미지를 제공하는 문제는 항상 어려운 주제였다. 특히 모든 디바이스에 대해 하나의 코드베이스를 제공하는 반응형 디자인의 철학 덕분에 반응형 디자인의 등장과 함께 이 문제가 더 부각되기 시작했다.

반응형 이미지의 본질적인 문제

웹 페이지 개발자로서 현재나 미래에 당신의 웹 사이트를 방문할 디바이스가 무엇인지 전부 알 수는 없다. 오직 브라우저만이 콘텐츠를 렌더링하는 순간에 이 특정 디바이스(예를 들어 화면 사이즈와 디바이스 성능 등)가 무엇인지를 안다.

반대로 웹 페이지 개발자는 어떤 이미지가 있는지 안다. 예를 들어, 동일한 이미지에 대해 세 가지 버전의 파일이 있을 수 있다. 대, 중, 소 각각의 이미지는 크기가 커질수록 큰 화면과 고품질의 이미지를 제공할 수 있다. 하지만 브라우저는 이를 모르기 때문에 브라우저에 알려줄 필요가 있다.

이 상황을 요약하자면, 우리는 어떤 이미지를 가지고 있는지 알고, 브라우저는 반대로 어떤 디바이스로 페이지를 방문하고 이에 따라 적당한 이미지의 크기와 해상도가 무엇인지 알고 있다.

어떻게 브라우저가 적합한 이미지를 선택할 수 있도록 알릴 수 있을까?

반응형 웹 디자인의 초기 몇 년 동안은 이 문제에 대한 구체적인 솔루션이 없었다. 하지만 다행히도 지금은 임베디드 콘텐츠 규격(https://html.spec.whatwg.org/multipage/embedded-content.html)을 사용할 수 있게 되었다.

임베디드 콘텐츠 규격은 간단하게 이미지의 해상도를 전환하는 방법(고해상도 스크린을 사용하는 사용자에게는 고해상도 이미지를 제공)과 디바이스의 성능에 따라 전혀 다른 이미지를 제공(미디어 쿼리와 유사)하는 '아트 디렉션[Art Direction]' 상황에 대해 기술하고 있다.

srcset으로 해상도 변경

해상도만 다른 세 가지 버전의 이미지 파일을 가지고 있다고 가정하자. 하나는 작은 뷰포트용 이미지, 또 하나는 중간 크기의 뷰포트용 이미지이고 마지막 하나는 다른 모든 뷰포트를 커버하는 이미지이다. 세 가지 버전이 사용 가능하다고 다음과 같은 방법으로 브라우저에 알려줄 수 있다.

```
<img src="scones_small.jpg" srcset="scones_medium.jpg 1.5x, scones_large.jpg 2x" alt="Scones taste amazing">
```

반응형 이미지가 동작하게 만드는 가장 간단한 방법이다. 구문의 정확한 의미를 알아보자.

먼저 우리에게 이미 익숙한 src 속성은 여기에서는 두 가지 역할을 담당한다. 이미지의 1x 버전을 지정하며 또한 브라우저가 srcset 속성을 지원하지 않는 경우 폴백[Fallback]의 역할도 담당한다. 이 방법으로 srcset 정보를 무시하는 구형 브라우저에서는 가장 작지만 가능한 최적의 이미지를 보여줄 수 있다.

srcset을 지원하는 브라우저에는 이 속성으로 콤마로 구분된 이미지의 목록을 제공할 수 있다. 이미지 이름(scones_medium.jpg 같은) 뒤에 해상도에 대한 간단한 힌트를 제공한다. 예제에서는 1.5x와 2x를 사용했지만 어떤 정수도 사용 가능하다. 예를 들어 3x 또는 4x도 잘 동작한다(더 큰 해상도의 스크린에 적합한 이미지를 제공).

하지만 여기에도 문제는 있다. 1440px 크기의 디바이스에서 1x 스크린과 480px 크기의 디바이스에서 3x 스크린은 동일한 이미지가 된다. 이는 의도하지 않았던 효과일 수 있다.

srcset과 sizes로 하는 고급 변경

다른 상황을 생각해 보자. 반응형 웹 디자인에서 작은 뷰포트에서 이미지의 전체 뷰포트를 보여주거나 반대로 큰 뷰포트에서 이미지 뷰포트의 반만 보여주는 것은 일반적인 방법이 아니다. 1장의 메인 예제가 이에 대한 전형적인 예를 보여준다. 브라우저에 다음과 같은 방법으로 의도를 알려줄 수 있다.

```
<img srcset="scones-small.jpg 450w, scones-medium.jpg 900w"
sizes="(min-width: 17em) 100vw, (min-width: 40em) 50vw" src="scones_
small. jpg" alt="Scones">
```

이미지 태그에서 `srcset`를 다시 사용하고 있다. 하지만 이번에는 이미지를 지정하면서 w 접미사로 값을 추가했다. 이것은 브라우저에 이미지가 얼마나 큰지 알려준다. 예제에서 폭 450px 크기의 이미지(`scones_small.jpg`)와 900px 크기의 이미지(`scones-mdium.jpg`)를 사용했다. 이 w로 지정한 값이 실제 크기는 아니라는 점에 주의하자. 단지 브라우저에 'CSS 픽셀'과 거의 동일한 폭을 알려준다.

> **TIPS**
>
> CSS에서 정확한 픽셀의 정의는 무엇일까? `http://www.w3.org/TR/css3-values/`에서 이에 대한 명확한 설명을 찾을 수 있다.

이 w 값은 `sizes` 속성과 함께 사용될 때 더 의미가 커진다. `sizes` 속성은 브라우저 이미지의 의도를 알려주는 데 사용된다. 앞의 예제에서 첫 번째 값은 '최소 폭 17em 이상의 모든 디바이스에서 이미지가 100vw 크기로 보여지길 바란다'라는 의미이다.

vh(1vh는 뷰포트 높이의 1%와 동일)나 vw(1vw는 뷰포트 폭의 1%와 동일) 같은 단위를 사용하면 안 된다. 이와 관련해서는 5장을 반드시 읽어보기 바란다.

두 번째 부분은 브라우저에 "최소 40em 폭 이상의 디바이스에서는 이미지를 50vw로 표시해줘"라고 말하고 있다. 이는 DPI(또는 DPR$^{Device\ Pixel\ Ratio}$)를 고려할 때 다소 중복될 수 있다. 예를 들어, 2배의 해상도를 가진 320px 폭 디바이스(전체 폭으로 표시되려면 640px 폭의 이미지가 필요)에서 브라우저는 900px 폭의 이미지가 필요한 크기를 만족시킬 수 있는 충분한 크기이기 때문에 최적의 이미지라고 판단할 것이다.

브라우저가 다른 이미지를 선택할 수 있다?

sizes 속성은 단지 브라우저에 힌트를 제공해 줄 뿐이라는 사실을 기억해야 한다. 브라우저가 항상 이를 지킬 것이라고 보장할 수 없다. 이는 분명 좋은 소식이니 나를 믿어라. 미래에 브라우저가 네트워크 상태를 확인할 신뢰할 수 있는 방법이 있다면 브라우저가 다른 이미지를 선택할 수도 있음을 의미한다. 이는 코드를 작성하는 현재 시점에 개발자가 모르는 사항을 브라우저는 알 수도 있기 때문이다. 아마도 사용자가 '1배 이미지만 다운로드'하거나 '2배 이미지만 다운로드'하도록 디바이스를 설정해 놓을 수도 있다. 이런 시나리오에서 브라우저는 가장 최선의 선택을 할 것이다.

다른 대안방법으로 picture 엘리먼트를 사용할 수 있다. 이 엘리먼트를 사용하면 브라우저가 정확하게 요청한 이미지를 제공하도록 보장할 수 있다. 어떻게 동작하는지 살펴보자.

picture 엘리먼트 아트 디렉션

마지막으로 서로 다른 뷰포트에서 다른 이미지를 제공하는 시나리오를 생각할 수 있다. 예를 들어, 1장의 케이크 예제를 다시 생각해 보자. 작은 스크린에서 잼과 크림이 얹어져 있는 스콘의 클로즈업 이미지를 보여준다. 좀 더 큰 스크린에서는 여러 케이크가 놓여 있는 테이블의 더 큰 이미지를 보여주는 것을 생각해 볼 수 있다. 그리고 마지막으로 큰 뷰포트에서는 사람들이 앉아서 케이크와 차를 마시고 있는 마을 거리에 있는 아름다운 케이크 상점의 외부 모습을 보여 줄 수 있다(너바나 같은 배경음악이 있다면 더 좋을 것이다). 다른 뷰포트에 적합한 세 가지 다른 이미지가 필요하다. picture 엘리먼트로 이 문제를 해결할 수 있다.

```
<picture>
  <source media="(min-width: 30em)" srcset="cake-table.jpg">
  <source media="(min-width: 60em)" srcset="cake-shop.jpg">
  <img src="scones.jpg" alt="One way or another, you WILL getcake.">
</picture>
```

첫 번째, picture 엘리먼트는 img 태그로 이미지들을 지정할 수 있도록 해주는 일종의 단순한 래퍼라는 사실을 알아두자. 이미지에 스타일을 적용하고 싶다면 img 엘리먼트를 사용해야 한다.

두 번째, srcset 속성은 앞의 예제와 동일하게 동작한다.

세 번째, img 태그는 브라우저가 picture 엘리먼트를 이해하지만 미디어 정의에 일치하는 이미지가 없을 때 폴백 이미지를 제공한다. picture 엘리먼트 내에 img 태그를 빼먹으면 잘 동작하지 않는다는 사실을 반드시 기억하자.

picture 엘리먼트의 가장 큰 차이는 source 태그가 있다는 것이다. 이 태그에 미디어 쿼리 스타일의 표현을 사용하여 브라우저 상황에 맞는 자원을 사용하도록 지시할 수 있다. 예를 들어, 앞의 예제는 스크린이 30em 폭 크기 이상이면 cake-table.jpg 이미지를 사용하도록 지시한다. 조건이 일치하는 한 브라우저는 이에 따라 이미지를 표시할 것이다.

새로운 유행의 이미지 포맷

보너스로 picture는 새로운 이미지 포맷을 사용할 수 있게 해준다. 'WebP'(자세한 정보는 https://developers.google.com/speed/webp/를 참조)는 아직 많은 브라우저들이 지원하지 않는 새로운 포맷이다. 이 포맷을 지원하지 않는 브라우저를 고려하여 다음과 같이 작성할 수 있다.

```
<picture>
  <source type="image/webp" srcset="scones-baby-yeah.webp">
  <img src="scones-baby-yeah.jpg" alt="Again, you WILL eat cake.">
</picture>
```

다행스럽게 더 간단해졌다. media 속성 대신 type 속성(type 속성에 대해서는 4장에서 좀 더 자세히 알아본다)을 사용한다. type 속성은 일반적으로 비디오 소스를 지정(사용 가능한 비디오 소스 유형에 대해서는 https://html.spec.whatwg.org/multipage/embedded-content.html에서 찾을 수 있다)하는데 사용되지만 여기서는 선호하는 이미지 형식으로 WebP를 정의하는데 사용했다. 브라우저가 이 형식을 표시할 수 있는 경우는 이 이미지를 표시하고, 그렇지 않으면 img 태그에 있는 디폴트 이미지를 표시한다.

> **TIPS**
>
> W3C의 공식 반응형 이미지를 사용할 수 없는 많은 구형 브라우저들이 있다. 특별한 이유가 있지 않은 한, 이러한 브라우저를 위해 폴백을 제공하는 것이 좋다. 폴백 이미지를 제공하여 이들 브라우저에도 최소한의 사용자 경험을 제공하고, 더 많은 기능을 제공하는 디바이스에서는 더 향상된 사용자 경험을 제공하는 것이 좋다.

요약

3장에서는 기본 내용을 많이 다루었다. 강력하고 지원이 잘되는 최신 레이아웃 기술인 플렉스박스에 익숙해질 수 있도록 상당히 많은 시간을 할애했다. 상황에 따라 사용자에게 다른 이미지를 제공할 수 있는 방법에 대해서도 살펴보았다. srcset과 sizes, picture를 사용하여 언제든지 사용자의 요구에 더 적합한 이미지를 제공할 수 있게 되었다.

지금까지 여러 CSS와 이들이 제공하는 새로운 가능성과 기능의 일부를 살펴보았다. 하지만 반응형 이미지 외에도 최신 브라우저에서 제공하는 다양한 마크업 기능들이 있다. 다음에는 이 마크업에 대해 좀 더 자세히 알아보겠다.

4장은 HTML5의 모든 것에 대해 알아본다. HTML5가 제공하는 것이 무엇이고, 이전 버전에 비해 무엇이 바뀌었는지, 그리고 이 새로운 시맨틱 엘리먼트를 최대한 활용하여 좀 더 의미 있는 HTML 문서를 만드는 방법에 대해 알아보겠다.

4장

반응형 웹 디자인을 위한 HTML5

HTML5 **애플리케이션 프로그래밍 인터페이스(APIs)**에 대한 가이드를 찾고 있다면 "난 당신의 허클베리가 아니에요^{I'm not your Huckleberry}"라는 유명한 영화의 한 대사를 인용하고 싶다.

이번 장에서는 HTML5의 어휘^{Vocabulary} 파트, 즉 의미에 대해 알아보겠다. 좀 더 쉽게 말해 HTML5의 새로운 엘리먼트를 사용하여 마크업을 구성하는 방법에 대해 알아본다. 이번 장에서 다루는 대부분의 내용은 반응형 웹 디자인에 특정된 내용이 아니다. 하지만 HTML은 모든 웹 기반의 디자인과 애플리케이션의 가장 기초를 이루는 기술이다. 이런 강력한 기반 기술을 사용하지 않을 이유가 없다.

그럼 도대체 HTML5란 무엇인가? 한 마디로 간단하게 말하면 HTML5는 웹 페이지 구축에 사용하는 언어인 HTML의 가장 최신 버전이다. HTML은 끊임없이 진화하는 표준으로 이전 버전은 4.01이었다.

HTML 버전에 대한 배경과 타임라인에 대해서는 `http://en.wikipedia.org/wiki/HTML#HTML_versions_timeline`에서 좀 더 자세한 내용을 확인할 수 있다.

> **TIPS**
>
> HTML5는 이제 W3C에 의해 공식 규격으로 발표되었다. 공식 규격은 `http://www.w3.org/TR/html15/`에서 확인할 수 있다.

4장에서 다루는 내용은 다음과 같다.

- HTML5가 얼마나 잘 지원되는가?
- HTML5 페이지 작성방법
- HTML5의 경제성
- 새로운 시맨틱 엘리먼트
- 텍스트 레벨 시맨틱
- 폐기된 HTML 기능들
- 더 나은 웹 애플리케이션 접근성을 위한 **웹 콘텐츠 접근성 가이드라인**[WCAG; Web Content Accessibility Guidelines]과 **접근 가능한 리치 인터넷 애플리케이션**[WAI-ARIA; Web Accessibility Initiative-Accessible Rich Internet Applications]
- 미디어 삽입
- 반응형 비디오와 iFrame
- 웹 사이트를 오프라인에서 사용 가능하게 만들기

NOTE

HTML5는 또한 폼과 사용자 입력을 다루는 특정한 도구도 제공하고 있다. 이런 도구들은 자바스크립트 폼 유효성검사 같은 많은 자원이 드는 기술에 대한 부담을 덜어준다. HTML5 폼에 대해서는 9장에서 별도로 다룬다.

모든 최신 브라우저에서 지원하는 HTML5 마크업

최근 대부분의 웹 사이트(그리고 내가 만드는 모든 웹 사이트)는 HTML4.01 대신 HTML5로 작성되고 있다.

모든 최신 브라우저는 HTML5의 새로운 시맨틱 엘리먼트(새로운 구조 엘리먼트 및 비디오, 오디오 태그)를 지원하고 있으며, 심지어 구버전의 인터넷 익스플로러(인터넷 익스플로러 9 이전 버전)도 작은 '폴리필[Polyfill]'을 제공하면 이들 새로운 엘리먼트를 사용할 수 있다.

이런 사항들을 염두에 두고 HTML5 페이지의 작성을 시작해 보자.

HTML5 페이지 시작

HTML5 문서의 첫 부분을 작성한다. 이 부분을 잘못 작성하면 왜 페이지가 정상적으로 동작하지 않는지 알아내는 데 많은 시간을 소비하게 될 것이다. 처음 몇 줄은 다음과 같다.

```
<!DOCTYPE html>
<html lang="en">
<head>
<meta charset=utf-8>
```

이들 태그를 하나 하나 알아보자. 지금까지 만들어온 웹 페이지와 동일하겠지만, 각각이 무엇을 의미하는지 이해할만한 충분한 가치가 있다.

doctype

doctype은 브라우저에 문서의 타입이 무엇인지 알려주는 통신 수단이다. 이를 알려주지 않으면 브라우저는 문서 안에 들어있는 콘텐츠를 어떻게 사용해야 하는지 알 수 없다.

HTML5의 doctype 선언으로 문서를 연다.

```
<!DOCTYPE html>
```

소문자 사용을 선호한다면 `<!doctype html>`으로 작성해도 좋다. 아무런 차이가 없다.

HTML4.01 페이지에 비해 환영할만한 변화가 있다. HTML4.01에서는 다음과 같이 사용했다.

```
<!DOCTYPE html PUBLIC "-//W3C//DTD XHTML 1.0 Transitional//EN"
"http://www.w3.org/TR/xhtml1/DTD/xhtml1-transitional.dtd">
```

이 얼마나 끔찍한 일인가? 붙여넣기 외에는 다른 방법이 없었다.

반면에 HTML5의 doctype은 아주 짧고 멋지다. `<!DOCTYPE html>`으로 충분하다. 흥미로운 사실(적어도 나에게는 그렇다)은 이것이 브라우저에 '표준 모드[Standards Mode]'로 페이지를 렌더링하라고 알려주는 간략한 방법이라는 점이다.

TIPS

퀴크[quirks] 모드[2]와 표준[standards] 모드에 대해 알고 싶다면 다음의 워키피디아(http://en.wikipedia.org/wiki/Quirks_mode)를 참고하기 바란다.

HTML 태그와 lang 속성

doctype 선언 다음에는 문서의 루트 태그인 html 태그를 연다. 또한 lang 속성으로 문서의 언어를 지정하고 `<head>` 섹션을 연다.

```
<html lang="en">
<head>
```

---

2) 역자 주 : 구형 웹 브라우저를 위해 디자인된 페이지의 하위 호환성을 유지하기 위해 W3C의 표준을 엄격히 준수하는 표준 모드를 대신하여 쓰이는 모드이다. 같은 코드라도 웹 브라우저마다 다르게 해석되어 전혀 다른 결과물이 보인다.

대체 언어 지정

W3C 규격(http://www.w3.org/TR/html5/dom.html#the-lang-and-xml:lang-attributes)에 의하면, lang 속성은 엘리먼트의 콘텐츠와 텍스트를 포함하는 모든 엘리먼트 속성의 기본 언어를 지정한다. 영어로 페이지를 작성하지 않는 다면 정확한 언어코드를 지정하는 것이 좋다. 예를 들어 한국어의 경우 HTML 태그는 `<html lang="ko">`가 된다. 언어의 전체 목록은 http://www.iana.org/assignments/language-subtag-registry를 참고한다.

캐릭터 인코딩

마지막으로 캐릭터 인코딩을 지정한다. 닫는 태그는 필요하지 않다.

```
<meta charset="utf-8">
```

특별히 다른 값을 지정할 이유가 없다면 캐릭터에 대한 값은 거의 항상 utf-8을 사용한다. 캐릭터 인코딩에 대해 관심이 많은 사람이라면, http://www.w3.org/International/questions/qa-html-encoding-declarations#html5charset에서 더 자세한 정보를 찾을 수 있다.

느긋한 HTML5

학창시절 아주 심술궂었던(실제로는 아주 좋은) 수학 선생님이 자주 자리를 비웠던 기억이 난다. Mr. 심술 선생님(익명성 보장을 위해 가명을 사용했다) 대신에 수업을 진행했던 선생님은 소리를 지르거나 잡아먹을 듯이 야단치지도 않았고, 자리에 조용히 앉아 있는 편안하고 정감있는 사람이어서 교실은 안도의 한숨으로 가득 찼었다. 그분은 수업 중 조용히 하도록 강요하지 않았고, 문제 풀이 과정이 얼마나 우아한지 신경 쓰지도 않았다. 그분이 중요하게 생각한 건 바로 해답이었다. 조금은 특이한 비유이지만, 만약 HTML5를 수학 선생님으로 비유하자면 이 느긋한 선생님이라고 말할 수 있겠다.

여러분이 코드를 작성하는 방법을 살펴보면, 일반적으로 소문자를 사용하고 속성값은 따옴표로 둘러싸며 스크립트나 스타일 시트를 링크할 때는 타입을 선언할 것이다. 예를 들어, 스타일 시트를 링크할 때 다음과 같은 코드를 작성할 것이다.

```
<link href="CSS/main.css" rel="stylesheet" type="text/css" />
```

HTML5에서는 이렇게 자세하게 기술할 필요가 없다. 다음 코드로 충분하다.

```
<link href=CSS/main.css rel=stylesheet >
```

나 역시도 이상한 느낌이 든다. 닫는 태그에 슬래시(/)가 없으며, 속성값을 따옴표로 둘러싸지도 않았다. 또한 type 선언도 없지만 느긋한 HTML5는 상관하지 않는다. 두 번째 예도 첫 번째와 마찬가지로 유효한 마크업이다.

이런 느슨한 문법은 CSS나 자바스크립트를 링크할 때뿐만 아니라 문서 전체에 걸쳐 적용된다. 원한다면 div 엘리먼트를 다음과 같이 지정할 수 있다.

```
<div id=wrapper>
```

이것은 완전히 유효한 HTML5 사용방법으로, 이미지를 삽입할 때도 동일하다.

```
<img SRC=frontCarousel.png aLt=frontCarousel>
```

이것 역시 유효한 HTML5 사용방법이다. 닫는 태그에 슬래시(/)도 없고, 따옴표도 없으며 대소문자를 혼합하여 사용하였다. 심지어 <head> 태그를 생략해도 페이지는 여전히 유효하다. XHTML 1.0에서는 상상도 할 수 없는 일이다.

HTML5 마크업에 대한 합리적인 접근 방법

개인적으로 마크업을 'XHTML' 스타일로 작성하는 것을 좋아한다. 즉, 닫는 태그를 사용하고 속성값에 따옴표를 쓰고 대소문자를 일관성 있게 사용한다. 혹자는 이에 대해 이런 관행을 버리면 몇 바이트의 데이터를 절약할 수 있다고 주장하지만, 이것은 도구가 해줄 일이다(불필요한 문자나 데이터를 제거할 수 있다). 필자는 마크업을 가능한 읽기 쉽게 작성하기 원하며 다른 사람들도 그러길 바란다. 필자는 코드를 명확하게 작성하는 것이 가장 중요하다고 생각한다.

따라서 HTML5 문서를 작성할 때 HTML5가 제공하는 경제성을 수용하면서도 깨끗하고 읽기 쉬운 코드를 작성할 수 있다고 생각한다. CSS 링크를 예를 들면, 다음과 같다.

```
<link href="CSS/main.css" rel="stylesheet"/>
```

닫는 태그와 따옴표는 유지했지만, `type` 속성은 생략했다. 여기서 말하고 싶은 요점은 자신이 스스로 만족할 만한 수준을 찾아서 사용하라는 것이다. HTML5는 반드시 유효성을 지키도록 강요하진 않는다. 하지만 마크업을 명확하게 작성할 필요가 있다.

아직도 따옴표 없이 속성값을 작성하고 닫는 태그 없이 코드를 작성하고 있는가?

'힙스터^{Hipster}' 스타일의 마크업을 질책할 만한 충분한 이유가 되지 않는가? HTML5의 혜택에 대해 좀 더 알아보자.

강력한 〈a〉 태그

또 다른 HTML5의 편리한 점으로, <a> 태그 안에 여러 개의 엘리먼트를 포함할 수 있는 기능을 들 수 있다. 이전에는 마크업이 유효하게 하려면 각 엘리먼트 별로 <a> 태그를 가져야 했다. 예를 들어 다음의 HTML4.01 코드를 살펴보자.

```
<h2><a href="index.html">The home page</a></h2>
<p><a href="index.html">This paragraph also links to the home page</a></p>
<a href="index.html"><img src="home-image.png" alt="home-slice" /></a>
```

HTML5에서는 개별 <a> 태그를 사용하는 대신 아래 코드처럼 <a> 태그로 엘리먼트들을 묶을 수 있다.

```
<a href="index.html">
    <h2>The home page</h2>
    <p>This paragraph also links to the home page</p>
    <img src="home-image.png" alt="home-slice" />
</a>
```

명심해두어야 할 유일한 제한사항은, <a> 태그 안에 다른 <a> 태그를 포함할 수 없고, button 같은 대화형 엘리먼트나 폼 역시 <a> 태그로 둘러쌀 수 없다는 것이다.

HTML5의 새로운 시맨틱 엘리먼트

시맨틱의 사전적 의미는 '의미의, 의미론적인'이다.

우리 목적상 시맨틱은 마크업에 의미를 부여하는 과정이다. 왜 이것이 중요할까?

대부분의 웹 사이트는 헤더와 푸터, 사이드바, 내비게이션바 등의 전형적인 영역을 포함하는 표준 구조를 따른다. 웹 개발자들은 일반적으로 이런 영역에 구분하기 위해 div로 이름을 부여(예를 들어, class="Header")해서 사용해 왔다. 하지만 코드 자체로는 어떤 유저 에이전트(웹 브라우저나 스크린 리더, 검색 엔진 등)도 각 div 엘리먼트의 목적이 무엇인지 명확히 알 수 없었다. 보조 기술을 사용하는 사용자들도 이들 div 엘리먼트의 차이를 구분하기 어려웠다. HTML5는 이런 문제를 해결하고자 새로운 시맨틱 엘리먼트를 도입했다.

> **NOTE**
>
> 전체 HTML5 엘리먼트 목록은 http://www.w3.org/TR/html5/semantics.html#semantics 에서 확인할 수 있다.

이 책에서 모든 새로운 엘리먼트를 다루지는 않는다. 반응형 웹 디자인에서 가장 유익하고 흥미로운 엘리먼트에 대해 알아본다.

〈main〉 엘리먼트

오랫동안 HTML5는 페이지의 메인 콘텐츠를 구분하는 엘리먼트가 없었다. 웹 페이지의 body는 콘텐츠의 메인 블록을 포함하는 엘리먼트이다.

처음에는 HTML5의 새로운 시맨틱 엘리먼트 중 하나로 다루어지지 않았다. 다행히 규격이 변경되어 이제 메인 콘텐츠를 좀 더 선언적인 방법으로 구분할 수 있게 되었고 <main> 태그로 적절하게 명명되었다.

페이지의 메인 콘텐츠나 웹 기반 애플리케이션의 메인 섹션은 main 엘리먼트로 그룹화해야 한다. 규격에서 이에 대한 중요한 설명은 다음과 같다.

"문서의 메인 콘텐츠 영역은 문서에서 반복되는 내비게이션 링크나 저작권 정보, 사이트 로고 및 배너, 검색 폼(문서나 애플리케이션의 주 기능이 검색 폼인 경우를 제외하고) 같은 콘텐츠를 제외한 문서에서 고유한 콘텐츠를 포함한다."

각각의 페이지는 하나 이상의 main 엘리먼트를 가질 수 없으며, article과 aside,

header, footer, nav, header 같은 다른 시맨틱 HTML5 엘리먼트와 달리 자식 엘리먼트로 사용될 수 없다.

> **NOTE**
>
> main 엘리먼트에 대한 공식 설명은 http://www.w3.org/TR/html5/grouping-content. html#the-main-element에서 읽을 수 있다.

⟨section⟩ 엘리먼트

<section> 엘리먼트는 문서나 애플리케이션의 일반적인 섹션을 정의하는 데 사용된다. 예를 들어, 한 섹션은 연락처 정보, 다른 섹션은 뉴스 피드와 같은 식으로 콘텐츠를 몇 개의 섹션으로 나누어 구성할 수 있다. <section> 엘리먼트는 스타일링 적용 목적으로 도입되지 않았다는 사실을 명심해라. 만약 단순히 스타일을 적용하기 위해서라면, 이전처럼 div를 계속 사용하는 것이 좋다.

웹 기반 애플리케이션에서 작업할 때 필자는 이 section 엘리먼트를 시각적 구성 엘리먼트를 래핑하는데 사용하는 경향이 있다. 이것은 마크업에서 구성 엘리먼트의 처음과 끝을 나타내는 간단한 방법을 제공한다.

또한 콘텐츠 안에 헤딩 엘리먼트(예를 들어 h1)를 가지고 있는지 여부에 따라 section을 사용할지 여부를 판단할 수 있다. 그렇지 않은 경우 div를 선택하는 것이 더 낫다.

> **NOTE**
>
> W3C HTML5 사양에서 <section> 엘리먼트는 다음 URL을 확인한다.
> http://www.w3.org/TR/html5/sections.html#the-section-element

⟨nav⟩ 엘리먼트

<nav> 엘리먼트는 페이지 내에서 다른 페이지나 페이지의 다른 부분으로 이동하기 위한 주요 내비게이션 블록을 정의하는 데 사용된다. 주요한 내비게이션 블록을 정의하기 위한 엘리먼트이기 때문에 엄격하게 말하면 공통으로 다른 페이지를 연결하기 위한 그룹을

정의하는 데 사용하고, 푸터(비록 사용할 수는 있지만)에서는 사용하지 않는 것이 좋다.

정렬되지 않은 목록(<ul>)과 다수의 리스트 태그(li)로 내비게이션 엘리먼트를 마크업하는 경우, nav 와 다수의 중첩된 a 태그를 대신 사용하는 것이 좋다.

> **NOTE**
>
> W3C HTML5 사양에서 <nav> 엘리먼트는 다음 URL을 확인한다.
> http://www.w3.org/TR/html5/sections.html#the-nav-element

〈article〉 엘리먼트

<article> 엘리먼트는 <section> 엘리먼트와 그 차이를 구분하기가 쉽지 않다. 둘 사이의 차이를 충분히 이해하기 위해 W3C의 사양을 여러 번 읽어야 했다. <article> 엘리먼트는 콘텐츠의 독립적인 부분을 나타내는 데 사용된다. 페이지를 구조화할 때 <article> 태그로 사용될 콘텐츠가 그 자체로 의미를 가지고, 다른 사이트에 붙여 넣었을 때도 의미를 그대로 유지하는지를 스스로에게 물어보기 바란다. 또 다른 방법은 <article>의 콘텐츠가 RSS 피드에서 실제로 분리된 기사를 구성할 수 있는지 생각해 보는 것이다. <article> 엘리먼트를 사용할 수 있는 확실한 다른 예제는 블로그 게시물이다. 만약 <article> 엘리먼트를 중첩해서 사용할 경우, 중첩된 <article> 엘리먼트는 바깥쪽의 기사와 연관되어 있는 것으로 여겨진다는 사실에 주의한다.

> **NOTE**
>
> W3C HTML5 사양에서 <article> 엘리먼트는 다음 URL을 확인한다.
> http://www.w3.org/TR/html5/sections.html#the-article-element

〈aside〉 엘리먼트

<aside> 엘리먼트는 메인 콘텐츠와 연관되는 부가 콘텐츠를 나타내는 데 사용된다. 실질적인 관점에서 필자는 종종 사이드바를 구성하는 데 <aside>를 사용한다(적절한 내용을 포함하고 있는 경우). 또한 인용문이나 광고, 블로그 롤^{Blog Roll}과 같은 내비게이션 엘리먼트의 그룹에 적합하다. 기본적으로 메인 콘텐츠와 직접 연관되지 않은 콘텐츠가

<aside>에 적합하다. 전자 상거래 사이트의 경우 '이 상품을 구매한 고객이 같이 구매한 상품' 같은 영역이 <aside>의 주요 후보가 될 수 있다.

> **NOTE**
>
> W3C HTML5 사양에서 <aside> 엘리먼트는 다음 URL을 확인한다.
> http://www.w3.org/TR/html5/sections.html#the-aside-element

⟨figure⟩와 ⟨figcaption⟩ 엘리먼트

규격은 figure 엘리먼트에 대해 다음과 같이 기술하고 있다.

"… 따라서 일러스트레이션이나 다이어그램, 사진, 코드 리스팅 등에서 사용할 수 있다."

이 태그를 사용하여 1장의 마크업을 다음과 같이 수정할 수 있다.

```
<figure class="MoneyShot">
    <img class="MoneyShotImg" src="img/scones.jpg" alt="Incredible
scones" />
    <figcaption class="ImageCaption">Incredible scones, picture from
Wikipedia</figcaption>
</figure>
```

<figure> 엘리먼트가 작은 블록을 래핑하는 사용된 것을 볼 수 있다. 이 내부에서 <figcaption>이 부모인 <figure> 엘리먼트의 캡션을 제공하는데 사용된다.

이미지나 코드에 약간의 캡션이 필요할 때 완벽하다(콘텐츠의 본문에는 적합하지 않다).

> **NOTE**
>
> W3C HTML5 사양에서 figure 엘리먼트는 다음 URL을 확인한다.
> http://www.w3.org/TR/html5/grouping-content.html#the-figure-element
> W3C HTML5 사양에서 figcaption 엘리먼트는 다음 URL을 확인한다.
> http://www.w3.org/TR/html5/grouping-content.html#the-figcaption-element

⟨details⟩과 ⟨summary⟩ 엘리먼트

페이지에 얼마나 자주 간단하게 열고 닫을 수 있는 '위젯'이 필요한가? 요약 텍스트를 클릭하면 추가 정보를 보여주는 패널이 열린다. HTML5는 details와 summary 엘리먼트로 이 패턴을 쉽게 만들 수 있다. 다음 마크업(4장 예제코드 폴더에서 example3.html 파일을 연다)을 살펴보자.

```
<details>
  <summary>I ate 15 scones in one day</summary>
  <p>Of course I didn't. It would probably kill me if I did. What a
way to go. Mmmmmm, scones!</p>
</details>
```

이 페이지를 크롬에서 열면 추가 스타일 없이 다음과 같은 요약 텍스트를 디폴트로 보여준다.

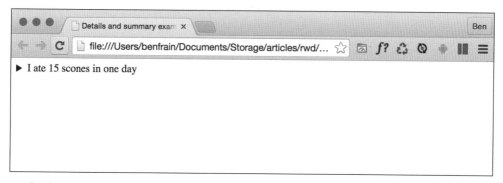

요약 텍스트의 아무 곳이나 클릭하면 패널을 열고 다시 클릭하면 닫는다. 패널이 디폴트로 보여지기를 원하면 details 엘리먼트에 open 속성을 추가하면 된다.

```
<details open>
  <summary>I ate 15 scones in one day</summary>
  <p>Of course I didn't. It would probably kill me if I did. What a
way to go. Mmmmmm, scones!</p>
</details>
```

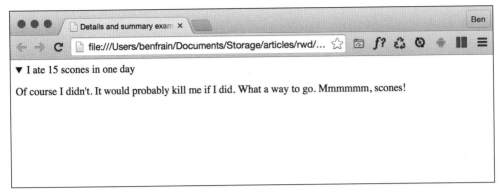

이를 지원하는 브라우저는 일반적으로 패널이 열릴 수 있음을 나타내기 위해 기본 스타일을 추가한다. 크롬 브라우저(사파리도 역시)는 어두운 삼각형으로 나타낸다. 이를 사용하지 않으려면 웹킷의 고유한 의사 선택자^{Pseudo Selector}를 사용해야 한다.

```
summary::-webkit-details-marker {
  display: none;
}
```

마커에 다른 스타일을 적용하려면 역시 동일 선택자를 사용하면 된다.

현재 패널을 열고 닫을 때 애니메이션하는 방법이 없다. 또한 하나의 패널이 열려있을 때 다른 세부 패널을 토글링하는 방법(자바스크립트를 사용하지 않는)도 없다. 이런 요구 사항이 해결될지는 확실하지 않다. `display: none;`를 사용하여 자바스크립트의 도움으로 토글하는 방법을 생각해 볼 수 있다.

아쉽게도 이 책을 쓴 시점(2015년 중반)까지 파이어폭스나 인터넷 익스플로러에서 이에 대한 지원은 없었다(단지 두 엘리먼트를 인라인으로 렌더링한다). 이에 대한 폴리필(https://mathiasbynens.be/notes/html5-details-jquery)은 존재한다. 곧 브라우저에서도 완전히 구현되길 희망해본다.

⟨header⟩ 엘리먼트

실질적으로 `<header>` 엘리먼트는 사이트 헤더 영역의 "마스터헤드"로 사용되거나

<article> 엘리먼트에 있는 다른 콘텐츠를 소개하는 용도로 사용한다. 동일 페이지에서 필요한 만큼 사용할 수 있다(예를 들어 페이지의 모든 <section> 안에 <header>를 사용할 수 있다).

〈footer〉 엘리먼트

<footer> 엘리먼트는 섹션에 대한 정보를 포함하는 데 사용된다. 예를 들어, 다른 문서의 링크나 저작권 정보를 포함할 수 있다. <header>와 마찬가지로 필요할 경우 페이지에서 여러 번 사용할 수 있다. 예를 들어, 블로그의 푸터뿐만 아니라 블로그 포스트 기사의 푸터를 표시하기 위해 사용할 수 있다. 그러나 사양에 의하면 블로그 포스트 작성자의 정보는 <address> 엘리먼트를 사용해서 표시해야 한다.

〈address〉 엘리먼트

<address> 엘리먼트는 <article>이나 <body> 엘리먼트의 연락처 정보를 표시하기 위해 명시적으로 사용된다. 그러나 콘텐츠 내에서 언급된 연락처 정보가 아닌 이상, 우편 주소를 표시하기 위해 사용하는 엘리먼트는 아님을 염두에 두자. 대신에 우편 주소나 임의의 연락처 정보는 <p> 태그로 표시한다.

개인적으로 <address> 엘리먼트의 유용성에 대해 의문이 있지만, 개인적인 불만일 뿐이다. 분명 의미가 있는 사용처가 있을 것이다.

NOTE

W3C HTML5 사양에서 <address> 엘리먼트는 다음 URL을 확인한다.
http://www.w3.org/TR/html5/sections.html#the-address-element

h1-h6 엘리먼트에 대한 주의사항

최근까지 깨닫지 못했던 것 중 하나가 h1-h6 태그를 사용하는 것이 권장되지 않는다는 것이다. 다음과 같은 경우에 대해 이야기 하고 있다.

```
<h1>Scones:</h1>
<h2>The most resplendent of snacks</h2>
```

HTML5 규격에는 다음과 같이 기술되어 있다.

h1-h6 엘리먼트는 새로운 섹션이나 하위 섹션의 제목을 의도하지 않은 한, 하위 제목이나 대체 타이틀, 태그 라인을 마크업하는데 사용할 수 없다.

분명 규격에서 가장 모호한 문장 중 하나일 것이다.

그럼 이 경우 마크업을 어떻게 작성해야 할까? 사실 규격은 섹션 전체(http://www.w3.org/TR/html5/common-idioms.html#common-idioms)를 이에 할당해서 설명하고 있다. 개인적으로는 예전 <hgroup> 엘리먼트를 선호하지만 아쉽게도 더 이상 사용되지 않는다(좀 더 자세한 내용은 '폐기된 HTML 기능' 섹션을 참고한다). 따라서 규격의 조언을 따르면 앞의 예제는 다음과 같이 작성되어야 한다.

```
<h1>Scones:</h1>
<p>The most resplendent of snacks</p>
```

HTML5 텍스트 레벨 시맨틱

앞에서 살펴봤던 구조적 엘리먼트 외에도, HTML5에서는 인라인 엘리먼트로 사용되는 몇 개의 태그들의 의미가 변경되었다. HTML5 사양은 이 태그들을 텍스트 레벨 시맨틱(http://www.w3.org/TR/html5/text-level-semantics.html#text-level-semantics)이라고 정의하고 있다. 일반적인 몇 가지 예를 살펴보자.

⟨b⟩ 엘리먼트

역사적으로 보면 <b> 엘리먼트는 "굵은체^{bold}"(http://www.w3.org/TR/html4/present/graphics.html#edef-B)를 의미한다. 스타일이 마크업의 일부였던 옛날부터 사용되었지만, 이제 HTML5 규격은 <b>를 단순히 스타일링을 위한 연결고리 정도로 사용하도록 공식적으로 정의하고 있다.

> "b 엘리먼트는 문서에서의 키워드, 리뷰에서의 제품이름, 대화형 텍스트 기반 소프트웨어에서의 실행 단어, 기사의 주요 소식과 같이 텍스트의 일부를 별도의 분위기나, 중요성의 전달 없이 단순히 주의를 상기시키는 목적으로 사용된다."

비록 이제 특별한 의미가 부여되지 않고 있지만, 마크업의 큰 그룹을 둘러싸는 용도로 사용되지는 않는다. 이 경우에는 div를 사용하는 것이 좋다. 또한 역사적으로 굵은체가 텍스트에 사용되어 왔기 때문에, <b> 태그의 콘텐츠가 굵은체로 표시되지 않게 하려면 CSS에서 폰트를 재설정해야 한다.

⟨em⟩ 엘리먼트

솔직히 <em> 엘리먼트 역시 단순히 스타일링을 위해 사용해 왔다. 그러나 HTML5가 다음과 같이 의미를 정의하고 있기 때문에 사용법을 수정해야 할 것 같다.

> em 엘리먼트는 콘텐츠의 강조를 나타낸다.

따라서 콘텐츠를 강조하고자 하는 경우가 아니라면 <b> 태그나 <i> 태그를 대신 사용하는 것이 좋다.

⟨i⟩ 엘리먼트

HTML5 사양은 <i>를 다음과 같이 정의하고 있다.

"… 다른 목소리나 분위기의 텍스트를 표시하거나, 텍스트에서 일반적인 문장과 다른 품질이나 텍스트를 표시"

결론적으로, 단순히 텍스트를 이탤릭체로 만들기 위해 사용하는 것이 아니다. 예를 들어, 다음과 같이 텍스트 내에서 이름을 마크업하는 데 사용할 수 있다.

```
<p>However, discussion on the hgroup element is now frustraneous as
it's now gone the way of the <i>Raphus cucullatus</i>.</p>
```

폐기된 HTML 기능

스크립트를 링크할 때 language 속성을 사용하지 않는 것처럼, 그 동안 사용해 오던 기능 중 HTML5에서 더 이상 사용하지 않는 기능들이 있다. HTML5에서 폐기된 기능은 크게 적합^{Conforming}과 부적합^{Non-conforming}의 두 가지로 나눌 수 있다. 적합한 기능은 계속 동작하는 데 문제는 없지만 유효성 검사기는 경고 메시지를 발생시킨다. 따라서 되도록이면 사용하지 않는 것이 좋지만, 사용한다고 해서 크게 문제되지는 않는다. 부적합 기능은 아직 렌더링하는 브라우저가 있을 수도 있으나 사용하면 안 된다.

폐기된 부적합 기능에는 다수가 있다. 실제로 필자도 이 기능들을 사용해 본적(일부는 아예 본적도 없다)이 거의 없다. 아마 당신도 마찬가지일 것이다. 하지만 궁금하다면 폐기된 부적합 기능들의 전체 목록을 http://www.w3.org/TR/html5/obsolete.html에서 확인해 보기 바란다. 폐기된 부적합 기능 중 주목할 만한 것으로는 strike와 center, font, acronym, frame 그리고 frameset이 있다.

또한 HTML5의 초안에는 존재했으나 현재는 제외된 기능도 있는데, hgroup이 대표적인 예이다. 이 태그는 원래 제목을 그룹화하기 위해 제안되었다. 제목을 위한 h1과 부제를 위한 h2가 hgroup 엘리먼트로 래핑되었다. 하지만 이제 hgroup 엘리먼트는 필요 없는 것으로 논의되고 있고 도도새처럼 사라질 것으로 보인다.

HTML5 엘리먼트 사용하기

이제 지금까지 살펴본 HTML5 엘리먼트를 연습해볼 시간이다. 1장의 예제를 다시 살펴보자. 다음 마크업을 1장의 원본 마크업(http://rwd.education 웹 사이트 또는 깃허브^{GitHub} 저장소에서 다운로드 받을 수 있다)과 비교해 보면, 새로운 HTML5 엘리먼트가 사용된 것을 볼 수 있다.

```
<article>
  <header class="Header">
    <a href="/" class="LogoWrapper"><img src="img/SOC-Logo.png"
alt="Scone O'Clock logo" /></a>
    <h1 class="Strap">Scones: the most resplendent of snacks</h1>
  </header>
  <section class="IntroWrapper">
    <p class="IntroText">Occasionally maligned and misunderstood; the
scone is a quintessentially British classic.</p>
    <figure class="MoneyShot">
      <img class="MoneyShotImg" src="img/scones.jpg" alt="Incredible
scones" />
      <figcaption class="ImageCaption">Incredible scones, picture from
Wikipedia</figcaption>
    </figure>
  </section>
  <p>Recipe and serving suggestions follow.</p>
  <section class="Ingredients">
    <h3 class="SubHeader">Ingredients</h3>
  </section>
  <section class="HowToMake">
    <h3 class="SubHeader">Method</h3>
  </section>
```

```
<footer>
    Made for the book, <a href="http://rwd.education">'Resonsive
web design with HTML5 and CSS3'</a> by <address><a href="http://
benfrain">Ben Frain</a></address>
    </footer>
</article>
```

올바른 엘리먼트의 선택

　대부분의 내부 콘텐츠를 제거했으므로 문서의 구조에 집중할 수 있게 되었다. 마크업의 섹션들을 쉽게 구분할 수 있을 것이다. 이 시점에서 현실적인 조언을 하나 하고 싶다. 모든 상황에서 올바른 엘리먼트를 선택하지 못하더라도 세상이 달라지지는 않는다. 예들 들어, 앞의 예제에서 <section>을 사용하거나 <div>를 사용하거나 결과는 크게 다르지 않다. <i>를 써야할 곳에 <em>을 쓰더라도 양심의 가책을 느낄 필요는 없다. 태그를 잘못 선택했다고 W3C에서 당신을 해치거나 위협하지는 않으니, 상식선에서 결정하면 된다. 즉, <header>나 <footer> 같은 적절한 엘리먼트를 사용할 수 있다면, 이에 따른 접근성 해택을 받을 수 있을 것이다.

웹 애플리케이션의 더 나은 접근성을 위한 WCAG와 WAI-ARIA

　이 책의 초판을 작성했던 2012년 이후로 W3C는 더 쉽게 접근성 있는 웹 페이지를 만들 수 있도록 많은 노력을 기울였다.

WCAG

WCAG는 다음을 제공한다.

"국제적으로 개인, 기업, 정부의 요구를 충족시키기 위한 웹 콘텐츠 접근성에 대한 단일 표준"

　여러 페이지로 구성되는 웹 콘텐츠(싱글 페이지 웹 애플리케이션에 반대되는)의 경우 WCAG 가이드라인을 준수하는 것이 좋다. WCAG는 웹 콘텐츠를 접근성 있게 만들 수 있는 많은 가이드라인(대부분 상식적인)을 제공해 준다. 각각의 권고는 적합성 레벨(A와 AA, AAA 같은)로 평가된다. 적합성 레벨에 대한 자세한 내용은 `http://www.w3.org/TR/UNDERSTANDING-WCAG20/conformance.html#uc-levels-head`을 참고한다.

아마도 이미지의 대체 텍스트를 제공하는 것처럼, 이미 가이드라인의 많은 부분을 준수하여 웹 페이지를 작성하고 있음을 확인할 수 있을 것이다. `http://www.w3.org/WAI/WCAG20/glance/Overview.html`에서 간단한 가이드라인 요약본을 받을 수 있다. 그런 다음 `http://www.w3.org/WAI/WCAG20/quickref/`을 확인하여 자신만의 사용자정의 참조 목록을 작성하자.

한 시간에서 두 시간 정도를 투자하여 리스트를 살펴보기 권한다. 대부분의 가이드라인은 구현하기 쉬우면서도 사용자에게 실질적인 혜택을 제공해 준다.

WAI-ARIA

WAI-ARIA의 목적은 기본적으로 동적 웹 콘텐츠의 접근성 문제를 해결하기 위한 것이다. 이것은 사용자정의 위젯(웹 애플리케이션의 동적 섹션)의 역할과 상태, 그리고 속성을 기술하는 수단을 제공하여 보조 기술을 사용하는 사용자가 이 위젯을 인식하고 사용할 수 있도록 해준다. 예를 들어, 스크린의 위젯이 주가를 지속적으로 업데이트하여 표시하는 경우, 시각 장애인이 이를 어떻게 인식할 수 있을까? WAI-ARIA는 바로 이런 문제를 해결하기 위한 것이다.

시맨틱 엘리먼트에 role을 사용하지 말 것

다음과 같이 헤더와 푸터에 'landmark' role을 추가하도록 권장되어 왔다.

```
<header role="banner">A header with ARIA landmark banner role</header>
```

하지만 이제는 불필요한 요구사항으로 여겨진다. 규격에서 아무 엘리먼트나 하나를 골라 설명을 보면 '허용된 ARIA role 속성' 섹션이 있다. 예를 들어, `section` 엘리먼트에 대한 설명은 다음과 같다.

"허용된 ARIA role 속성값:

region role(디폴트−설정하지 않음), alert, alertdialog, application, contentinfo, dialog, document, log, main, marquee, presentation, search 또는 status."

여기서 중요한 부분은 'region role(디폴트−설정하지 않음)'이다. 이것은 엘리먼트 자체적으로 이미 암시하고 있기 때문에 명시적으로 엘리먼트에 ARIA role을 추가하는 것은 의미 없는 일임을 의미한다. 규격은 이제 이에 대해 명확하게 기술하고 있다.

"대부분의 경우 ARIA role이나 aria−* 속성을 설정하는 것은 불필요하고, 이들 속성이 이미 브라우저에 의해 설정되어 있기 때문에 사용하지 않는 것이 좋다.

꼭 기억해두어야 할 것

보조 기술을 지원할 때 가장 중요한 것은 가능한 올바른 엘리먼트를 사용하는 것이다. `header` 엘리먼트는 `div class="Header"`보다 유용하고, 마찬가지로 페이지에 버튼이 있다면 `<button>` 엘리먼트(button처럼 보이는 span이나 다른 엘리먼트를 사용하는 것 보다)를 사용해라. button 엘리먼트에 항상 정확한 스타일이 적용되지 않는다(예를 들어 `display: table-cell`이나 `display: flex`로 설정되지 않는다)는 것에 동의하지만, 이런 경우에는 `<a>` 태그를 사용하는 차선책을 고려해 볼 수 있다.

ARIA에 대해 더 알아보기

ARIA에는 landmark role만 있는 것은 아니다. 전체 role의 목록과 이에 대한 간결한 설명을 `http://www.w3.org/TR/wai-aria/roles`에서 확인할 수 있다.

이 주제에 대한 헤이든 피커링^{Heydon Pickering}의 책 '모든 이를 위한 앱: 접근 가능한 웹 애플리케이션 코딩(`https://shop.smashingmagazine.com/products/apps-for-all-coding-accessible-web-applications`)도 읽어보길 권한다.

이 WAI-ARIA 및 WCAG에 대한 간략한 소개가 보조 기술을 지원하는 방법에 대해 생각해 볼 수 있는 충분한 정보를 제공해 주었기를 기대한다. 아마도 다음 HTML5 프로젝트에서 보조 기술을 지원하는 것이 생각보다 훨씬 쉬워질 것이다.

마지막으로 접근성에 대해 A11Y 프로젝트 홈페이지 http://a11yproject.com/에서 풍부한 조언을 들을 수 있다.

HTML5 미디어 삽입

HTML5가 처음 등장했을 때 애플은 iOS 디바이스에서 플래시에 대한 지원을 거부하였다. 플래시는 웹 브라우저에서 비디오를 제공하기 위한 필수적인 선택이었고 이 시장을 장악해 왔었다. 그러나 애플은 리치 미디어의 렌더링을 처리하는 데 어도비의 독점 기술을 사용하는 대신, HTML5에 의존하기로 결정했다. 어쨌든 HTML5의 비디오 지원은 잘 진행되었고, 애플의 공식적인 HTML5의 지원은 HTML5가 폭넓은 지지를 얻는 데 도움을 주었다.

예상하고 있듯이 인터넷 익스플로러 8과 그 이하의 버전은 HTML5 비디오와 오디오를 지원하지 못한다. 그러나 마이크로 소프트 브라우저를 위한 폴백Fallback을 쉽게 구현할 수 있는데, 이에 대해서는 곧 다루도록 하겠다. 다른 대부분의 최신 브라우저(파이어폭스 3.5 이상, 크롬 4 이상, 사파리 4, 오페라 10.5 이상, 인터넷 익스플로러 9 이상, iOS 3.2 이상, 오페라 모바일 11 이상, 안드로이드 2.3 이상)는 이미 HTML5 비디오와 오디오를 잘 지원하고 있다.

HTML5 방식으로 비디오와 오디오 추가하기

HTML5에서 비디오와 오디오는 아주 쉽다. HTML5에서 미디어를 사용하는 데 있어 유일한 어려움은 미디어에 대한 대체 소스 포맷(브라우저 마다 다른 파일 포맷을 지원한다)을 나열하는 것이다. 요즘 MP4는 데스크톱과 모바일 플랫폼에서 두루 사용되는 파일 포맷으로 HTML5 웹 페이지에서 미디어를 쉽게 사용할 수 있도록 해준다. 페이지에서 비디오 파일을 사용하는 간단한 예제는 다음과 같다.

```
<video src="myVideo.mp4"></video>
```

HTML5는 단지 `<video></video>` 태그(또는 오디오를 위한 `<audio></audio>`)만으로 가능하다. 또한 HTML5 호환 브라우저를 사용하지 않는 사용자에게 정보를 제공하기 위해 여는 태그와 닫는 태그 사이에 텍스트를 추가하거나 높이(Height)나 너비(Width) 같은 속성을 추가할 수도 있다. 이들 속성을 추가해 보자.

```
<video src="myVideo.mp4" width="640" height="480">What, do you mean
you don't understand HTML5?</video>
```

이제 위의 코드를 페이지에 추가하고 사파리에서 보면 비디오가 재생될 것이다. 그러나 재생을 컨트롤할 수 없다. 디폴트로 재생에 대한 컨트롤이 나타나게 하려면 controls 속성을 추가하면 된다. 또한 autoplay 속성도 추가할 수 있다(모든 사람들이 자동 재생을 좋아하지 않기 때문에 권장하지는 않는다). 다음 코드는 이에 대한 예를 보여준다.

```
<video src="myVideo.mp4" width="640" height="480" controls autoplay>
What, do you mean you don't understand HTML5?</video>
```

앞의 코드 결과는 다음 스크린샷과 같다.

그 외에도 미디어의 사전 로딩을 제어하는 preload 속성(초기 HTML5 기술 사용자는 autobuffer 속성이 preload로 대체됐음에 유의하라)과 비디오의 반복재생을 위한 loop 속성, 비디오의 포스터 이미지를 정의하는 poster 속성을 포함한다. 비디오 재생이 지연될 가능성이 있다면 유용하다. 단지 비디오 태그에 속성을 추가하기만 하면 사용할 수 있다. 다음은 이러한 모든 속성을 포함하는 예를 보여준다.

```
<video src="myVideo.mp4" width="640" height="480" controls autoplay
preload="auto" loop poster="myVideoPoster.png">What, do you mean you
don't understand HTML5?</video>
```

구형 브라우저를 위한 폴백 제공

필요한 경우 <source> 태그를 사용하여 폴백을 제공할 수 있다. 예를 들어 MP4 버전의 비디오를 제공하면서, 인터넷 익스플로러 8 이전 버전의 지원을 위해 플래시 폴백을 추가할 수 있다. 나아가 사용자가 재생할 수 있는 적합한 미디어를 지원하지 않는다면 미디어 자체에 대한 다운로드 링크를 제공할 수도 있다. 예제는 다음과 같다.

```
<video width="640" height="480" controls preload="auto" loop
poster="myVideoPoster.png">
  <source src="video/myVideo.mp4" type="video/mp4">
  <object width="640" height="480" type="application/x-shockwaveflash"
data="myFlashVideo.SWF">
    <param name="movie" value="myFlashVideo.swf" />
    <param name="flashvars" value="controlbar=over&amp;image=myVideo
Poster.jpg&amp;file=myVideo.mp4" />
    <img src="myVideoPoster.png" width="640" height="480" alt="__
TITLE__"
        title="No video playback capabilities, please download the
video below" />
  </object>
  <p><b>Download Video:</b>
MP4 Format: <a href="myVideo.mp4">"MP4"</a>
  </p>
</video>
```

예제 코드와 MP4 포맷의 샘플 동영상 파일은 example2.html에서 찾을 수 있다.

거의 동일하게 동작하는 오디오와 비디오 태그

<audio> 태그는 width와 height, poster와 같은 일부 속성을 제외하고는 <video> 태그와 동일하게 동작한다. 둘 사이의 가장 큰 차이는 <audio>가 눈에 보이는 콘텐츠를 재생하는 영역을 가지고 있지 않다는 사실이다.

반응형 HTML5 비디오와 iFrame

앞에서 살펴보았듯이 구형 브라우저를 지원하려면 코드가 복잡하고 무거워진다. 처음 한두 줄로 시작했던 <video> 태그는 단지 구형 인터넷 익스플로러를 지원하기 위해 마지막에는 10줄 이상(그리고 여분의 플래시 파일)으로 늘어났다. 내 경우에는 코드의 풋프린트^{Footprint}를 줄이기 위해 플래시 폴백을 추가하는 정도로 만족하지만, 각자가 사용하는 방법은 조금씩 다를 것이다.

이제 우리의 HTML5 비디오 구현에서 남아있는 유일한 문제는 반응형이 아니라는 점이다. 사실, 반응형 디자인 책에 있는 예제가 '반응형'이 아니다.

다행히 HTML5 임베디드 비디오는 수정이 쉽다. 단순히 마크업에서 height와 width 속성을 제거(예를 들어 width="640" height="480"을 제거)하고 CSS에 다음 코드를 추가하면 된다.

```
video { max-width: 100%; height: auto; }
```

그러나 이 방법은 로컬로 호스팅하는 파일에서는 잘 동작하지만, iFrame에 임베디드 되어 있는 비디오(유튜브나 비메오^{Vimeo} 등)에서는 여전히 문제가 해결되지 않는다. 다음 코드는 유튜브에서 영화 '미드나잇 런'을 추가한다.

```
<iframe width="960" height="720" src="https://www.youtube.com/
watch?v=B1_N28DA3gY" frameborder="0" allowfullscreen></iframe>
```

하지만 코드를 페이지에 그대로 추가했다면, CSS 규칙을 추가했음에도 불구하고, 뷰포트가 960px 폭보다 작아지면 비디오가 잘려진다.

이 문제를 해결하는 가장 쉬운 방법은 CSS의 거장 티에리 코블렌츠^{Thierry Koblentz}가 개척한 약간의 CSS 트릭을 사용하는 것이다. 이것은 비디오를 담고 있는 올바른 종횡비 박스를 만드는 것이다. 저자의 멋진 설명을 망치고 싶지 않으니 http://alistapart.com/article/creating-intrinsic-ratios-for-video를 직접 읽어보기 바란다.

이것도 귀찮다면 이를 대신 해주는 온라인 서비스를 이용해도 된다. http://embedresponsively.com/를 방문해 iFrame URL을 입력하면, 페이지에 붙여 넣을 수 있는 코드를 만들어 준다. 예를 들어, 미드나잇 런 트레일러 영상의 결과는 다음과 같다.

```
<style>.embed-container { position: relative; padding-bottom: 56.25%;
height: 0; overflow: hidden; max-width: 100%; height: auto; }
.embedcontainer iframe, .embed-container object, .embed-container
embed {
position: absolute; top: 0; left: 0; width: 100%; height: 100%; }</
style><div class='embed-container'><iframe src='http://www.youtube.
com/embed/B1_N28DA3gY' frameborder='0' allowfullscreen></iframe></
div>
```

모든 작업이 끝났다. 페이지에 붙여 넣기만 하면 유튜브 비디오를 완벽하게 반응형으로 만들 수 있다(참고로 드니로에게 너무 신경 쓰지 마라. 흡연은 나쁜 것이다).

오프라인 우선

반응형 페이지와 반응형 웹 애플리케이션을 만드는 가장 이상적인 방법은 '오프라인 우선' 접근방식이라고 믿는다. 이 접근방식은 웹 사이트와 애플리케이션이 인터넷 연결이 끊겨도 동작하게 만드는 것이다.

HTML5 오프라인 웹 애플리케이션(`http://www.w3.org/TR/2011/WD-html5-20110525/offline.html`) 규격은 이 목적을 위해 만들어 졌다.

브라우저가 오프라인 웹 애플리케이션을 잘 지원하고 있지만(`http://caniuse.com/#feat=offline-apps`), 아쉽게도 이것은 불완전한 솔루션이다. 설정이 비교적 간단하지만, 많은 제한과 위험을 가지고 있다. 이에 대해 자세히 기술하는 것은 이 책의 범위를 벗어난다. 대신에 이 주제에 대해 제이크 아치볼드[Jake Archibald]의 재치 넘치고 완벽한 글(`http://alistapart.com/article/application-cache-is-a-douchebag`)을 읽어보기를 추천한다.

따라서 오프라인 웹 애플리케이션(`http://diveintohtml5.info/offline.html`에서 좋은 튜토리얼을 찾을 수 있다)과 로컬 스토리지(또는 둘의 조합)로도 '오프라인 우선'을 구현할 수 있지만, 머지않아 더 좋은 솔루션이 등장하리라 믿고 있다. 개인적으로 '서비스 워커[Service Workers]'(`http://www.w3.org/TR/service-workers/`)에 큰 기대를 걸고 있다.

이 글을 쓰는 시점에 서비스 워커는 여전히 규격 초안에 머물러 있지만, 15분짜리 소개 영상(https://www.youtube.com/watch?v=4uQMl7mFB6g)과 소개글(http://www.html5rocks.com/en/tutorials/service-worker/introduction/), 그리고 지원여부를 https://jakearchibald.github.io/isserviceworkerready/에서 확인해 보기를 추천한다.

만약 이 책의 세 번째 에디션을 작성하게 된다면, 이 기술에 대한 전체 개요 및 구현을 다뤄볼 것을 약속한다.

요약

4장에서 많은 내용을 다루었다. 유효한 HTML5 페이지를 만드는 기본적인 사항부터, 마크업에 리치 미디어(비디오)를 포함하고 반응형으로 동작하게 만드는 방법까지 살펴봤다.

반응형 디자인에 특정되지는 않지만, 시맨틱하고 풍부한 의미를 지닌 코드를 작성하고 이를 통해 보조 기술에 의존하는 사용자를 도울 수 있는 방법도 살펴봤다.

4장에서는 어쩔 수 없이 마크업에 치중한 내용을 살펴보았지만, 이제 방향을 바꿔보자. 앞으로 몇 장을 통해 CSS의 힘과 유연성을 다뤄보겠다. 먼저 CSS 레벨 3, 레벨 4의 선택자와 새로운 CSS 뷰포트 단위, 그리고 HSL 색상과 calc 같은 기능을 살펴본다. 이들 모두 반응형 디자인을 더 빠르고 더 강력하며 유지보수가 쉽게 만들어 준다.

5장

CSS3 – 선택자, 타이포그래피, 색상 모드 그리고 새로운 기능

지난 몇 년간, CSS에 많은 새로운 기능들이 추가되었다. CSS로 엘리먼트를 전환하거나 애니메이션화하고, 배경 이미지를 만들거나 그라디언트, 마스크 및 필터 효과를 주고, SVG도 사용할 수 있게 되었다.

다음 몇 장을 통해 이런 기능들에 대해 알아본다. 먼저 지난 몇 년간 변경된 CSS의 핵심 내용을 알아보는 것이 많은 도움이 되리라 생각된다. 웹 페이지 내 엘리먼트를 선택하는 방법과 엘리먼트의 크기와 스타일을 변경할 때 사용할 수 있는 CSS 단위, 그리고 CSS를 보다 강력하게 만들어 주는 의사 클래스와 의사 엘리먼트에 대해 알아본다. 또한 다양한 브라우저를 지원하도록 CSS 코드를 작성하는 방법에 대해서도 살펴본다.

5장에서 다루는 내용은 다음과 같다.

- CSS 규칙의 분석(속성과 값, 규칙의 정의)
- 반응형 디자인을 위한 CSS 트릭(다중 열, 단어 넘김, 텍스트 생략, 스크롤링 영역)
- CSS 기능의 분기 방법(여러 브라우저를 지원하는 규칙의 작성)
- 서브 스트링 속성 선택자로 HTML 엘리먼트를 선택하는 방법
- n 번째 선택자 사용 방법
- 의사 클래스와 의사 엘리먼트(`:empty`, `::before`, `::after`, `:target`, `:scope`)
- CSS 레벨 4 선택자 모듈의 새로운 선택자(`:has`)

- CSS 변수 및 사용자정의 속성 작성 방법
- CSS calc 함수 사용 방법
- 뷰포트 관련 단위(vh, vw, vmin, vmax)의 사용
- @font-face로 웹 타이포그래피 활용 방법
- 알파 투명도와 RGB, HSL 색상 모드

모든 것을 다 알 수는 없다

모든 것을 알고 있는 사람은 없다. CSS로 작업한지 10년이 지났지만 아직도 1주일에 하나 이상의 CSS 새로운 기능을 발견(혹은 잊고 있었던 것을 재발견)한다. 따라서 CSS의 모든 속성과 값에 대해 알 필요는 없다고 생각한다. 그보다 무엇이 가능한지 이해하는 것이 더 현명해 보인다.

따라서 5장에서는 반응형 웹 디자인을 구축하는데 유용한 몇 가지 CSS 기술과 CSS 단위, 선택자에 집중하고자 한다. 이를 통해 반응형 웹 디자인을 개발할 때 만날 수 있는 문제의 대부분을 해결할 수 있는 지식을 배울 수 있을 것이다.

CSS 규칙 분석

CSS3에 대해 자세히 알아보기 전에 혼란을 방지하기 위해 CSS 규칙을 기술하는 데 사용하는 용어에 대해 먼저 알아본다. 다음 예를 살펴보자.

```
.round { /* 선택자 */
  border-radius: 10px; /* 선언 */
}
```

이 규칙은 선택자(.round)와 선언(border-radius: 10px;)으로 구성되어 있다. 선언은 다시 속성(border-radius:)과 값(10px;)으로 정의된다. 잘 따라오고 있는가? 좋다. 좀 더 나가보자.

빠르고 유용한 CSS 트릭

일상적인 업무를 하다 보면 어떤 기능은 반복적으로 사용하지만, 어떤 기능은 전혀 필요하지 않은 경우도 있다. 자주 사용하는 기능에 대한 공유는 상당히 유용할 것으로 생각된다. 삶을 편하게 만들어 주는 특히 반응형 디자인에 있어 유용한 몇 가지 CSS3 기능들이 있다. 이들은 골치 아픈 문제를 해결해 준다.

반응형 디자인을 위한 CSS3 다중 열 레이아웃

단일 텍스트 문단을 여러 개의 열로 표시할 필요가 있었는가? 콘텐츠를 다른 마크업 요소로 분리하고 스타일을 적용하면 된다. 하지만 순수하게 스타일 적용을 목적으로 마크업을 변경하는 건 결코 좋은 방법이 아니다. CSS 다중 열^{Multi-column} 레이아웃 규격은 콘텐츠를 여러 개의 열로 확장할 수 있게 해준다. 다음 마크업을 살펴보자.

```
<main>
  <p>lloremipsimLoremipsum dolor sit amet, consectetur
<!-- 그 외 텍스트 -->
</p>
  <p>lloremipsimLoremipsum dolor sit amet, consectetur
<!-- 그 외 텍스트 -->
</p>
</main>
```

CSS 다중 열을 사용하면 다양한 방법으로 콘텐츠의 흐름을 여러 열로 만들 수 있다. 여러 열에 걸친 콘텐츠의 흐름은 특정한 열의 너비(예, 12em)나 열 수(예, 3)로 지정한다.

각각의 시나리오 구현을 위해 필요한 코드를 살펴보자. 특정 열 너비를 지정하려면 다음 구문을 사용한다.

```
main {
  column-width: 12em;
}
```

이는 뷰포트의 크기와 상관없이 너비 12em인 열로 콘텐츠를 다단 구성한다는 뜻이다. 뷰포트가 변경되면 동적으로 표시되는 열의 수가 조정된다. 브라우저에서 example_05-01(또는 깃허브 저장소 https://github.com/benfrain/rwd) 예제를 확인할 수 있다.

페이지가 아이패드의 세로방향 모드(768px 너비 뷰포트)에서 어떻게 렌더링되는지 살펴보자.

다음으로 데스크톱의 크롬 브라우저(약 1100px 너비 뷰포트)에서는 다음과 같이 렌더링 된다.

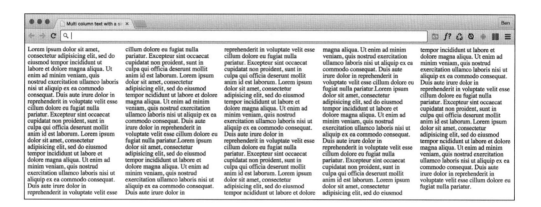

최소한의 작업만으로 아름다운 반응형 텍스트 열이 완성됐다.

고정 열, 가변 폭

고정된 열 수를 유지하기 위해 대신 너비가 변경되기 원한다면, 다음과 같은 규칙을 작성한다.

```
main {
  column-count: 4;
}
```

열 간격과 구분선 추가

특정한 열 간격이나 구분선을 추가할 수도 있다.

```
main {
  column-gap: 2em;
  column-rule: thin dotted #999;
  column-width: 12em;
}
```

이 코드를 적용하면 다음과 같은 결과를 얻을 수 있다.

CSS3 다중 열 레이아웃 모듈^{CSS3 Multi-column Layout Module} 규격은 `http://www.w3.org/TR/css3-multicol/`에서 볼 수 있다.

당분간은 호환성을 유지하기 위해, 열을 선언하는 데 벤더 프리픽스를 사용해야 한다는 사실을 명심하자.

CSS 다중 열을 사용할 때의 유일한 주의사항은 텍스트 사이의 큰 간격이 사용자 경험을 저해할 수 있다는 점이다. 이런 경우 사용자가 텍스트의 열을 읽기 위해 페이지를 위 아래로 스크롤 해야 하는 불편함을 줄 수 있다.

단어 넘김

작은 공간에 긴 URL을 나타내야 할 때가 있었는가? 그때마다 절망한 경험이 있는가? http://rwd.education/code/example_05-04 예제를 살펴보자. 다음 스크린샷과 같이 할당된 공간을 벗어나 표시되는 URL을 확인할 수 있을 것이다.

간단한 CSS3 선언으로 이 문제를 해결할 수 있다. 이 기능은 인터넷 익스플로러의 구버전(심지어 5.5)에서도 동작한다.

```
word-wrap: break-word;
```

텍스트를 포함하고 있는 요소에 이 선언을 추가하면 다음 스크린샷과 같이 효과를 발휘한다. 긴 URL이 이제 완벽하게 표시됐다.

텍스트 생략

텍스트 잘라내기^{Truncation}는 오랫동안 서버 사이드에서만 가능한 기술이었다. 하지만 최근에 CSS만으로 텍스트 생략^{Ellipsis}/잘라내기 작업을 수행할 수 있게 되었다. 어떻게 하는지 알아보자.

다음 마크업(rwd.education/code/ch5/example_05-03/에서도 온라인으로 예제를 확인할 수 있다)을 살펴보자.

```
<p class="truncate">OK, listen up, I've figured out the key eternal
happiness. All you need to do is eat lots of scones.</p>
```

하지만 실제로는 다음과 같이 텍스트를 520px 너비로 잘라내고 싶다.

OK, listen up, I've figured out the key eternal happiness. All you need to do is …

CSS 코드는 다음과 같다.

```
.truncate {
  width: 520px;
  overflow: hidden;
  text-overflow: ellipsis;
  white-space: no-wrap;
}
```

TIPS

text-overflow 속성에 대한 규격은 http://dev.w3.org/csswg/css-ui-3에서 볼 수 있다.

콘텐츠의 폭이 정의된 너비(유연한 컨테이너 안에 있다면 100% 같이 퍼센트로 너비를 설정할수 있다)를 초과하면 텍스트가 잘려진다. white-space: no-wrap 속성/값은 콘텐츠를 둘러싸고 있는 엘리먼트 안으로 래핑되지 않도록 하기 위해 사용된다.

수평 스크롤 패널 만들기

수평 스크롤 패널은 아이튠즈 스토어와 애플 TV에서 관련된 콘텐츠(영화, 앨범 등)의 패널을 표시할 때 공통으로 사용된다. 수평으로 충분한 공간이 있으면 모든 항목을 표시하지만 공간이 충분하지 않으면(모바일 장치 등) 스크롤이 가능한 패널로 보여준다.

스크롤 패널은 최신 안드로이드와 iOS 디바이스에서 잘 동작한다. 최신 iOS나 안드로이드 디바이스가 있다면 사파리나 크롬 같은 브라우저에서 `http://rwd.education/code/ch5/example_05-02/` 예제를 살펴보자.

2014년 최고 흥행 영화의 목록을 스크롤 패널로 만들었는데, 아이폰에서 보면 다음과 같다.

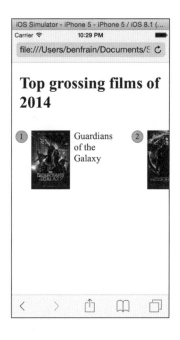

사실 이 기술의 핵심은 CSS2.1(`http://www.w3.org/TR/CSS2/text.html`)부터 사용된 `white-space` 속성이다. 하지만 여기서는 새로운 플렉스박스 레이아웃 메커니즘과 함께 사용하려고 한다.

기본적으로 이 기술이 동작하게 하려면 레퍼를 써서 콘텐츠의 합보다 작아지도록 x 축으로 폭을 자동으로 설정한다. 이런 방법으로 충분한 공간이 있을 때는 스크롤 하지 않고 공간이 없을 때는 스크롤 되게 만들 수 있다.

```
.Scroll_Wrapper {
  width: 100%;
  white-space: nowrap;
  overflow-x: auto;
  overflow-y: hidden;
}


.Item {
  display: inline-flex;
}
```

white-space: nowrap을 사용하여 '공간이 충분하면 이 엘리먼트를 래핑하지 않도록' 지시한다. 그런 다음 모든 항목을 한 줄에 유지하도록 컨테이너의 모든 첫 번째 자식 요소를 인라인으로 표시하도록 설정한다. 예제에서는 nline-flex를 사용하지만 inline-block나 inline-table로도 쉽게 인라인으로 만들 수 있다.

TIPS

::before와 ::after 의사 엘리먼트

샘플 코드를 살펴보면 항목의 수를 표시하는 데 ::before 의사[Pseudo] 엘리먼트가 사용된 것을 알 수 있을 것이다. 의사 엘리먼트를 사용하는 경우 ::before나 ::after를 표시하기 위해서는 반드시 콘텐츠 값이 있어야 한다(비록 공백이라도)는 사실을 기억하자. 이런 의사 엘리먼트가 표시되는 경우, 각각 해당 엘리먼트의 처음과 마지막처럼 동작한다.

스크롤 바를 최대한 숨겨 좀 더 아름답게 만들어 보자. 안타깝게도 브라우저별로 다르기 때문에 직접 작성해야 한다(브라우저의 독자 속성이기 때문에 오토프리픽서[Autoprefixer])도 자동으로 작성하지 못한다). 또한 웹킷 브라우저용 관성 스타일의 스크롤 터치(일반적으로 iOS 디바이스)를 추가한다. 이제 업데이트된 .Scroll_Wrapper 규칙은 다음과 같다.

```
.Scroll_Wrapper {
  width: 100%;
  white-space: nowrap;
  overflow-x: auto;
  overflow-y: hidden;
  /* 웹킷 기반의 터치 디바이스에 관성 스타일의 스크롤을 제공  */
  -webkit-overflow-scrolling: touch;
  /* IE에서 스크롤바를 제거 */
  -ms-overflow-style: none;
}

/* 웹킷 브라우저의 스크롤바를 중지 */
.Scroll_Wrapper::-webkit-scrollbar {
  display: none;
}
```

공간이 제한되는 경우 멋진 수평 패널이 생기고, 그렇지 않은 경우에는 콘텐츠의 공간에 딱 맞게 표시된다.

그러나 이 패턴 사용 시에는 몇 가지 주의사항이 있다. 첫 번째, 파이어폭스는 스크롤 바를 숨길 수 있게 해주는 속성을 지원하지 않는다. 두 번째, 구형 안드로이드 디바이스는 수평 스크롤을 지원하지 않는다. 따라서 이 기능은 기능 검출^{Feature Detection}과 함께 사용하는 것이 좋다. 다음 섹션에서 이에 대해 알아본다.

CSS의 기능 분기

반응형 웹 디자인을 구축할 때 모든 장치에서 잘 동작하는 하나의 디자인을 제공하고 싶을 것이다. 하지만 기능이나 기술이 특정 디바이스에서 지원되지 않는 경우가 자주 발생한다. 이런 경우 CSS를 분기할 필요가 있다. 브라우저가 기능을 지원하는 경우와 그렇지 않은 경우에 다른 코드를 제공한다. 자바스크립트에서 if/else나 switch 문을 사용하면 된다.

두 가지 접근 방법이 가능하다. 하나는 CSS 기반으로 브라우저의 구현이 필요 없는 방법이며, 다른 하나는 자바스크립트 라이브러리가 필요하지만 훨씬 넓은 지원이 가능하다. 두 가지 방법을 각각 알아보자.

기능 쿼리

CSS 코드를 분기하는 기본 솔루션은 CSS 조건부 규칙 모듈 레벨 3(http://www.w3.org/TR/css3-conditional)의 '기능 쿼리^{Feature Queries}'를 사용하는 것이다. 하지만 현재 CSS 조건부 규칙은 인터넷 익스플로러(버전 11)와 사파리(iOS 8.1 포함)에서 지원되고 있지 않아 범용적으로 사용하는 데 한계가 있다.

기능 쿼리는 미디어 쿼리와 유사한 구문을 따른다. 다음 코드를 살펴보자.

```
@supports (flashing-sausages: lincolnshire) {
  body {
    sausage-sound: sizzling;
    sausage-color: slighty-burnt;
    background-color: brown;
  }
}
```

예제에서 브라우저가 flashing-sausages 속성을 지원하는 경우에만 스타일이 적용된다. 어떤 브라우저도 flashing-sausages 기능을 지원하지 않을 것이기 때문에 @supports 안에 있는 스타일은 전혀 적용되지 않는다.

좀 더 구체적인 예를 살펴보자. 브라우저가 지원하는 경우 플렉스박스를 사용하고 지원하지 않는 경우 다른 레이아웃 기술을 폴백으로 제공하려고 한다. 다음 예제를 살펴보자.

```
@supports (display: flex) {
  .Item {
    display: inline-flex;
  }
}

@supports not (display: flex) {
  .Item {
    display: inline-block;
  }
}
```

예제에서 브라우저가 기능을 지원하는 경우와 그렇지 않은 경우의 코드를 정의한다. 이 패턴은 브라우저가 @supports를 지원하는 경우에는 적용되고 그렇지 않은 경우에는 스타일이 적용되지 않을 것이다.

@supports를 지원하지 않는 디바이스도 고려한다면, 디폴트 선언을 먼저 작성하고, 그런 다음 @supports를 적용하는 것이 좋다. 따라서 디폴트 규칙은 @supports를 지원하는 경우에는 재정의 되고 브라우저가 이를 지원하지 않는 경우에는 @supports 블록은 무시될 것이다. 앞의 예제를 다음과 같이 수정한다.

```
.Item {
  display: inline-block;
}
@supports (display: flex) {
  .Item {
    display: inline-flex;
  }
}
```

조건문 결합

플렉스박스와 pointer: coarse를 모두 지원하는 경우('pointer' 상호작용 미디어 기능은 2장에서 다루었다)에만 규칙을 적용하는 경우를 고려해보면 다음 코드와 같다.

```
@supports ((display: flex) and (pointer: coarse)) {
  .Item {
    display: inline-flex;
  }
}
```

예제에서 and 키워드를 사용했지만 or도 사용할 수 있다. 예를 들어, 다음 예제 코드와 같이 두 속성 조합을 지원하는 경우나 3D 트랜스폼을 지원하는 경우 스타일을 적용할 수 있다.

```
@supports ((display: flex) and (pointer: coarse)) or (transform:
translate3d(0, 0, 0)) {
  .Item {
    display: inline-flex;
  }
}
```

앞의 예제에서 플렉스와 포인터 조건을 트랜스폼 조건과 분리하기 위해 추가한 괄호를 주의 깊게 살펴보자.

앞에서 언급했듯이 아쉽게도 @support 지원은 보편적이지 않다. 그럼 반응형 웹 디자이너는 어떻게 해야 할까? 걱정할 필요는 없다. 이 도전과제를 해결해줄 아주 멋진 자바스크립트 도구가 있다.

모더나이저

@supports가 브라우저에서 널리 구현될 때까지 모더나이저^{Modernizr}라는 자바스크립트 도구를 사용할 수 있다. 현재 가장 안전한 방법은 코드를 분기시키는 것이다.

CSS에서 분기가 필요할 때, 필자는 '점진적 향상$^{Progressive\ Enhancement}$' 방법을 채택하는 편이다. 점진적 향상은 기능이 적은 디바이스를 위한 간단한 코드를 먼저 작성하고 기능이 많은 디바이스를 위한 코드로 점진적으로 향상시켜 나가는 방법을 말한다.

> **TIPS**
>
> 점진적 향상에 대해서는 10장에서 더 자세히 다룬다.

어떻게 점진적 향상이 가능하도록 모더나이저로 CSS 코드를 분기할 수 있는지 살펴보자.

모더나이저로 기능 검출하기

웹 개발자라면 모더나이저에 대해 들어보았을 것이다. 모더나이저는 브라우저의 기능을 테스트하는 자바스크립트 라이브러리다. 모더나이저를 사용하려면 페이지의 head 섹션에 모더나이저의 링크를 포함하면 된다.

```
<script src="/js/libs/modernizr-2.8.3-custom.min.js"></script>
```

모더나이저 라이브러리를 포함시키면, 브라우저가 페이지를 로드할 때 테스트가 수행된다. 브라우저가 이 테스트를 통과하면 모더나이저는 우리의 목적대로 루트 HTML 태그에 관련된 클래스를 추가한다.

예를 들어, 모더나이저가 수행된 후 페이지의 HTML 태그의 클래스는 다음과 같다.

```
<html class="js no-touch cssanimations csstransforms csstransforms3d
csstransitions svg inlinesvg" lang="en">
```

이 경우 애니메이션과 트랜스폼, SVG, 인라인 SVG, 터치 지원과 관련된 몇 가지 기능이 테스트되었다. 이들 클래스가 포함되면 코드는 다음과 같이 분기된다.

```
.widget {
  height: 1rem;
}

.touch .widget {
  height: 2rem;
}
```

앞의 예제에서 위젯 항목은 기본적으로 1rem 높이를 가지지만, HTML에 터치 클래스가 존재하면(모더나이저 덕분에) 위젯은 2rem 높이를 가지게 된다.

로직을 반대로 작성할 수도 있다.

```
.widget {
  height: 2rem;
}

.no-touch .widget {
  height: 1rem;
}
```

이 방식에서 위젯은 디폴트로 2rem 높이를 가지지만, no-touch 클래스가 있으면 높이가 조절된다.

어떤 방식으로 구조를 작성하던지 모더나이저는 기능을 분기하는 다양한 방법을 지원한다. transform3d 같은 기능을 사용하고자 할 경우 특히 유용하지만, 이 기능을 사용하지 못하는 브라우저에 대체 방법을 제공하는데도 유용하게 사용된다.

새로운 CSS3 선택자와 사용법

CSS3는 페이지 내의 엘리먼트를 선택하는 강력한 방법을 제공한다. 너무 과장하는 것처럼 들릴지 모르겠지만, CSS3의 새로운 선택자 덕분에 코딩이 훨씬 편해지고 이 때문에 CSS3를 더 좋아하게 될 것이다. 새로운 CSS 선택자는 굵은체로 강조한다.

CSS3 속성 선택자

이미 규칙을 적용할 대상을 지정하기 위해 CSS 속성 선택자를 사용해 왔을 것이다. 예를 들어, 다음 규칙을 살펴보자.

```
img[alt] {
    border: 3px dashed #e15f5f;
}
```

이것은 마크업에서 `alt` 속성을 가지고 있는 이미지 태그를 대상으로 선택한다. 또는 `data-sausage` 속성을 가진 모든 엘리먼트를 선택한다고 가정해 보자.

```
[data-sausage] {
  /* 스타일 */
}
```

꺽쇠 괄호 안에 속성을 지정하면 된다.

TIPS

data-* 타입 속성은 기존의 메커니즘으로 저장할 수 없는 사용자정의 데이터를 제공하기 위해 HTML5
에 도입되었다. data-* 속성 규격은 http://www.w3.org/TR/2010/WD-html5-20101019/
elements.html에서 볼 수 있다.

또한 속성값을 지정하여 대상 범위를 좁힐 수 있다. 예를 들어 다음 규칙을 살펴보자.

```
img[alt="sausages"] {
  /* 스타일 */
}
```

예제는 alt 속성값이 sausages인 이미지만 대상으로 선택한다. 예를 들면 다음과 같다.

```
<img class="oscarMain" src="img/sausages.png" alt="sausages" />
```

지금까지는 CSS2에서도 가능한 작업이었다. 그러면 CSS3가 지원하는 새로운 기능은
무엇일까?

CSS3 서브스트링 매칭 속성 선택자

CSS3는 속성 선택자의 서브스트링으로 엘리먼트를 선택할 수 있다. 복잡하게 들리겠지
만 의외로 간단하다. 이제 콘텐츠의 속성에 기반해서 엘리먼트를 선택할 수 있다. 세 가지
옵션은 다음과 같다. 각 각에 대해 자세히 알아보자.

- 접두사로 시작
- 인스턴스를 포함
- 접미사로 종료

'접두사로 시작'하는 서브스트링 매칭 속성 선택자

다음 마크업을 살펴보자.

```
<img src="img/ace-film.jpg" alt="film-ace">
<img src="img/rubbish-film.jpg" alt="film-rubbish">
```

'접두사로 시작'하는 서브스트링 매칭 속성 선택자로 다음과 같이 두 이미지를 모두 선택할 수 있다.

```
img[alt^="film"] {
   /* 스타일 */
}
```

여기서 중요한 문자는 '접두사로 시작'을 의미하는 ^ 기호이다(종종 '모자' 심볼이라고도 불리지만, 여기서는 캐럿^{Caret}이라고 부른다). 두 alt 태그 모두 film으로 시작하기 때문에 선택자는 두 엘리먼트를 모두 선택한다.

'인스턴스를 포함'하는 서브스트링 매칭 속성 선택자

'인스턴스를 포함'하는 서브스트링 매칭 속성 선택자는 다음 구문을 가진다.

```
[attribute*="value"] {
   /* 스타일 */
}
```

다른 모든 속성 선택자와 마찬가지로, 필요한 경우(사용된 엘리먼트의 유형을 변경하는 경우) 유형 선택자^{Type Selector}(실제 사용된 HTML 엘리먼트를 참조)와 결합하여 사용할 수 있다.

다음 마크업을 살펴보자.

```
<p data-ingredients="scones cream jam">Will I get selected?</p>
We can select that element like this:
[data-ingredients*="cream"] {
  color: red;
}
```

여기서 중요한 문자는 '인스턴스를 포함'을 의미하는 * 기호이다.

속성 안에 있는 문자열이 'cream'으로 시작하지 않기 때문에 '접두사로 시작' 선택자는
이 마크업에서는 동작하지 않을 것이다. 하지만 '인스턴스를 포함'하는 서브스트링 속성
선택자는 문자열에 'cream'이 포함되어 있기 때문에 이 엘리먼트를 찾을 수 있다.

'접미사로 종료'하는 서브스트링 매칭 속성 선택자

'접미사로 종료' 서브스트링 매칭 속성 선택자는 다음 구문을 가진다.

```
[attribute$="value"] {
  /* 스타일 */
}
```

예제가 도움이 될 것이다. 다음 마크업을 살펴보자.

```
<p data-ingredients="scones cream jam">Will I get selected?</p>
<p data-ingredients="toast jam butter">Will I get selected?</p>
<p data-ingredients="jam toast butter">Will I get selected?</p>
```

data-ingredients 속성(첫 번째 엘리먼트)에 scones과 cream, jam이 포함되어
있는 엘리먼트만 선택하는 경우를 생각해보자. 이 경우 '인스턴스를 포함'하는 선택자(모
든 엘리먼트를 선택할 것이다)나 '접두사로 시작하는' 선택자(마지막 엘리먼트만 선택
할 것이다)를 사용할 수 없다. 하지만 '접미사로 종료'하는 서브스트링 속성 선택자를 사
용하면 된다.

```
[data-ingredients$="jam"] {
  color: red;
}
```

여기서 중요한 문자는 '접미사로 종료'를 의미하는 $ 기호이다.

속성 선택자 사용 시 주의 사항

속성값이 하나의 스트링으로 되어 있을 때, 속성 선택자 사용 시 알아두어야 할 중요한
사항이 있다. 다음 CSS 규칙을 살펴보자.

```
[data-film^="film"] {
  color: red;
}
```

속성값 중 film으로 시작하는 단어가 있지만, 이 엘리먼트를 선택하지 않는다는 사실
을 알면 놀랄 것이다.

```
<span data-film="awful moulin-rouge film">Moulin Rouge is dreadful</
span>
```

이는 예제에서 data-film 속성값이 film으로 시작하지 않기 때문이다. 이 경우
awful로 시작한다(실제 물랑루즈 영화를 봐도 그렇다).

앞에서 살펴본 서브스트링 매칭 선택자 외에도 이와 관련된 여러 방법이 있다. 예를 들
면, 인터넷 익스플로러 7부터 지원되어온 공백 구분 선택자(틸트 기호)를 사용할 수도
있다.

```
[data-film~="film"] {
  color: red;
}
```

전체 속성값을 선택할 수도 있다.

```
[data-film="awful moulin-rouge film"] {
  color: red;
}
```

또는 속성값 내부의 여러 스트링에 따라 선택하기를 원한다면 '인스턴스를 포함'하는 서
브스트링 속성 선택자를 여러 개 조합하여(필요한 만큼) 사용할 수도 있다.

```
[data-film*="awful"][data-film*="moulin-rouge"] {
  color: red;
}
```

'정해진 정답'은 없다. 어떤 방법을 선택할지는 선택하고자 하는 문자열의 복잡성에 달려
있다.

속성 선택자로 숫자로 시작하는 ID와 클래스 선택하기

HTML5 이전에는 숫자로 시작하는 ID나 클래스가 있으면 유효한 마크업이 아니었다.
하지만 HTML5에서는 이러한 제한이 없어졌다. 그러나 여전히 ID를 사용할 때 기억해
야 할 유의사항이 몇 가지 존재한다. ID 이름에 공백이 없어야 하고 페이지에서 고유해야
한다. 자세한 내용은 http://www.w3.org/html/wg/drafts/html/master/
dom.html에서 확인한다.

이제 HTML5에서 숫자로 시작하는 ID나 클래스를 사용할 수 있게 되었지만, CSS에서
는 여전히 숫자로 시작하는 ID와 클래스 선택자에 제한이 있다(http://www.w3.org/
TR/CSS21/syndata.html).

다행히 [id="10"] 같은 속성 선택자를 사용하여 이 문제를 쉽게 해결할 수 있다.

CSS3 구조 의사 클래스

CSS3는 DOM 구조에서 엘리먼트를 선택할 수 있는 강력한 방법을 제공해 준다.

전형적인 예를 살펴보자. 큰 뷰포트에서 내비게이션 바를 사용하면서 마지막 링크만 왼쪽에 표시하려고 한다.

역사적으로 보면 이 문제는 다음과 같이 마지막 링크에 클래스 이름을 추가해 선택할 수 있게 함으로써 이 문제를 해결했다.

```
<nav class="nav-Wrapper">
  <a href="/home" class="nav-Link">Home</a>
  <a href="/About" class="nav-Link">About</a>
  <a href="/Films" class="nav-Link">Films</a>
  <a href="/Forum" class="nav-Link">Forum</a>
  <a href="/Contact-Us" class="nav-Link nav-LinkLast">Contact Us</a>
</nav>
```

하지만 이것 자체가 문제가 될 수 있다. 예를 들어, 콘텐츠 관리 시스템[CMS]에서 마지막 항목에 클래스를 추가하는 것 자체가 어려운 일이 될 수 있다. 다행히도 이 문제에 대해 더 이상 걱정할 필요가 없다. CSS3 구조 의사 클래스[Structural Pseudo-class]가 이런 문제를 해결해 준다.

:last-child 선택자

CSS2.1은 이미 리스트의 첫 번째 항목을 지정할 수 있는 선택자를 가지고 있다.

```
div:first-child {
  /* 스타일 */
}
```

그러나 CSS3에는 마지막 항목을 지정할 수 있는 선택자가 추가되었다.

```
div:last-child {
  /* 스타일 */
}
```

이 선택자로 앞의 문제를 어떻게 해결할 수 있는지 살펴보자.

```
@media (min-width: 60rem) {
  .nav-Wrapper {
    display: flex;
  }
  .nav-Link:last-child {
    margin-left: auto;
  }
}
```

이 외에도 유일한 항목을 선택할 수 있는 :only-child나, 특정 유형의 유일한 항목을 선택할 수 있는 :only-of-type 같은 유용한 선택자도 있다.

:nth-child 선택자

nth-child 선택자는 좀 더 어려운 문제를 해결해 준다. 예전과 동일한 마크업에서 nth-child로 어떻게 목록에 있는 특정 링크를 선택할 수 있는지 살펴보자.

먼저 목록에 있는 항목을 번갈아 선택하는 경우를 생각해보면, 다음과 같이 홀수를 선택할 수 있다.

```
.nav-Link:nth-child(odd) {
  /* 스타일 */
}
```

또는 짝수를 선택할 수도 있다.

```
.nav-Link:nth-child(even) {
  /* 스타일 */
}
```

n 번째 규칙에 대한 이해

프론트엔드 웹 개발자에게 가장 이해하기 어려운 CSS 규칙이 아마 n 번째 규칙일 것이다. 하지만 일단 로직과 구문을 마스터하고 나면 n 번째 규칙의 효용성에 대해 놀라게 될 것이다.

CSS3는 몇 가지 유연한 n 번째 기반 규칙을 제공한다.

- nth-child(n)
- nth-last-child(n)
- nth-of-type(n)
- nth-last-of-type(n)

n 번째 규칙에 (odd)와 (even) 값을 사용할 수 있는 것은 이미 알아보았다. 하지만 (n) 파라미터는 이 외에도 몇 가지 다른 방법으로 기술할 수 있다.

정수; 예를 들어, :nth-child(2)는 두 번째 항목을 선택한다.

숫자 수식; 예를 들어, :nth-child(3n+1)은 첫 번째 항목부터 시작해서 매 세 번째 항목을 선택한다.

정수 기반 속성은 충분히 이해할 수 있을 것이다. 선택할 엘리먼트의 번호를 기술하면 된다.

숫자 수식은 이해하기 조금 어렵다. 다음 섹션에서 차근차근 알아보자.

수식에 대한 이해

페이지에 10개의 `<span>` 엘리먼트가 있다고 가정해보자(example_05-05 예제 참조).

```
<span></span>
<span></span>
<span></span>
<span></span>
<span></span>
<span></span>
<span></span>
<span></span>
<span></span>
<span></span>
```

디폴트 스타일은 다음과 같다.

```
span {
  height: 2rem;
  width: 2rem;
  background-color: blue;
  display: inline-block;
}
```

예상하듯이 10개의 사각형이 한 줄에 표시된다.

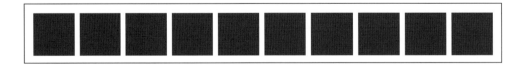

n 번째 규칙으로 엘리먼트를 선택하는 방법을 알아보자.

실제 괄호 안의 수식을 작성할 때 필자는 오른쪽부터 시작한다. 예를 들어, (2n+3)이 어떤 항목을 선택하는지 판단하는 경우, 가장 오른쪽 숫자(여기서 숫자 3은 왼쪽에서 세 번째 항목을 나타낸다)부터 시작해서 매 두 번째 엘리먼트를 선택한다는 사실을 알 수 있다. 따라서 다음과 같은 규칙을 추가한다.

```
span:nth-child(2n+3) {
  color: #f90;
  border-radius: 50%;
}
```

브라우저에서 결과는 다음과 같다.

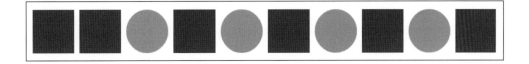

n 번째 선택자는 세 번째 항목을 선택하고, 이후 매 두 번째 항목을 선택한다.

두 번째 항목부터 모든 항목을 선택하려면 어떻게 할까? :nth-child(1n+2)로 작성할 수 있지만, 특별한 언급이 없다면 n은 1과 동일하기 때문에 첫 번째 숫자인 1은 필요하지 않다. 따라서 :nth-child(n+2)로 작성하면 된다. 같은 방법으로 매 세 번째 엘리먼트를 선택하고 싶다면 :nth-child(3n+3)로 작성하는 것보다는 매 세 번째 항목은 세 번째부터 시작하기 때문에 명시적으로 이를 기술할 필요 없이 :nth-child(3n)로 작성할 수 있다. 수식에 음수도 사용할 수 있다. 예를 들어 :nth-child(3n-2)는 -2번째에서 시작해 매 세 번째 항목을 선택한다.

방향을 바꿀 수도 있다. 기본은 첫 번째 항목이 선택되면 DOM의 엘리먼트를 따라 순서가 내려가지만(따라서 예제에서는 왼쪽에서 오른쪽으로), 음수로 방향을 반대로 할 수 있다. 예를 들면,

```
span:nth-child(-2n+3) {
  background-color: #f90;
  border-radius: 50%;
}
```

이 예제는 세 번째 항목을 찾지만, 반대 방향(DOM 트리의 위쪽 방향, 따라서 예제에서는 오른쪽에서 왼쪽)으로 매 두 번째 엘리먼트를 선택한다.

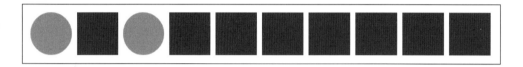

이제 n 번째 기반 수식에 대해 이해하게 되었을 것이다.

nth-child와 nth-last-child는 nth-last-child가 문서 트리의 마지막에서 동작한다는 차이가 있다. 예를 들어, :nth-last-child(-n+3)는 끝에서 3 번째에서 시작해 모든 항목을 선택한다. 브라우저에서 규칙이 적용된 결과는 다음과 같다.

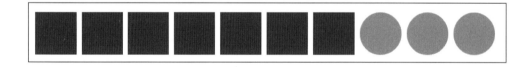

마지막으로, :nth-of-type과 :nth-last-of-type을 알아보자. 앞의 예제가 타입에 관계없이 모든 자식을 선택(nth-child는 클래스와 상관없이 동일 DOM 레벨의 모든 자식을 선택한다)하는데 비해, :nth-of-type과 :nth-last-of-type은 특정 타입을 선택할 수 있게 해준다. 다음 마크업(example_05-06)을 살펴보자.

```
<span class="span-class"></span>
<span class="span-class"></span>
<span class="span-class"></span>
<span class="span-class"></span>
<span class="span-class"></span>
<div class="span-class"></div>
<div class="span-class"></div>
<div class="span-class"></div>
<div class="span-class"></div>
<div class="span-class"></div>
```

다음과 같은 선택자를 사용하면

```
.span-class:nth-of-type(-2n+3) {
  background-color: #f90;
  border-radius: 50%;
}
```

모든 엘리먼트가 동일한 span-class를 가지고 있음에도 불구하고, 실제로는 span 엘리먼트만 선택(선택된 첫 번째 타입이다)한다. 선택된 엘리먼트는 다음과 같다.

곧 CSS4 선택자가 이 문제를 어떻게 해결하는지 살펴보겠다.

TIPS

CSS3의 카운트 방식은 자바스크립트나 제이쿼리와 다르다!

자바스크립트나 제이쿼리를 사용하고 있다면, 카운트가 0부터 시작한다고 알고 있을 것이다. 예를 들어, 자바스크립트나 제이쿼리에서 엘리먼트를 선택할 때 정수 1은 실제로는 두 번째 엘리먼트가 된다. 그러나 CSS3는 카운트가 1부터 시작하기 때문에, 정수1은 실제 일치하는 첫 번째 항목을 선택한다.

반응형 웹 디자인과 n 번째 선택

이번 섹션을 끝마치기 전에 반응형 웹 디자인의 실전 문제와 이 문제를 n 번째 기반 선택자로 어떻게 해결할 수 있는지 알아보고자 한다.

example_05-02 예제의 수평 스크롤 패널을 기억하는가? 수평 스크롤이 가능하지 않은 경우 어떻게 표시할 수 있을지 생각해보자. 따라서 동일한 마크업을 사용한다. 2014년 10대 흥행 영화를 그리드로 만들어 보자. 어떤 뷰포트에서 그리드는 옆으로 두 개의 항목만을 보여주다가 뷰포트가 커지면 세 개, 네 개를 보여줄 수 있게 된다. 문제는 여기서 생긴다. 뷰포트 크기에 관계없이 마지막 열에 있는 항목이 아래에 경계선을 가지지 않게 만들고 싶다. 이 코드는 예제 example_05-09에서 확인할 수 있다.

한 줄에 네 개 항목이 표시될 때 모습이다.

마지막 두 항목 아래에 성가신 경계선이 보이는가? 바로 이 경계선을 제거하려고 한다. 하지만 마지막 줄에 다른 항목이 있다면 이것 역시 제거할 수 있는 강건한 솔루션이 필요하다. 이제 다른 뷰포트에서 항목의 개수가 달라지므로 n 번째 기반의 선택을 변경할 필요가 있다. 간략하게 하기 위해 한 줄에 네 개 항목을 선택(가장 큰 뷰포트)하는 코드를 보여준다. 다른 뷰포트에서의 수정된 선택은 전체 코드 샘플을 통해 확인할 수 있다.

```
@media (min-width: 55rem) {
  .Item {
    width: 25%;
  }
  /* 매 네 번째 항목을 구하고 마지막 네 개 항목에 있는 하나만 구함 */
  .Item:nth-child(4n+1):nth-last-child(-n+4),
  /* 동일한 선택에서 모든 항목 */
  .Item:nth-child(4n+1):nth-last-child(-n+4) ~ .Item {
    border-bottom: 0;
  }
}
```

NOTE

예제에서 n 번째 기반 의사 클래스 선택자를 연결해서 사용한 것을 알 수 있다. 여기서 중요한 것은 첫 번째가 다음 번 선택의 필터 역할을 하는 것이 아니라, 엘리먼트가 각각의 선택과 일치해야 한다는 것이다. 앞의 예제에서, 첫 번째 엘리먼트는 처음 네 개 중 첫 번째 항목이어야 하고 또한 마지막 네 개 중 첫 번째 항목이어야 한다.

멋지다! n 번째 기반 선택 덕분에 뷰포트 크기나 표시되는 항목의 개수에 상관없이 마지막 줄의 경계선을 제거하는 규칙을 갖게 되었다.

부정 (:not) 선택자

또 다른 편리한 선택자로 부정 의사 클래스 선택자가 있다. 이 선택자는 해당되지 않는 모든 항목을 선택할 때 사용된다. 다음 예제를 살펴보자.

```
<div class="a-div"></div>
<div class="a-div"></div>
<div class="a-div"></div>
<div class="a-div not-me"></div>
<div class="a-div"></div>
```

스타일은 다음과 같다.

```
div {
  display: inline-block;
  height: 2rem;
  width: 2rem;
  background-color: blue;
}


.a-div:not(.not-me) {
  background-color: orange;
  border-radius: 50%;
}
```

이 규칙은 .not-me 클래스를 가진 div를 제외한 .a-div 클래스를 가진 모든 엘리먼트를 둥글고 오렌지색으로 만든다. 예제 코드는 example_05-07에서 확인할 수 있다(전체 소스코드는 http://rwd.education/에서 다운로드 받을 수 있다).

> **TIPS**
>
> 지금까지 구조적 의사 클래스에 대해 알아보았다(전체 정보는 http://www.w3.org/TR/selectors 를 참고한다). 하지만 CSS3에서 제공하는 선택자는 이보다 훨씬 많다. 웹 애플리케이션을 작성하고 있다면, 특정 요소의 선택 여부에 따라 규칙을 정할 수 있게 해주는 UI 엘리먼트 상태 의사클래스^{UI element states} ^{pseudo-class}의 전체 목록(http://www.w3.org/TR/selectors/)을 살펴보는 것이 좋다.

공백 (:empty) 선택자

가끔은 엘리먼트를 미리 패딩으로 채우고 있다가 동적으로 콘텐츠를 삽입하는 경우가 있다. 콘텐츠가 있을 때도 있고 없을 때도 있다. 문제는 콘텐츠를 포함하고 있지 않을 때도 패딩이 존재할 때다. example_05-08의 HTML과 CSS를 살펴보자.

```
<div class="thing"></div>
.thing {
  padding: 1rem;
  background-color: violet;
}
```

div가 콘텐츠를 포함하고 있지 않음에도 불구하고 여전히 `background-color`가 존재한다. 다행히도 다음과 같이 숨길 수 있다.

```
.thing:empty {
  display: none;
}
```

하지만 `:empty` 선택자를 사용할 때 주의해야 한다. 다음이 비어 있다고 생각하겠지만 그렇지 않다. 공백문자가 존재하고 있다. 공백문자는 실제 비어있는 게 아니다.

```
<div class="thing"> </div>
```

하지만 코멘트는 공백 여부에 영향을 주지 않음에 유의해야 한다. 예를 들어, 다음은 비어있는 것으로 간주된다.

```
<div class="thing"><!--I'm empty, honest I am--></div>
```

TIPS

의사 엘리먼트 개정

의사 엘리먼트는 CSS2부터 사용되었지만, CSS3에서 그 사용법이 조금 변경되었다. 지금까지 `p:first-line`은 `<p>` 태그의 첫 라인을 가리켰고 `p:first-letter`는 첫 문자를 가리켰다. 그러나 CSS3는 의사 클래스(예를 들어 `nth-child()`)와 구분하기 위해 이들 의사 엘리먼트를 이중 콜론(`::`)으로 사용하도록 하였다. 따라서 앞의 예는 `p::first-letter`로 사용하여야 한다. 그러나 인터넷 익스플로러 8과 이하 버전은 이중 콜론을 이해하지 못하고 콜론만 이해한다는 사실을 염두에 두자.

:first-line으로 뷰포트에 상관없이 수행

`:first-line` 의사 엘리먼트는 뷰포트에 특히 유용하게 쓰인다. 예를 들어, 다음과 같은 규칙을 작성하는 경우, 기대한 바와 같이 첫 라인이 짙은 핑크색으로 렌더링된다. 하지만 뷰포트가 변경되면 적용되는 텍스트의 영역이 다르게 나타난다.

```
p::first-line {
  color: #ff0cff;
}
```

따라서 반응형 디자인에서 마크업의 변경 없이 첫 라인의 텍스트를 다르게 표시하는 데 (마크업에서는 다르게 나타나지 않지만 브라우저에서 렌더링할 때만 다르게 표시된다) 아주 유용하다.

CSS 사용자정의 속성과 변수

CSS 전처리기의 인기 덕분에, CSS는 점점 '프로그래밍' 기능을 얻게 되었다. 그 중 첫 번째는 사용자정의 속성^{Custom Properties}이다. 종종 변수로 참조되어 사용되지만 유일한 사용 사례는 아니다. http://dev.w3.org/csswg/css-variables/에서 전체 규격을 참조할 수 있다. 하지만 2015년 초반까지 아직 구현된 브라우저가 많지 않음에 유의하자 (오직 파이어폭스만 지원한다).

CSS 사용자정의 속성은 스타일 시트에 정보를 저장하고 스타일 시트나 자바스크립트에서 활용할 수 있게 해준다. 확실한 사용 사례 중 하나는 폰트 패밀리 이름을 저장하고 이를 참조하는 것이다. 사용자정의 속성을 만드는 방법은 다음과 같다.

```
:root {
  --MainFont: 'Helvetica Neue', Helvetica, Arial, sans-serif;
}
```

여기에서 문서의 루트에 사용자정의 속성을 저장하는데 :root 의사 클래스를 사용한다.

TIPS

:root 의사 클래스는 항상 문서 구조에서 최상위 부모 엘리먼트를 참조한다. HTML 문서에서 이는 항상 HTML 태그가 되지만, SVG(SVG에 대해서는 7장에서 살펴본다) 문서에서는 다른 엘리먼트를 가리킬 것이다.

사용자정의 속성은 항상 두 개의 대시로 시작하고, 다음에 사용자정의 이름, 그리고 다른 모든 CSS 속성과 마찬가지로 콜론으로 끝난다.

다음과 같이 var() 표기법으로 그 값을 참조할 수 있다.

```
.Title {
  font-family: var(--MainFont);
}
```

이 방식으로 필요한 만큼 사용자정의 속성을 저장할 수 있다. 이 방법의 주요 이점은 변수 안에서 값을 변경할 수 있고, 변수를 사용하는 모든 규칙에서 값을 직접 변경할 필요 없이 새로운 값을 사용할 수 있다는 것이다.

가까운 미래에 자바스크립트가 이들 속성을 파싱하고 활용할 수 있을 것으로 예상된다. 이런 환상적인 기능에 관심이 있다면, 새로운 CSS 확장 모듈(http://dev.w3.org/csswg/css-extensions/)을 살펴보기 바란다.

CSS calc

"정확하게 부모 엘리먼트 폭의 50%에서 10px을 뺀 크기"와 같은 식으로 레이아웃 하도록 코드를 작성해 본 적이 많은가? 이런 상황은 웹 페이지가 보여질 스크린 사이즈를 정확히 알 수 없는 반응형 웹 디자인에서 매우 유용하다. 이제 calc() 함수로 불리는 CSS 덕분에 이런 작업이 가능해졌다. CSS 예제는 다음과 같다.

```
.thing {
  width: calc(50% - 10px);
}
```

더하기나 빼기뿐만 아니라 나누기, 곱하기도 가능하기 때문에 예전에 자바스크립트 없이는 불가능했던 많은 문제를 해결할 수 있다.

브라우저에서의 지원도 상당히 좋아서 안드로이드 4.3과 그 이하 버전을 제외한 거의 모든 브라우저에서 잘 지원된다. 자세한 내용은 `http://www.w3.org/TR/css3-values/`에서 규격을 참조한다.

CSS 레벨 4 선택자

CSS 레벨 4 선택자에는 많은 새로운 선택자들이 지정되고 있다(가장 최신 버전은 2014년 12월 14일에 발행된 편집자 초안(`http://dev.w3.org/csswg/selectors-4/`)이다). 하지만 이 글을 쓴 시점에 이 규격이 구현된 브라우저는 없었다. 따라서 언제든 규격이 변경될 수 있기 때문에 여기서는 하나의 예만 살펴보겠다.

관계형 의사 클래스 선택자^{Relational Pseudo-class Selector}는 최신규격(`http://dev.w3.org/csswg/selectors-4/`)의 '논리 조합^{Logical Combinations}' 섹션에 기술되어 있다.

:has 의사 클래스

이 선택자는 다음과 같은 형식을 가진다.

```
a:has(figcaption) {
  padding: 1rem;
}
```

이 구문은 figcaption을 포함하는 a 태그의 모든 항목에 패딩을 추가한다. 부정 의사 클래스를 조합하여 반대로 선택할 수도 있다.

```
a:not(:has(figcaption)) {
  padding: 1rem;
}
```

이 구문은 a 태그가 figcaption 엘리먼트를 포함하지 않는 경우 패딩을 추가한다.

솔직히 말해서 규격 초안에 흥미를 끌만한 선택자가 많지는 않다. 하지만 브라우저에서 사용할 수 있게 될 때쯤에는 유용하게 쓰일지 누가 알겠는가?

반응형 뷰포트-퍼센트 길이(vmax, vmin, vh, vw)

주제를 바꿔보자. 지금까지 반응형 세계에서 항목을 어떻게 선택할 수 있는지 알아보았다. 하지만 크기는 어떻게 지정할 수 있을까? CSS 값 및 단위 모듈^{CSS Values and Units Module} 레벨 3(http://www.w3.org/TR/css3-values/)는 뷰포트 상대 단위로 설명하고 있다. 이것은 각 단위가 뷰포트의 퍼센트 길이로 되어있는 반응형 웹 디자인에 아주 적합하다.

- vw 단위 (뷰포트 폭)
- vh 단위 (뷰포트 높이)
- vmin 단위 (최소 뷰포트; vw과 vh 둘 중 작은 것)
- vmax (최대 뷰포트; vw과 vh 둘 중 큰 것)

브라우저에서의 지원도 나쁘지 않다(http://caniuse.com).

브라우저 높이 90%의 모달 윈도우가 필요한가? 다음과 같이 하면 된다.

```
.modal {
  height: 90vh;
}
```

> **TIPS**
>
> 뷰포트 상대 단위가 유용하지만, 일부 브라우저에서는 이상하게 구현되어 있는 경우도 있다. 예를 들어, iOS 8의 사파리에서는 볼 수 있는 스크린 영역을 변경해도(주소 바를 축소), 뷰포트 높이가 변경되지 않는다.

하지만 이 단위는 폰트와 함께 사용할 때 더 유용하게 쓰인다. 예를 들어, 뷰포트에 따라 크기가 확장되는 텍스트를 이제 아주 쉽게 만들 수 있다.

지금 당장 보여줄 수도 있지만, 별도의 폰트를 사용하여 윈도우나 맥, 리눅스 어디서든 동일하게 보이도록 해보자.

솔직히 이를 통해 CSS3로 웹 폰트를 사용하는 방법을 설명하려는 전략이 깔려있다.

웹 타이포그래피

오랫동안 웹 개발자들은 웹 안전 폰트를 선택하는 지루한 작업을 해왔다. 멋진 타이포그래피가 디자인에 필요할 경우에는 일반적으로 그래픽 요소로 대체하고, 뷰포트에서 실제 텍스트를 변경하기 위해 텍스트 들여쓰기 규칙을 사용했다.

웹 페이지에 환상적인 파이포그래피를 추가하는 몇 가지 다른 방법도 있다. sIFR (http://www.mikeindustries.com/blog/sifr/)이나 Cufon (http://cufon.shoqolate.com/generate/)은 텍스트 엘리먼트를 표시하는데 폰트 대신에 플래시나 자바스크립트를 사용한다. 그러나 반응형 디자인에서는 간결하고 중용적인 방법을 사용하고, 이미지나 불필요한 코드의 사용은 되도록 피하려고 한다. 다행히 CSS는 이를 지원할 수 있는 사용자정의 웹 타이포그래피 기능을 제공한다.

@font-face CSS 규칙

CSS의 @font-face 규칙은 CSS2부터 사용되어 왔다(그러나 CSS 2.1에서는 제외됐다). 심지어 인터넷 익스플로러 4에서도 일부 기능이 제공됐다. 그럼 CSS3에서 다시 @font-face 규칙을 이야기하는 이유는 무엇일까?

CSS3 폰트 모듈(http://www.w3.org/TR/css3-fonts)에 @font-face가 다시 도입되었다. 역사적으로 웹에서 폰트를 사용할 때 생길 수 있는 법적인 문제 때문에, 최근에서야 웹 타이포그래피를 위한 사실상의 솔루션으로 진지하게 고려되고 있다.

웹에서의 다른 자원들과 마찬가지로, 하나의 파일 포맷만 존재하지는 않는다. 이미지가 JPG나 PNG, GIF 및 기타 형식을 사용하는 것처럼 폰트에도 사용할 수 있는 포맷이 여러 개 있다. 인터넷 익스플로러에서는 임베디드 오픈타입^{Embedded OpenType}(.eot 확장자 사용)이 사용된다. 일반적으로는 트루타입^{TrueType}(.ttf 확장자)이 많이 쓰이며, SVG나 웹 오픈 폰트 포맷^{Web Open Font Format}(.woff / .woff2 확장자)도 사용된다.

지금은 브라우저에서의 다른 구현을 지원하기 위해 동일한 폰트의 여러 파일 버전을 제공해야 한다.

하지만 좋은 소식은 이제 모든 브라우저에 사용자정의 폰트를 쉽게 추가할 수 있다는 것이다. 방법을 알아보자!

@font-face로 웹 폰트 구현

CSS는 텍스트를 표시하는 데 사용할 수 있는 온라인 폰트를 참조하는 @font-face 규칙을 제공한다.

웹 폰트를 무료, 유료로 구할 수 있는 좋은 소스가 많이 있다. 구글도 @font-face 규칙에 사용할 수 있는 무료 웹 폰트(www.google.com/webfonts)를 제공하지만, 개인적으로는 폰트 스쿼럴(www.fontsquirrel.com)을 선호한다. 또한 타입킷(www.typekit.com)이나 폰트덱(www.fontdeck.com) 같은 훌륭한 유료 서비스도 있다.

연습을 위해 Roboto 폰트를 다운로드한다. 이 폰트는 나중에 안드로이드 단말에 사용되었기 때문에 안드로이드 단말을 가지고 있다면 익숙할 것이다. 그렇지 않다면 작은 화면에서 읽기 쉽게 디자인된 아름다운 폰트라는 사실만 알아두자. http://www.fontsquirrel.com/fonts/roboto에서 다운로드할 수 있다.

> **NOTE**
>
> 사용하는 특정 언어의 글꼴만 다운로드할 수 있다면 그렇게 하는 게 좋다. 사용하지 않는 언어의 폰트를 포함하지 않기 때문에 결과적으로 파일 크기가 훨씬 작아진다.

@font-face 키트를 다운로드 하면, ZIP 파일에 다양한 Roboto 폰트가 들어있는 폴더가 있다. 이 중 Roboto Regular 버전을 선택하면, 폴더 안에 다양한 파일 포맷(WOFF, TTF, EOT, SVG)과 함께 폰트 스택을 포함하는 stylesheet.css 파일이 들어있다. 예를 들어, Roboto Regular 폰트의 규칙은 다음과 같다.

```
@font-face {
  font-family: 'robotoregular';
  src: url('Roboto-Regular-webfont.eot');
  src: url('Roboto-Regular-webfont.eot?#iefix') format('embeddedopen
type'),
       url('Roboto-Regular-webfont.woff') format('woff'),
       url('Roboto-Regular-webfont.ttf') format('truetype'),
       url('Roboto-Regular-webfont.svg#robotoregular')
  format('svg');
  font-weight: normal;
  font-style: normal;
}
```

벤더 프리픽스가 동작하는 방식과 같이 브라우저는 속성 목록에서 스타일을 적용(적용 가능한 속성을 먼저 적용)하고 이해하지 못하는 것은 무시한다. 이런 방식으로 어떤 브라우저인지와 상관없이 사용 가능한 폰트를 지정할 수 있다.

코드를 복사하여 붙여넣기 할 때, 폰트가 저장되어 있는 경로에 주의해야 한다. 예를 들어, ZIP 파일에서 폰트를 복사해 css 폴더와 동일한 레벨로 fonts 폴더에 저장할 수 있다. 따라서 일반적으로 다음과 같이 이 폰트 목록 규칙을 메인 스타일 시트에 복사해 경로를 수정한다.

```
@font-face {
  font-family: 'robotoregular';
  src: url('../fonts/Roboto-Regular-webfont.eot');
  src: url('../fonts/Roboto-Regular-webfont.eot?#iefix')
format('embedded-opentype'),
       url('../fonts/Roboto-Regular-webfont.woff') format('woff'),
       url('../fonts/Roboto-Regular-webfont.ttf')
format('truetype'),
```

```
      url('../fonts/Roboto-Regular-webfont.svg#robotoregular')
format('svg');
  font-weight: normal;
  font-style: normal;
}
```

그런 다음 해당하는 스타일 규칙에 올바른 폰트와 필요한 경우 폰트 두께[Font-Weight]를 설정한다. example_05-10을 보면 example_05-09와 마크업이 동일하지만 단지 font-family만 디폴트로 선언한다.

```
body {
  font-family: robotoregular;
}
```

또한 웹 폰트는 여러 컴포넌트에서 동일한 폰트를 사용할 때 다른 컴포넌트의 파일에서 직접 크기를 입력할 수 있다. 예를 들어, 포토샵에서 폰트가 24px일 때 직접 그 값을 입력하거나 REM과 같은 좀 더 유연한 단위로 전환할 수 있다(루트 폰트 크기가 16px일 경우, 24 / 16 = 1.5rem이 된다).

하지만 앞에서 언급한 바와 같이 이제 뷰포트 상대 크기가 있다. 이것을 사용하여 텍스트의 크기를 뷰포트에 따라 상대적으로 조절할 수 있다.

```
body {
  font-family: robotoregular;
  font-size: 2.1vw;
}

@media (min-width: 45rem) {
  html,
  body {
    max-width: 50.75rem;
    font-size: 1.8vw;
```

```
    }
  }

@media (min-width: 55rem) {
  html,
  body {
    max-width: 78.75rem;
    font-size: 1.7vw;
  }
}
```

브라우저에서 예제를 열고 뷰포트 크기를 조절하면, 단지 몇 줄의 CSS 코드로 사용 가능한 공간에 따라 텍스트 크기가 조절된다. 훌륭하다.

사용자정의 @font-face 타이포그래피와 반응형 디자인

웹 타이포그래피에서 @font-face의 사용은 전반적으로 훌륭하다. 반응형 디자인에서 이 기법을 사용할 때 알아두어야 하는 유일한 주의사항은 폰트 파일의 크기다. 예를 들어, 디바이스에서 앞의 예제를 렌더링하는 데 Roboto Regular의 SVG 폰트 포맷이 필요하다면, Arial 같은 웹 안전 폰트를 사용하는 경우와 비교해 약 34KB가 더 필요하다. 예제에서는 영어 폰트만 사용해 크기를 줄였지만, 항상 사용 가능한 선택방법은 아니다. 따라서 최고의 사이트 성능을 원한다면, 반드시 사용자정의 폰트의 크기를 확인해야 한다.

새로운 CSS3의 색상 포맷과 알파 투명도

지금까지 CSS3가 제공하는 새로운 선택도구와 사용자정의 타이포그래피를 추가하는 방법을 살펴봤다. 이제는 CSS3가 지원하는 색상에 대해 알아보자.

첫째, CSS3는 색상 선언을 위해 RGB와 HSL 같은 새로운 방법을 제공한다. 또한 이 두 가지 방법에 알파 채널(각각 RGBA와 HSLA로 표기)을 사용할 수 있다.

RGB 색상

RGB(Red, Green, Blue)는 수십 년간 사용돼온 컬러 시스템이다. 색상의 적, 녹, 청 구성 요소에 각각 값을 정의하여 사용한다. 예를 들어, 적색은 CSS에서 16진수값 #fe0208로 정의되어 있다.

```
.redness {
  color: #fe0208;
}
```

TIPS

더 직관적으로 16진수 값을 이해하는 방법에 대한 좋은 글을 스매싱 매거진에서 읽어보길 권한다.
http://www.smashingmagazine.com/2012/10/04/the-code-side-of-color/

그러나 CSS3에서는 RGB값으로 동일하게 기술할 수 있다.

```
.redness {
  color: rgb(254, 2, 8);
}
```

대부분의 이미지 편집 프로그램은 색상 선택기에서 색상을 16진수와 RGB값 두 가지로 보여준다. 포토샵 색상 선택기는 각 채널의 색상을 R, G, B로 보여준다. 예를 들어, R값 은 254, G 값은 2, B 값은 8이다. 이 값은 CSS color 속성의 값으로 쉽게 대체할 수 있 다. CSS에서 색상 모드(예를 들어, RGB)를 정의한 후, 적녹청 색상을 쉼표로 구분해 괄 호 안에 기술한다(앞의 예제와 같이).

HSL 색상

RGB 외에 CSS3는 또한 HSL(Hue-색상, Saturation-채도, Lightness-밝기)로 색상을 선 언할 수 있다.

HSL 사용이 즐거운 이유는 주어진 값이 어떻게 표현될지 쉽게 이해할 수 있다는 점이다. 예를 들어, RGB 색상으로 값을 지정할 경우 RGB(255, 51, 204)가 어떤 색으로 표현될 지 바로 대답할 수 있겠는가? 그러나 HSL값으로 지정한 경우 HSL(315, 100%, 60%)값을 보고 잠시 생각해 보면, 마젠타와 빨간색의 사이 색상(실제로는 아름다운 분홍색)이라고 유추할 수 있다. 어떻게 이것이 가능할까? 아주 간단하다.

HSL은 360°의 원형 색상표로 구성되어 있다. 다음과 같다.

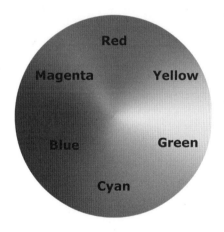

HSL에서 첫 번째 수치는 색상을 나타내며, 노란색 60°, 초록색 120°, 시안 180°, 파란색 240°, 마젠타 300°, 그리고 마지막으로 빨간색은 360°로 표시된다. 따라서 앞의 예에서 HSL의 색상 값이 315였으므로 쉽게 마젠타(300°)와 빨간색(360°) 사이의 색상임을 알 수 있다.

다음의 두 값은 퍼센트로 표시되는 채도와 밝기로, 단순히 색상을 토대로 변경할 뿐이다. 색상을 더 화려하고 강렬하게 나타내려면 두 번째 값을 높이면 된다. 마지막 값은 밝기를 조절하는 값으로 검은색(0%)과 하얀색(100%) 사이의 값을 지닌다.

따라서 HSL값으로 색상을 정의하면, 채도와 밝기 퍼센트의 변경만으로 변화를 줄 수 있다. 예를 들어, 예제에서 빨간색은 HSL값으로 다음과 같이 정의할 수 있다.

```
.redness {
  color: hsl(359, 99%, 50%);
}
```

색상을 조금 어둡게 만들고 싶다면 동일한 HSL값을 사용하고 단지 밝기(마지막 값)의 퍼센트만 변경하면 된다.

```
.darker-red {
  color: hsl(359, 99%, 40%);
}
```

결론적으로 HSL의 원형 색상표를 기억할 수 있다면, 색상 선택기를 사용하지 않고도 HSL 색상 값을 거의 정확하게 작성할 수 있고, 또한 이에 기반하여 여러 가지 변화를 줄 수 있다. 이 팁을 사무실의 루비^{Ruby}나 Node, .NET 동료 전문가들에게 알려주면 많은 찬사를 들을 수 있을 것이다.

알파 채널

아마도 지금쯤이면 수년 간 사용해온 신뢰할 수 있는 16진수 표기법 대신 왜 HSL이나 RGB 표기법을 사용해야 하는지 궁금할 것이다. HSL과 RGB가 16진수와 다른 점은 알파 투명도 채널을 사용할 수 있다는 점이다. 따라서 엘리먼트 아래에 있는 것을 투명하게 보여줄 수 있다.

HSLA 색상 선언은 표준 HSL 규칙의 구문과 유사하다. 그러나 HSL 대신, 0(완전 투명)에서 1(완전 불투명) 사이의 투명도를 추가해 HSLA값으로 선언한다. 예를 들면,

```
.redness-alpha {
  color: hsla(359, 99%, 50%, .5);
}
```

RGBA 구문 역시 HSLA와 동일하게 색상 값 뒤에 투명도 값을 추가해 표시한다.

```
.redness-alpha-rgba {
  color: rgba(255, 255, 255, 0.8);
}
```

TIPS

왜 CSS Opacity 속성을 사용하지 않는가?

CSS3는 Opacity 속성으로 엘리먼트 자체의 불투명도를 설정할 수 있다. 불투명도는 0에서 1까지의 값(예를 들어 불투명도 0.1은 10 퍼센트)으로 설정한다. 그러나 RGBA나 HSLA와 달리 엘리먼트에 적용된 불투명도는 전체 엘리먼트에 영향을 미친다. 반면 HSLA나 RGBA로 불투명도를 설정하면, 알파 레이어를 갖는 엘리먼트의 특정한 부분에만 불투명도를 적용할 수 있다. 예를 들어, 배경만 HSLA를 적용하여 투명하게 표시하고 텍스트는 단색으로 설정할 수 있다.

CSS 색상 모듈 레벨 4로 색상 조작

규격이 아직 초기 단계에 있지만 color() 함수를 사용하여 색상을 조작할 수 있는 날이 그리 멀지 않았다.

브라우저에서 잘 지원하기 전까지는 이런 작업은 CSS의 전처리기나 후처리기로 처리하는 것이 좋다(이 주제에 대한 책을 한 권 구입하기 바란다. 벤 프레인의 '디자이너를 위한 Sass와 Compass'를 권한다).

CSS 색상 모듈 레벨 4 규격의 진행사항은 http://dev.w3.org/csswg/css-color-4/에서 확인할 수 있다.

요약

5장에서는 CSS3의 새로운 선택자로 페이지에서 필요한 거의 대부분의 요소를 얼마나 쉽게 선택할 수 있는지 배웠다. 또한 콘텐츠를 작성할 때 반응형 열을 구성하고 스크롤 패널을 만드는 방법을 살펴보았고, 긴 URL 줄 바꿈 같은 일반적이고 성가신 문제를 해결하는 방법도 알았다. 이제 CSS3의 새로운 색상 모듈과 투명한 알파 레이어를 비롯해 RGB와 HSL 색상을 어떻게 적용하는지 이해하게 됐다.

또한 @font-face 규칙으로 디자인에 웹 타이포그래피를 추가해 마침내 '웹 안전' 폰트를 선택하기 위한 따분한 작업에서 해방될 수 있었다. 하지만 이러한 훌륭한 기능들은 CSS로 할 수 있는 일들의 극히 일부분에 불과하다. 이제 좀 더 나아가 텍스트 섀도, 박스 섀도, 그라디언트, 여러 배경 이미지 같은 CSS3의 새로운 기능으로 어떻게 하면 반응형 디자인을 빠르고 효과적이며 유지관리가 쉽게 만들 수 있는지 알아보자.

6장
CSS3의 멋진 기능

    CSS3를 사용하면 여러 상황에서 이미지를 사용하지 않아도 되기 때문에 반응형 디자인에서 아주 유용하다. CSS3를 사용하면 시간을 절약할 수 있고 코드를 유연하고 유지관리하기 쉽게 만들 수 있으며 결과적으로 최종 사용자에게 가벼운 페이지를 제공해 줄 수 있다. 이런 장점은 심지어 전형적인 고정폭 '데스크톱' 디자인에도 유용하다. 하지만 반응형 디자인의 경우, 다양한 뷰포트에서 다양한 미적 효과를 만들어 주기 때문에 더욱 중요하다.

    6장에서 다루는 내용은 다음과 같다.
- CSS3로 텍스트 섀도 만들기
- CSS3로 박스 섀도 만들기
- CSS3로 그라디언트 배경 만들기
- CSS3로 다중 배경 이미지 사용하기
- CSS3 배경 그라디언트로 패턴 만들기
- 미디어 쿼리로 고해상도 배경 이미지를 구현하는 방법
- CSS 필터 사용 방법(및 성능에 미치는 영향)

그럼 시작해 보자.

CSS3 텍스트 섀도

텍스트 섀도는 CSS3의 기능 중 가장 널리 구현된 기능 중 하나다. @fontface와 마찬가지로 이전부터 이미 사용되고 있었지만, CSS 2.1에서는 제외됐다. 다행스럽게도 이 기능은 CSS3에서 다시 지원되기 시작했다(인터넷 익스플로러 9 이후 버전을 포함한 모든 최신 브라우저에서 지원한다). 기본 구문은 다음과 같다.

```
.element {
  text-shadow: 1px 1px 1px #ccc;
}
```

약식으로 규칙을 작성할 때 값은 항상 오른쪽 아래 방향(또는 시계 방향)으로 적용된다는 점을 기억하자. 따라서 첫 번째 값은 섀도의 x축 오프셋을, 두 번째 값은 섀도의 y축 오프셋을, 세 번째 값은 블러^{Blur}(섀도가 적용되는 거리)를, 그리고 마지막 값은 색상을 나타낸다.

왼쪽 상단으로 섀도를 만들 때는 음수를 사용하면 된다. 예를 들면 다음과 같다.

```
.text {
  text-shadow: -4px -4px 0px #dad7d7;
}
```

색상 값을 반드시 16진수로 정의할 필요는 없으며 HSL(A)나 RGB(A)로도 쉽게 정의할 수 있다.

```
text-shadow: 4px 4px 0px hsla(140, 3%, 26%, 0.4);
```

그러나 이 경우 텍스트 새도 효과를 렌더링하려면 브라우저가 반드시 HSL/RGB 색상 모드를 지원해야 한다는 점에 유의한다.

또한 새도 값을 em이나 rem, ch 같은 유효한 CSS 길이 단위로 지정할 수 있다. 그러나 사실 개인적으로는 text-shadow 값에 em이나 rem 단위를 거의 사용하지 않는다. 새도 값은 보통 아주 작기 때문에, 1px이나 2px 정도의 값을 지정하면 일반적으로 모든 뷰포트에서 괜찮게 보인다.

미디어 쿼리 덕분에, 다른 뷰포트 크기에서 텍스트 새도를 제거하는 것도 아주 쉽다. 여기서 핵심은 none 값이다.

```
.text {
  text-shadow: .0625rem .0625rem 0 #bfbfbf;
}
@media (min-width: 30rem) {
  .text {
    text-shadow: none;
  }
}
```

TIPS

추가로 CSS에서 0.14s와 같이 0으로 시작하는 값은 앞에 0을 기록할 필요가 없다. .14s는 0.14s와 동일하다.

블러 값의 생략

text-shadow에 추가할 블러가 없을 때 선언에서 이를 생략해도 된다. 예를 들어, 다음 선언은 완벽하게 유효하다. 브라우저는 세 번째 값이 선언되지 않은 경우, 처음 두 값이 오프셋이라고 가정한다.

```
.text {
  text-shadow: -4px -4px #dad7d7;
}
```

다중 텍스트 섀도

2개 이상의 값을 쉼표로 분리해 기술하면, 다중 텍스트 섀도 효과를 줄 수 있다. 예를 들면 다음과 같다.

```
.multiple {
  text-shadow: 0px 1px #fff,4px 4px 0px #dad7d7;
}
```

또한 CSS는 가독성에 도움이 된다면 중간에 공백을 포함하는 것도 허용한다.

```
.text {
  font-size: calc(100vmax / 40); /* vh와 vw의 100%를 40으로 나눈 값 중 큰
값 */
  text-shadow:
  3px 3px #bbb, /* 오른쪽 하단 */
  -3px -3px #999; /* 왼쪽 상단 */
}
```

TIPS

text-shadow 속성에 대한 W3C 규격은 http://www.w3.org/TR/css3-text/에서 볼 수 있다.

박스 섀도

박스 섀도는 엘리먼트의 외부 또는 내부에 박스 모양의 섀도를 만들어 준다. 텍스트 섀도를 이해했다면 박스 섀도는 식은 죽 먹기다. 기본적으로 박스 섀도는 수평 오프셋, 수직 오프셋, 블러, 색상의 텍스트 섀도와 동일한 구문을 따른다.

네 개 값 중 꼭 필요한 값은 처음의 두 개다(나머지 두 개 값이 없으면, 섀도 색상은 색상 값으로 정의되고, 블러 값은 0이 사용된다).

```
.shadow {
  box-shadow: 0px 3px 5px #444;
}
```

디폴트 box-shadow는 섀도를 엘리먼트의 외부로 적용한다. 다른 옵션 키워드인 inset은 box-shadow를 엘리먼트의 내부에 적용되게 만들어 준다.

인셋 섀도

박스 섀도 속성으로 인셋 섀도^{inset shadow}를 만들 수도 있다. 값이 inset 키워드로 시작하는 것만 제외하고는 일반적인 박스 섀도와 구문은 동일하다.

```
.inset {
  box-shadow: inset 0 0 40px #000;
}
```

모든 것이 박스 섀도와 동일하지만, inset 선언이 브라우저에게 섀도 효과를 안쪽으로 적용하도록 지시한다. example_06-01에서 각각 타입의 예를 볼 수 있다.

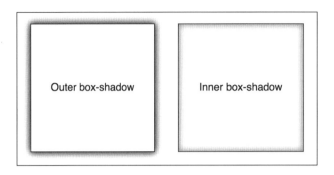

다중 섀도

　text-shadow와 마찬가지로 다중 box-shadow도 가능하다. box-shadow를 쉼표로 구분하고 목록에 나와 있는 대로 하단에서 상단으로 적용된다. 브라우저에서 표시될 때 규칙(코드)에서 가장 먼저 나오는 선언이 브라우저의 상단에 표시되는 것으로 순서를 생각하면 된다. text-shadow와 마찬가지로 공백을 사용하여 시각적으로 다른 box-shadow를 쌓을 수 있다.

```
box-shadow: inset 0 0 30px hsl(0, 0%, 0%),
            inset 0 0 70px hsla(0, 97%, 53%, 1);
```

TIPS

스택 쌓기, 다중 값 등은 버전 관리 시스템에서 사용할 수 있는 혜택 중 하나다. 'diff'로 파일의 두 가지 버전의 차이를 쉽게 알 수 있다. 선택자를 하나의 그룹으로 쌓는 주된 이유는 바로 이것 때문이다.

스프레드의 이해

　솔직히 말해서 한참 동안 box-shadow의 스프레드[spread] 값의 의미에 대해 이해하지 못했었다. '스프레드(확산)'라는 이름의 의미는 이해하는데 그다지 도움이 되지 않는다. 스프레드는 오프셋으로 생각하는 것이 좋다.

　example_06-02 예제의 왼쪽 박스를 보자. 표준 box-shadow가 적용된다. 오른쪽 박스에는 음수의 스프레드 값이 적용됐다. 네 번째 값으로 설정한다. 코드는 다음과 같다.

```
.no-spread {
  box-shadow: 0 10px 10px;
}

.spread {
  box-shadow: 0 10px 10px -10px;
}
```

각각의 결과는 다음과 같다(오른쪽이 엘리먼트에 스프레드 값이 적용된 박스다).

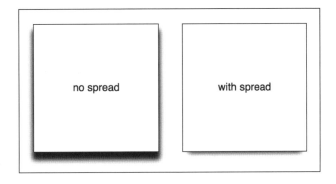

스프레드 값은 섀도를 지정된 값만큼 모든 방향으로 확장하거나 줄어들게 할 수 있다. 예제에서는 음수 값으로 섀도를 모든 방향에서 줄어들게 만들었다. 결과로 모든 방향의 블러 대신 (블러 값이 음의 스프레드 값으로 인해 줄어들어) 하단의 섀도만 볼 수 있다.

> **NOTE**
>
> box-shadow 속성에 대한 W3C 규격은 http://www.w3.org/TR/css3-background/에서 볼 수 있다.

배경 그라디언트

CSS3를 사용하지 않을 경우, 배경 그라디언트를 적용하려면 이미지 파일의 조각으로 수평이나 수직으로 타일을 만들어야 했다. 그래픽 리소스를 사용해야 하므로 경제적인 트레이드오프를 감안해야 했다. 한 두 픽셀 폭의 이미지는 대역폭에 크게 문제되지는 않으며

한 사이트 내에서 여러 요소에 반복적으로 사용 가능하다.

하지만 그라디언트를 수정하려면 다시 그래픽 편집기를 거쳐 수정해야 한다. 또한 가끔 콘텐츠가 제한된 크기를 넘는 경우 그라디언트 배경을 벗어날 수 있다. 이 문제는 반응형 디자인과 결합할 경우, 다른 뷰포트 크기에서 페이지의 섹션이 증가할 때 매우 중요한 문제다.

CSS3 `background-image` 그라디언트를 사용하면 훨씬 더 유연하게 이 문제를 해결할 수 있다. CSS 이미지 값 및 대체 콘텐츠 모듈 레벨 3[CSS Image Values and Replaced Content Module Level 3] 규격의 일부인 CSS3 `background-image` 그라디언트로 선형[Linear] 및 원형[Radial] 배경 그라디언트를 만들 수 있다.

선형 그라디언트 구문

가장 간단한 형태의 `linear-gradient` 구문은 다음과 같다.

```css
.linear-gradient {
  background: linear-gradient(red, blue);
}
```

이 구문은 빨간색으로 시작(그라디언트는 디폴트로 상단에서 시작한다)하여 파란색으로 끝나는 선형 그라디언트를 만든다.

그라디언트 방향 지정

그라이언트의 방향을 지정하는 몇 가지 방법이 있다. 그라디언트는 항상 보내는 반대 방향에서 시작한다. 하지만 방향이 설정되어 있지 않은 경우에는 그라디언트는 상단에서 하단으로 기본 방향이 설정된다.

```
.linear-gradient {
  background: linear-gradient(to top right, red, blue);
}
```

예들 들면, 이 경우에 그라디언트는 오른쪽 상단으로 향한다. 왼쪽 하단에서 빨간색으로 시작해 오른쪽 상단에서 파란색으로 그라디언트가 끝난다.

좀 더 수학적인 사고를 가지고 있다면, 그라디언트를 다음과 같이 작성할 수 있다고 생각할 수 있다.

```
.linear-gradient {
  background: linear-gradient(45deg, red, blue);
}
```

하지만 직사각형 박스에서 '오른쪽 상단'으로 향한(항상 그라디언트가 적용되는 엘리먼트의 오른쪽 상단) 그라디언트가 45deg(시작 점에서 항상 45도)와 약간 다른 위치에서 끝난다는 사실을 명심해야 한다.

박스 안에서 보이기 전부터 그라디언트를 시작할 수도 있다.

```
.linear-gradient {
  background: linear-gradient(red -50%, blue);
}
```

예를 들어, 이것은 그라디언트가 박스 안에서 보이기 전부터 시작된 것처럼 렌더링한다. 마지막 예제에서는 색상이 시작하는 곳과 끝나는 곳을 정의하는데 '컬러 스톱Color Stop'을 사용했다. 이에 대해 자세히 살펴보자.

컬러 스톱

아마 배경 그라디언트에서 컬러 스톱이 가장 유용할 것 같다. 컬러 스톱으로 그라디언트의 특정 지점의 색상을 설정할 수 있다. 컬러 스톱으로 필요한 만큼 복잡한 그라디언트를 설정할 수 있다. 다음 예제를 살펴보자.

```
.linear-gradient {
  margin: 1rem;
  width: 400px;
  height: 200px;
  background: linear-gradient(#f90 0, #f90 2%, #555 2%, #eee 50%, #555
98%, #f90 98%, #f90 100%);
}
```

linear-gradient가 렌더링된 결과는 다음과 같다.

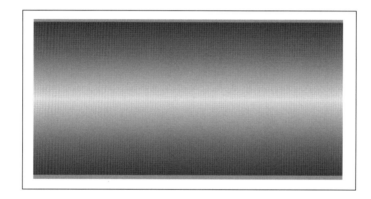

예제(example_06-03)에서 방향이 지정되지 않았기 때문에 디폴트인 상단에서 하단 방향이 적용된다.

그라디언트에서 컬러 스톱은 쉼표로 구분되며 첫 번째 색상과, 중지점으로 정의한다. 일반적으로 하나의 구문에서 여러 단위를 혼합하지 않도록 권장되지만, 불가능하지는 않다. 컬러 스톱은 필요한 만큼 여러 번 작성할 수 있으며, 색상은 키워드 및 16진수, RGBA, HSLA 값으로 작성할 수 있다.

지난 몇 년 동안 브라우저 벤더마다 다른 배경 그라디언트 구문을 사용해 왔기 때문에 수작업으로 폴백을 작성하기 어렵고, 따라서 오토프리픽스 같은 도구를 사용하는 것이 좋다. W3C 표준 구문으로 작성하면 도구가 자동으로 이전 버전의 구문을 작성해 준다.

선형 배경 그라디언트에 대한 W3C 규격은 http://www.w3.org/TR/css3-images/에서 볼 수 있다.

구형 브라우저를 위한 폴백 추가

배경 그라디언트를 지원하지 않는 구형 브라우저에 대한 폴백으로 단색 배경을 먼저 정의한다. 이 방법으로 그라디언트를 이해하지 못하는 구형 브라우저에서도 최소한 단색 배경을 렌더링 할 수 있다. 예제는 다음과 같다.

```
.thing {
  background: red;
  background: linear-gradient(45deg, red, blue);
}
```

원형 배경 그라디언트

CSS로 원형 그라디언트도 간단하게 만들 수 있다. 그라디언트 효과가 중앙점에서 시작해 타원형 또는 원형으로 부드럽게 퍼져나간다.

원형 배경 그라디언트의 구문은 다음과 같다(example_06-04에서 예제를 테스트해 볼 수 있다).

```
.radial-gradient {
  margin: 1rem;
  width: 400px;
  height: 200px;
```

```
    background: radial-gradient(12rem circle at bottom, yellow,
orange, red);
}
```

원형 그라디언트 구문 분석

속성을 지정(background:)한 후 radial-gradient 구문을 시작한다. 먼저 첫 번째 쉼표 앞에 그라디언트의 모양과 위치를 정의한다. 앞의 예제에서는 12rem 크기의 원형을 정의했지만 다른 예제도 생각해보자.

- 5em은 원을 5em의 크기로 정의한다. 크기만 지정하고 'circle' 부분은 생략할 수 있다.
- circle은 컨테이너의 전체 크기로 원을 그린다(생략하면 원형 그라디언트의 크기로 디폴트 값인 'farthest corner'가 적용된다–키워드에 대해서는 뒤에서 자세히 알아본다).
- 40px 30px은 폭 40px, 높이 30px 크기로 원형 그라디언트를 만든다.
- ellipse는 엘리먼트 내에 딱 맞는 타원형으로 그라디언트를 렌더링한다.

크기와 모양을 정의한 후 다음으로 위치를 정의한다. 디폴트 위치는 중앙이지만 어떻게 정의할 수 있는지 살펴보자.

- **at top right**는 원형 그라이언트를 오른쪽 상단에서 시작한다.
- **at right 100px top 20px**은 오른쪽 끝에서 100px, 상단 끝에서 20px에서 그라디언트를 시작한다.
- **at center left**는 엘리먼트의 왼쪽 중앙에서 시작한다.

linear-gradient와 동일하게 크기와 모양, 위치를 쉼표로 정의하고 마지막으로 컬러 스톱을 정의한다.

구문을 간단하게 설명하면, 첫 번째 쉼표 전에 크기와 모양, 위치를 정의하고 쉼표 다음에 필요한 만큼 컬러 스톱을 추가한다(각 컬러 스톱은 쉼표로 구분).

반응형 크기를 위한 편리한 키워드

반응형 작업을 위해 고정된 픽셀 크기보다 비례형 그라디언트 크기를 사용하는 것이 유리하다. 이 방식을 사용하면 엘리먼트의 크기가 바뀌어도 그라디언트를 적용할 수 있다. 그라디언트에서 사용할 수 있는 편리한 크기 키워드가 있다. 다음 예제와 같이 크기 값 대신 이 키워드를 사용할 수 있다.

```
background: radial-gradient(closest-side circle at center, #333,
blue);
```

키워드의 목록은 다음과 같다.

- closest-side : 중심으로부터 가장 가까운 측면에 맞도록 그라디언트를 형성(원형일 경우), 또는 중심으로부터 가장 가까운 수평, 수직 측면 모두에 맞도록 그라디언트를 형성(타원형일 경우)
- closest-corner : 중심으로부터 가장 가까운 모서리에 맞도록 그라디언트를 형성
- farthest-side : closest-side와 반대로, 중심으로부터 가장 먼 측면에 맞도록 그라디언트를 확장(타원형일 경우 수평, 수직 측면 모두)
- farthest-corner : 중심으로부터 가장 먼 모서리에 맞도록 그라디언트를 확장
- cover : farthest-corner와 동일
- contain : closest-side와 동일

원형 배경 그라디언트에 대한 W3C 규격은 http://www.w3.org/TR/css3-images/에서 볼 수 있다.

그라디언트 반복

CSS3는 배경 그라디언트를 반복하는 기능도 제공한다. 다음 예를 살펴보자.

```
.repeating-radial-gradient {
  background: repeating-radial-gradient(black 0px, orange 5px, red
10px);
}
```

결과는 다음과 같다(어지러움을 유발할 수 있으니 너무 오래 쳐다보지 않길 바란다).

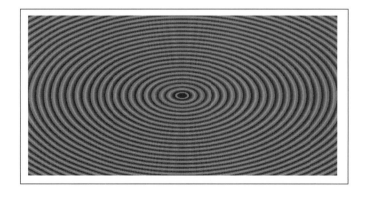

먼저, linear-gradient나 radial-gradient 앞에 'repeating'이라는 접두사를 붙인다. 이후의 구문은 일반적인 그라디언트의 사용법과 같다. 예제에서는 검은색과 오렌지색, 빨간색 사이의 거리에 픽셀 값(각각 0px과 5px, 10px)을 사용했지만, 비율 값을 사용해도 된다. 최상의 결과를 얻기 위해서는 그라디언트 내에서 동일한 측정 단위(픽셀이나 비율)를 사용하는 것이 좋다.

NOTE

그라디언트 반복에 대한 W3C 규격은 http://www.w3.org/TR/css3-images/에서 볼 수 있다.

배경 그라디언트를 사용하는 방법이 하나 더 있다. 다음 섹션에서 알아보자.

배경 그라디언트 패턴

선형 그라디언트를 디자인에 자주 사용해오면서도 정작 원형 그라디언트나 그라디언트 반복의 실제적인 사용 예를 찾진 못했다. 그러나 몇몇 영리한 사람들은 이 배경 기술을 활용해 배경 그라디언트 패턴을 만들어냈다. CSS 고수인 레아 베로이Lea Verou가 모아놓은 CSS3 배경 패턴 콜렉션(http://lea.verou.me/css3patterns/)에서 예제를 살펴보자.

```css
.carbon-fibre {
  margin: 1rem;
  width: 400px;
  height: 200px;
  background:
  radial-gradient(black 15%, transparent 16%) 0 0,
  radial-gradient(black 15%, transparent 16%) 8px 8px,
  radial-gradient(rgba(255,255,255,.1) 15%, transparent 20%) 0 1px,
  radial-gradient(rgba(255,255,255,.1) 15%, transparent 20%) 8px 9px;
  background-color:#282828;
  background-size:16px 16px;
}
```

브라우저에서 나타나는 carbon-fibre 배경 효과는 다음과 같다.

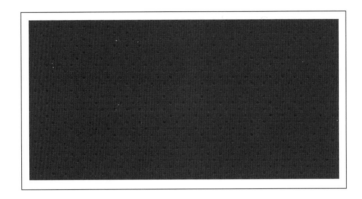

어떤가? 단지 몇 줄의 CSS3 코드만으로 편집이 용이하고 확장이 가능한 반응형 배경 패턴을 만들 수 있게 되었다.

미디어 쿼리 덕분에 상이한 반응형 시나리오에 다른 선언을 사용할 수 있다. 예를 들어, 작은 뷰포트에서는 그라디언트 패턴이 잘 어울리지만 큰 뷰포트에서는 단색 배경을 사용하는 것이 좋을 수도 있다.

```css
@media (min-width: 45rem) {
  .carbon-fibre {
    background: #333;
  }
}
```

이 예제는 example_06-05에서 볼 수 있다.

다중 배경 이미지

조금 구식 방식이긴 하지만, 페이지의 상단과 하단에 각기 다른 배경 이미지로 웹 페이지를 작성하는 것은 일반적인 디자인 요구 사항 중 하나다. 또는 한 페이지 내에서 콘텐츠 섹션의 상단과 하단에 각기 다른 이미지를 사용해야 할 경우도 있다. 비교적 간단하게 보이는 이 요구사항은 CSS로 쉽게 해결할 수 있을 것으로 보인다. 그러나 CSS2.1로 이런 효과를 달성하기 위해서는 추가적인 마크업이 필요했다(상단 배경 이미지를 위한 엘리먼트 하나와 하단 배경 이미지를 위한 엘리먼트 하나).

CSS3에서는 엘리먼트에 필요한 만큼 배경 이미지를 추가할 수 있다.

구문은 다음과 같다.

```
.bg {
  background:
        url('../img/1.png'),
        url('../img/2.png'),
        url('../img/3.png');
}
```

다중 섀도를 쌓는 것과 마찬가지로, 목록의 첫 번째 이미지가 브라우저의 가장 상단에 표시된다. 또한 다음과 같이 원한다면 동일한 선언에 배경 색상도 추가할 수 있다.

```
.bg {
  background:
    url('../img/1.png'),
    url('../img/2.png'),
    url('../img/3.png') left bottom, black;
}
```

마지막에 지정된 색상이, 위에 나열된 모든 이미지에 적용된다.

다중 배경 이미지 규칙을 이해하지 못하는 브라우저(인터넷 익스플로러 8 이하 버전)는 규칙을 모두 무시하기 때문에, 구형 브라우저를 위해 CSS3의 다중 배경 이미지 규칙을 선언하기 전에 '일반적인' 배경 속성을 선언하는 것이 좋다.

투명한 PNG 파일을 다중 배경 이미지에 사용하는 경우, 부분적으로 투명한 이미지가 겹쳐서 표시될 것이다. 그러나 배경 이미지가 다른 이미지 위에 겹쳐 표시될 필요는 없으며 또한 크기가 같을 필요도 없다.

배경 크기

이미지마다 각기 다른 크기를 설정하기 위해 `background-size` 속성을 사용한다. 여러 개의 이미지가 사용됐을 때 구문은 다음과 같다.

```
.bg {
  background-size: 100% 50%, 300px 400px, auto;
}
```

각 이미지의 크기(너비, 높이 순)를 선언하고, 쉼표로 구분해 순서대로 나열한다. 위의 예제와 같이 각 이미지의 크기는 백분율이나 픽셀 값을 사용할 수 있으며, 다음 값을 함께 사용할 수 있다.

- `auto` : 엘리먼트의 원래 크기로 설정한다.
- `cover` : 이미지의 가로 세로 비율을 유지하면서 이미지를 확대하여 엘리먼트의 전체 영역을 채운다.
- `contain` : 이미지의 가로 세로 비율을 유지하면서 엘리먼트의 가장 긴 폭에 맞게 이미지를 확대한다.

배경 위치

각기 다른 크기의 배경 이미지가 있다면, 이미지의 위치를 다르게 지정할 필요가 있다. 다행히 background-position 속성으로 쉽게 할 수 있다.

앞 장에서 살펴본 반응형 단위를 배경 이미지 기능과 함께 사용해 보자.

하나의 엘리먼트와 세 개의 배경 이미지로 구성된 간단한 장면을 하나 만들어 보자. 배경 이미지는 각기 다른 크기와 다른 위치를 가진다.

```
.bg-multi {
  height: 100vh;
  width: 100vw;
  background:
    url('rosetta.png'),
    url('moon.png'),
    url('stars.jpg');
  background-size: 75vmax, 50vw, cover;
  background-position: top 50px right 80px, 40px 40px, top center;
  background-repeat: no-repeat;
}
```

브라우저에서 보면 다음과 같다.

가장 아래 배경에 별 이미지가 있고, 달이 그 위에, 그리고 마지막으로 로제타 위성의 이미지가 가장 위에 위치한다. 이 예제는 example_06-06에서 확인할 수 있다. 브라우저 창의 크기를 조절해도, 반응형 길이 단위(vmax와 vh, vw) 덕분에 비율이 잘 유지된다.

NOTE

background-position이 선언되지 않은 경우, 디폴트 위치로 좌측 상단이 적용된다.

배경 속성을 약식으로 사용하기

여러 배경 속성을 함께 결합해 약식으로 사용하는 방법도 있다. 이에 대한 W3C 규격은 http://www.w3.org/TR/css3-background/에서 볼 수 있다. 그러나 경험상 이런 방법은 엉뚱한 결과를 불러일으킬 가능성이 크다. 따라서 먼저 정식으로 선언한 후, 그 다음에 다중 이미지를 선언하고 크기, 위치를 차례로 선언하는 방법을 권장한다.

NOTE

다중 배경 엘리먼트에 대한 W3C 문서는 http://www.w3.org/TR/css3-background/에서 볼 수 있다.

고해상도 배경 이미지

미디어 쿼리 덕분에 다른 뷰포트 크기뿐만 아니라 다른 뷰포트 해상도에 따라 각기 다른 배경 이미지를 로드할 수 있게 되었다. 예를 들어, 일반적인 해상도와 고해상도 스크린을 위한 배경 이미지를 지정하는 공식적인 방법이 있다. 이 예제는 example_06-07에서 볼 수 있다.

```
.bg {
  background-image: url('bg.jpg');
}
@media (min-resolution: 1.5dppx) {
  .bg {
    background-image: url('bg@1_5x.jpg');
  }
}
```

미디어 쿼리는 너비, 높이와 같은 다른 기능 테스트와 동일하게 작성된다. 이 예제에서 최소 해상도 1.5dppx(Device Pixels Per CSS Pixel; CSS 픽셀 당 디바이스 픽셀)에서 bg@1_5x.jpg를 사용하도록 정의하였다. 원한다면 dpi(Dots Per Inch; 인치 당 도트 수)나 dpcm(Dots Per Centimeter; 센치미터 당 도트 수)를 사용할 수도 있다. dppx가 아직 잘 지원되지는 않지만 사용하기 가장 쉬운 단위임에는 틀림없다. 2dppx는 표준 해상도의 두 배고, 3dppx는 세 배가 된다. 이를 dpi로 생각하려면 매우 까다롭다. '표준' 해상도가 96dpi일 때, 두 배의 해상도는 192dpi가 된다.

'dppx' 단위가 아직 잘 지원되지 않기 때문에(사용 전 http://caniuse.com/에서 지원하는 브라우저를 확인한다) 모든 브라우저에서 부드럽게 동작하게 하려면 미디어 쿼리 해상도의 몇 가지 버전을 작성하거나 오토프리픽서 같은 프리픽싱 도구를 사용하는 것이 좋다.

CSS 필터

box-shadow에는 심각한 문제가 있다. 이름이 의미하듯이 적용할 수 있는 엘리먼트는 사각형 CSS 박스 형태로 한정된다. 다음 그림은 CSS로 만든 삼각형 형태에 박스 섀도가 적용된 모습(example_06-08에서 코드를 볼 수 있다)을 보여준다.

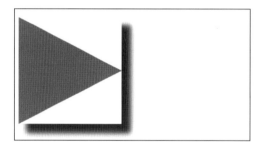

분명 기대했던 결과가 아니다. 다행히 필터 효과 모듈 레벨 1(http://www.w3.org/TR/filter-effects/)의 CSS 필터 덕분에 이 문제를 해결할 수 있다. box-shadow만큼 잘 지원되지는 않지만, 점진적 향상 접근방법에서 아주 잘 동작한다. 브라우저가 필터를 이해하지 못하는 경우 이를 무시하고, 지원하는 브라우저에서는 환상적인 효과로 렌더링 된다.

동일한 엘리먼트에 box-shadow 대신 CSS drop-shadow 필터가 적용된 결과는 다음과 같다.

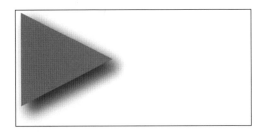

CSS 필터의 형식은 다음과 같다.

```
.filter-drop-shadow {
  filter: drop-shadow(8px 8px 6px #333);
}
```

`filter` 속성 다음에 사용하고자 하는 필터를 지정한다. 예제의 경우, `drop-shadow`를 사용했다. 그리고 필터의 인수를 전달한다. `drop-shadow`는 `box-shadow`와 유사한 구문을 따른다. 따라서 x와 y 오프셋, 블러(옵션), 스프레드(옵션), 그리고 마지막으로 색상(일관성을 위해 색상의 지정을 추천하지만 이것 역시 옵션이다)이 온다.

> **TIPS**
> CSS 필터는 실제로는 잘 지원되고 있는 SVG 필터에 기반하고 있다. SVG 필터에 대해서는 7장에서 살펴본다.

사용 가능한 CSS 필터

몇 가지 필터를 선택할 수 있다. 각각에 대해 알아보자. 필터의 이미지가 포함되어 있지만 흑백 이미지이기 때문에 책을 읽는 독자들이 그 차이를 알아차리기 쉽지 않을 것이다. 그렇다면 브라우저에서 example_06-08 예제를 열어 확인해라. 적절한 값을 지정하여 각각의 필터를 설명한다. 상상할 수 있듯이 값이 커지면 필터도 더 많이 적용된다. 관련된 코드를 먼저 설명한 후 이미지를 보여준다.

- `filter: url ('./img/filters.svg#filterRed')` : SVG 필터를 사용하여 지정한다.
- `filter: blur(3px)` : 하나의 길이 값(퍼센트가 아닌)을 사용한다.

- `filter: brightness(2)` : 0에서 1까지, 또는 0%에서 100%까지의 값을 사용한다. 0/0%는 검은색이고 1/100%는 '정상'이다. 이 이상으로 지정하면 엘리먼트를 더 밝게 한다.

- `filter: contrast(2)` : 0에서 1까지, 또는 0%에서 100%까지의 값을 사용한다. 0/0%는 검은색이고 1/100%는 '정상'이고 이 이상으로 지정하면 콘트라스트를 올린다.

- `filter: drop-shadow(4px 4px 6px #333)` : drop-shadow에 대해서는 앞에서 자세히 알아보았다.
- `filter: grayscale(.8)` : 0에서 1까지의 값을 사용하거나, 0%에서 100%까지의 값을 사용하여 엘리먼트에 적용하는 그레이스케일의 양을 설정한다. 0은 그레이스케일이 적용되지 않으며 1은 완전한 그레이스케일이 된다.

- filter: hue-rotate(25deg) : 0°~360° 사이의 값을 사용하여 원형 색상표
  의 색상을 조정한다.

- filter: invert(75%) : 0에서 1까지, 또는 0%에서 100%까지의 값을 사용하여
  엘리먼트의 색을 반전시킬 양을 정의한다.

- `filter: opacity(50%)` : 0에서 1까지, 또는 0%에서 100%까지의 값을 사용하여 엘리먼트의 불투명도를 변경한다. 이미 익숙한 opacity 속성과 유사하다. 하지만 필터는 서로 결합될 수 있기 때문에 다른 필터와 결합하여 불투명도를 변경할 수 있다.

- `filter: saturate(15%)` : 0에서 1까지, 또는 0%에서 100%까지의 값을 사용하여 이미지의 채도를 낮추고, 1/100% 이상이 되면 채도를 증가시킨다.

- `filter: sepia(.75)` : 0에서 1까지, 또는 0%에서 100%까지의 값을 사용하여 엘리먼트를 세피아 색으로 나타낸다. 0/0%는 세피아를 적용하지 않으며 값이 높을수록 세피아가 더 많이 적용된다.

CSS 필터 결합

단순히 스페이스로 구분하여 필터를 쉽게 결합할 수 있다. 예를 들어, 다음은 opacity 와 blur, sepia 필터를 한 번에 적용하는 방법을 보여준다.

```
.MultipleFilters {
  filter: opacity(10%) blur(2px) sepia(35%);
}
```

> **NOTE**
> hue-rotate를 제외하고는 필터에 음수 값을 사용할 수 없다.

CSS 필터는 꽤 강력한 효과를 제공해준다. CSS 필터는 또한 엘리먼트를 트랜지션하거나 트랜스폼 하는 상황에서도 효과적이다. 이 방법에 대해서는 8장에서 알아본다.

하지만 이 새로운 도구에 환호하기 전에 성능문제에 대해 진지하게 생각해 볼 필요가 있다.

CSS 성능에 대한 고찰

CSS 성능에 대해 논할 때 다음 문구를 기억해 주기 바란다.

"아키텍쳐는 영역 밖에 있고, 성능은 영역 안에 있다."
-벤 프레인

내가 만든 짧은 문구를 설명해 보겠다.

내가 아는 한 CSS 선택자(영역 밖)가 빠른지 느린지를 걱정하는 것은 무의미하다. 이에 대한 증명을 http://benfrain.com/css-performance-revisited-selectors-bloat-expensive-styles/에 정리해 놓았으니 관심 있는 사람은 읽어보기 바란다.

하지만 진짜로 브라우저를 멈추게(느리게 동작하게) 만드는 것은, CSS 입장에서 보면 '비싼' 속성(영역 안에 해당) 때문이다. 스타일에서 '비싼'이라는 용어를 쓸 때는 브라우저에 많은 오버헤드를 발생시키는 것을 의미한다.

브라우저가 추가 작업을 하게 만드는 것이 무엇인지 상식적으로 유추해 볼 수 있다.

스크린에 그리기 위해 무언가 계산이 필요한 것이다. 예를 들어 일반 단색 배경의 div와 둥근 모서리와 drop-shadow의 다중 그라이언트로 만들어진 배경 위에 반투명 이미지를 비교해 보자. 후자가 훨씬 비용이 많이 든다. 브라우저는 더 많은 계산 작업이 필요하고 따라서 많은 오버헤드가 발생한다.

따라서 필터 같은 효과를 적용할 때는 신중해야 한다. 그리고 가능하면 지원하고자 하는 가장 낮은 성능의 디바이스에서 페이지를 렌더링하는 속도에 문제가 없는지 테스트해야 하다. 적어도 크롬에서 '연속 페이지 다시 그리기' 같은 성능 도구를 활성화하고 문제를 일으킬 것으로 예상되는 효과를 확인해 보아야 한다. 이 도구는 어떤 효과를 적용할 지 결정하는데 도움이 되는 데이터(현재 뷰포트에서 페이지를 렌더링하는 데 걸리는 시간을 밀리초 단위로 제공)를 제공해 줄 것이다. 더 낮은 숫자는 페이지가 더 빠르게 수행되는 것을 의미한다(브라우저/플랫폼 별로 차이가 크기 때문에 가능하면 실제 디바이스에서 테스트하는 것이 좋다).

이 주제에 대한 다음 글(https://developers.google.com/web/fundamentals/performance/rendering/)도 읽어 보면 많은 도움이 될 것이다.

CSS 마스크와 클리핑에 대한 고찰

가까운 미래에, CSS 마스킹 모듈 레벨 1에서 CSS 마스크와 클리핑을 제공하게 될 것으로 보인다. 이 기능은 이미지를 특정 모양이나 임의의 경로(SVG나 다각형의 점으로 지정)로 클리핑할 수 있게 해준다. 아쉽게도 규격이 CR 단계임에도 불구하고 이 글을 쓴 시점에 브라우저의 구현에 버그가 많이 있다. 하지만 상황은 계속 변화하고 있기 때문에 이 글을 읽을 때쯤이면 구현이 안정화됐을 가능성도 있다. CSS 마스킹 모듈 레벨 1 규격은 http://www.w3.org/TR/css-masking/에서 볼 수 있다.

이와 관련한 크리스 코이어[Chris Coyier]의 멋진 설명(http://css-tricks.com/clipping-masking-css)도 읽어볼 만하다.

마지막으로 아래 포스트에서 사라 슈에이단[Sara Soueidan]의 개요와 설명(http://alistapart.com/article/css-shapes-101)도 확인해 보기 바란다.

요약

6장에서는 반응형 웹 디자인에서 사용할 수 있는 유용한 CSS 기능을 살펴보았다. CSS3의 배경 그라디언트는 이미지 파일 없이 순수하게 코드만으로 멋진 배경 효과를 제공해준다. 심지어 그라디언트로 배경 패턴도 만들 수 있다. 또한 텍스트 섀도로 간단하게 텍스트를 꾸미고 박스 섀도로 엘리먼트의 내부와 외부에 그림자를 추가하는 방법도 배웠다. 그리고 CSS 필터도 살펴보았다. CSS 만으로도 인상적인 시각적 효과를 만들 수 있으며 이들을 결합하면 좀 더 다양한 결과를 얻을 수 있다.

7장에서는 시각을 돌려 SVG를 만들고 사용하는 방법에 대해 알아본다. 매우 성숙한 기술이지만, 반응형이나 고성능의 웹 사이트에만 사용되는 것이 현재의 상황이다.

7장

독립적인 해상도 SVG의 사용

7장은 SVG[Scalable Vector Graphics]에 할애한다. SVG는 모든 스크린 해상도에서 선명하고 미래 지향적인 그래픽을 제공해주는 반응형 웹 디자인에 있어 중요한 기술이다.

웹에서 사용하는 JPEG나 GIF, PNG 같은 포맷의 이미지는 시각적 데이터가 픽셀로 저장된다. 정해진 폭과 높이로 그래픽을 이런 포맷으로 저장하고 이미지를 원본 크기의 두 배 이상으로 확대하면 한계가 쉽게 드러난다.

다음 그림은 브라우저에서 확대한 PNG 이미지를 보여준다.

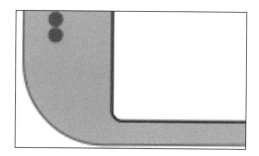

이미지의 픽셀이 보이는가? 다음은 동일한 이미지를 벡터 이미지, 즉 SVG 포맷으로 저장하고 동일하게 확대한 그림이다.

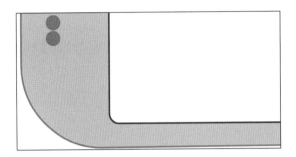

명백한 차이가 보인다.

아주 작은 그래픽을 제외하고는 가능한 한 JPEG나 GIF, PNG보다 SVG를 사용하면 비트맵 이미지에 비해 훨씬 작은 파일 크기로 해상도에 독립적인 그래픽을 만들 수 있다.

7장에서 SVG의 여러 면을 다루겠지만, 주로 SVG의 개요와 함께 워크 플로우에 어떻게 통합할 수 있는지에 초점을 맞춘다.

7장에서 다루는 내용은 다음과 같다.

- SVG의 간단한 역사와 SVG 파일의 분석
- 인기 있는 이미지 편집 패키지 및 서비스로 SVG 만들기
- img와 object 태그로 페이지에 SVG를 삽입
- SVG를 배경 이미지로 삽입
- HTML에 SVG를 직접(인라인) 삽입
- SVG 심볼의 재사용
- 외부 SVG 심볼 참조
- 각 삽입 방법 별 가능한 기능의 차이
- SMIL로 SVG 애니메이션 하기
- 외부 스타일 시트로 SVG를 스타일링
- 내부 스타일로 SVG를 스타일링

- CSS로 SVG를 수정하고 애니메이션 하기
- 미디어 쿼리와 SVG
- SVG 최적화
- SVG로 CSS 필터 정의
- 자바스크립트와 자바스크립트 라이브러리로 SVG를 조작하기
- 구현 팁
- 추가 자원

SVG는 광범위한 주제다. 이 장의 어떤 부분이 자신의 목적에 가장 부합하는 지는 SVG로 무엇을 하려는 지에 달려있다. 이 장을 통해 목적지에 이르는 지름길을 얻을 수 있기를 바란다.

단순히 정적인 그래픽 자원을 보다 선명하고 작은 파일 크기의 SVG로 교체하길 원한다면, '배경 이미지로 SVG를 삽입'과 'img 태그 사용' 섹션을 확인한다.

SVG 그래픽을 만드는 애플리케이션과 서비스에 관심이 있다면, '인기 있는 이미지 편집 패키지 및 서비스로 SVG 만들기' 섹션으로 건너뛴다.

SVG를 완벽히 이해하고 SVG를 애니메이션 시키거나 조작하고 싶다면, 꽤 긴 여정이될 테니 마음을 편안히 하고 좋아하는 음료도 미리 준비해 두기 바란다.

SVG를 이해하기 위해 2001년 과거로 여행을 떠나보자.

SVG의 간단한 역사

SVG는 2001년 처음 릴리즈되었다. 오타가 아니다. SVG는 2001부터 있었다. 꽤 오랜역사를 자랑하고 있지만, SVG가 폭넓은 관심과 채택을 받게 된 것은 고해상도 디바이스가 출현한 이후이다. SVG에 대한 소개는 1.1 규격을 참조한다(`http://www.w3.org/TR/SVG11/intro.html`).

SVG는 XML[XML10]로 2D 그래픽을 기술하는 언어이다. SVG는 벡터 그래픽 형상(예를 들어, 직선과 곡선으로 이루어진 경로)과 이미지, 텍스트의 세 가지 유형의 그래픽 객체를지원한다.

이름이 의미하듯이 SVG는 2D 이미지를 벡터 포인트의 코드로 기술한다. 아이콘이나 라인 드로잉, 차트에 좋은 기술이다.

벡터가 상대적인 포인트를 기술하기 때문에 원 이미지의 손실 없이 어떤 크기로도 확장이 가능하다. 더군다나 데이터 측면에서 보면 SVG는 벡터 포인트로 기술되기 때문에 JPEG나 GIF, PNG 파일에 비해 비교적 작은 크기로 만들 수 있다.

SVG에 대한 브라우저 지원도 아주 좋다. 안드로이드 2.3 이후 버전과 인터넷 익스플로러 9 이후 버전에서 잘 지원된다(http://caniuse.com/#search=svg).

문서가 그래픽이다

일반적으로 텍스트 편집기에서 그래픽 파일의 코드를 보면 도저히 이해할 수 없을 것이다.

SVG 그래픽의 가장 큰 차이는 마크업 스타일의 언어로 기술되어 있다는 것이다. SVG는 HTML과 유사한 **XML**^{Extensible Markup Language}로 작성된다. 인식하지 못할지 모르지만 XML은 이미 인터넷 여기저기서 사용되고 있다. RSS 리더를 사용하는가? RSS 리더도 바로 XML이다. XML은 RSS 피드의 내용을 래핑하여 다양한 도구와 서비스에서 쉽게 사용할 수 있도록 해주는 언어다.

따라서 컴퓨터뿐만 아니라 우리도 SVG 그래픽을 읽고 이해할 수 있다.

예를 하나 들어보자. 다음 별 모양의 그래픽을 살펴보자.

예제는 example_07-01 안에 들어 있는 Star.svg 파일이다. 이 예제를 브라우저에서 읽어 별 모양의 이미지를 볼 수도 있지만 텍스트 편집기에서 열면 이미지를 만드는 코드를 볼 수도 있다. 다음과 같다.

```
<?xml version="1.0" encoding="UTF-8" standalone="no"?>
<svg width="198px" height="188px" viewBox="0 0 198 188" version="1.1"
xmlns="http://www.w3.org/2000/svg" xmlns:xlink="http://www.
w3.org/1999/xlink" xmlns:sketch="http://www.bohemiancoding.com/sketch/
ns">
  <!-- Generator: Sketch 3.2.2 (9983) - http://www.bohemiancoding.
com/sketch -->
  <title>Star 1</title>
  <desc>Created with Sketch.</desc>
  <defs></defs>
  <g id="Page-1" stroke="none" stroke-width="1" fill="none" fillrule="
evenodd" sketch:type="MSPage">
    <polygon id="Star-1" stroke="#979797" stroke-width="3"
fill="#F8E81C" sketch:type="MSShapeGroup" points="99 154 40.2214748
184.901699 51.4471742 119.45085 3.89434837 73.0983006 69.6107374
63.5491503 99 4 128.389263 63.5491503 194.105652 73.0983006 146.552826
119.45085 157.778525 184.901699 "></polygon>
  </g>
</svg>
```

SVG 그래픽으로 별을 생성하는 데 필요한 전체 코드다.

SVG 그래픽 코드를 본적이 없다면, 이제 왜 코드를 알아야 하는지 궁금할 것이다. 원하는 바가 단순히 웹에서 표시되는 벡터 그래픽이라면, 코드를 이해할 필요는 없다. 작업한 벡터 그래픽을 SVG로 저장하는 그래픽 애플리케이션만 있으면 된다. 이런 몇 가지 패키지들에 대해서는 뒤에서 다시 살펴본다.

그래픽 편집 애플리케이션만으로 SVG 그래픽을 작업하는 것이 가능하고 일반적이긴 하지만, SVG를 조작하고 애니메이션 시킬 경우 SVG가 어떻게 구성되는지 이해할 필요가 있다.

따라서 SVG 마크업이 어떻게 구성되고 어떤 일이 일어나는지 자세히 살펴보자. 몇 가지 중요한 부분 위주로 설명한다.

SVG 루트 엘리먼트

SVG 루트 엘리먼트는 width와 height, viewbox의 속성을 가진다.

```
<svg width="198px" height="188px" viewBox="0 0 198 188"
```

각각의 속성은 SVG의 표시 방법에서 중요한 역할을 담당한다.

지금부터는 '뷰포트' 용어를 이해해야 한다. 이 책의 대부분 장에서 디바이스에서 콘텐츠가 표시되는 영역을 설명하는데 뷰포트를 사용한다. 예를 들어, 모바일 디바이스는 320px × 480px의 뷰포트를 가진다. 데스크톱의 뷰포트는 일반적으로 1920px × 1080px이다.

SVG의 width와 height 속성이 뷰포트를 만든다. 이렇게 정의된 뷰포트를 통해 SVG로 정의된 형상을 볼 수 있다. 웹 페이지와 동일하게, SVG 콘텐츠가 뷰포트보다 클 수 있지만 이는 단순히 현재 보기에서 숨겨진 것이지 없어진 것은 아니다.

반면에 뷰박스^{Viewbox}는 SVG의 형상이 적용되는 좌표 시스템을 정의한다.

뷰박스 값 0 0 198 188을 사각형의 왼쪽 상단과 오른쪽 하단 영역을 기술하는 것으로 생각할 수 있다. 기술적으로는 min-x와 min-y로 알려진 처음 두 값은 왼쪽 상단 모서리를 정의하고, 기술적으로는 width와 height로 알려진 다음 두 값은 오른쪽 하단을 정의한다.

viewbox 속성으로 이미지를 축소/확대할 수 있다. 예를 들어, 다음과 viewbox 속성의 width와 height를 반으로 줄이면, 형상은 SVG의 폭과 높이를 채우도록 '확대(또는 축소)'된다.

```
<svg width="198px" height="188px" viewBox="0 0 99 94"
```

네임스페이스

SVG는 생성한 스케치 그래픽 프로그램에 대한 추가적인 네임스페이스를 가진다 (xmlns는 XML 네임스페이스를 의미한다).

```
xmlns:sketch="http://www.bohemiancoding.com/sketch/ns"
```

이런 네임스페이스의 참조는 SVG 생성 프로그램에서만 사용되는 편이어서 SVG가 웹에 서 사용될 때는 불필요한 경우가 많다. SVG의 크기를 줄이는 최적화 프로세스에서 종종 이 부분을 잘라낸다.

title과 desc 태그

title과 desc 태그는 SVG 문서의 접근성을 높여준다.

```
<title>Star 1</title>
  <desc>Created with Sketch.</desc>
```

이들 태그는 그래픽의 콘텐츠를 볼 수 없는 경우 그래픽의 내용을 설명하는 데 사용할 수 있다. 하지만 SVG 그래픽이 배경 그래픽으로 사용되는 경우, 이들 태그 역시 파일 크 기를 줄이기 위해 제거될 수 있다.

defs 태그

예제 코드에는 비어있는 defs 태그가 사용됐다.

```
<defs></defs>
```

예제에서는 비어있지만, 사실 중요한 엘리먼트 중 하나이다. 이 엘리먼트는 그라디언트나 심볼, 경로 같은 재사용 가능한 모든 콘텐츠의 정의를 저장하는 데 사용한다.

g 엘리먼트

g 엘리먼트는 다른 엘리먼트를 함께 그룹으로 묶는데 사용한다. 예를 들어, 자동차의 SVG를 그리는 경우 휠 전체를 만드는 형상들을 g 태그로 그룹화할 수 있다.

```
<g id="Page-1" stroke="none" stroke-width="1" fill="none" fillrule="
evenodd" sketch:type="MSPage">
```

예제의 g 태그에서 sketch의 네임스페이스가 재사용된 것을 볼 수 있다. 그래픽 애플리케이션에서 이 그래픽 파일을 다시 열었을 때 도움이 될 수 있다. 하지만 이 이미지가 다른 곳에서 쓰일 때는 더 이상의 의미는 없다.

SVG 형상

예제는 폴리곤을 만드는 노드를 보여준다.

```
<polygon id="Star-1" stroke="#979797" stroke-width="3" fill="#F8E81C"
sketch:type="MSShapeGroup" points="99 154 40.2214748 184.901699
51.4471742 119.45085 3.89434837 73.0983006 69.6107374 63.5491503 99
4 128.389263 63.5491503 194.105652 73.0983006 146.552826 119.45085
157.778525 184.901699 "></polygon>
```

SVG는 이미 만들어진 많은 형상들을 사용할 수 있다(path와 rect, circle, ellipse, line, polyline, polygon).

SVG 경로

SVG 경로는 다른 SVG 형상과 달리 임의의 점으로 구성된다(자유롭게 원하는 어떤 형상도 만들 수 있다).

이것이 SVG의 장점이며, 이에 대한 깊은 이해가 필요하다. SVG 파일을 직접 작성하거나 코드를 수정할 수도 있지만, 대부분의 경우 그래픽 패키지로 SVG를 만든다. 인기 있는 몇 가지 패키지를 살펴보자.

인기 있는 이미지 편집 패키지 및 서비스로 SVG 만들기

텍스트 편집기로 SVG를 열어 편집하고, 작성할 수 있지만 복잡한 SVG 그래픽을 쉽게 작성할 수 있게 **그래픽 사용자 인터페이스(GUI)**를 제공하는 애플리케이션들도 많이 있다. 가장 확실한 선택은 어도비의 일러스트레이터(PC와 MAC)일 것이다. 하지만 일반 사용자에게는 비싸기 때문에 보헤미안 코딩 스케치^{Bohemian Coding's Sketch}(맥 전용; `http://bohemiancoding.com/sketch/`)를 선호하는 편이다. 여전히 비싼 편(현재 $99)이긴 하지만 맥 사용자라면 추천하는 패키지 중 하나다.

윈도우나 리눅스 사용자거나 더 저렴한 옵션을 찾는 다면, 무료 공개 소스인 잉크 스케이프^{Inkscape}(`https://inkscape.org/en/`)를 고려해 보자. 작업하기 가장 훌륭한 도구는 아니지만 꽤 괜찮은 편이다(증거가 필요하다면 `https://inkscape.org/en/community/gallery/`에서 잉크 스케이프 갤러리를 먼저 확인해보는 것도 좋다).

마지막으로 몇몇 온라인 편집기도 사용할 수 있다. 구글은 SVG 에디트^{SVG-Edit}(`http://svg-edit.googlecode.com/svn/branches/stable/editor/svg-editor.html`)를 제공하고 있다. 또한 드로우^{Draw} SVG(`http://www.drawsvg.org`)나 SVG 에디트 보다 뛰어난 SVG 에디트의 브런치인 메소드 드로우^{Method Draw}(`http://editor.method.ac/`)도 있다.

SVG 아이콘 서비스로 시간 절약하기

앞에서 알아본 애플리케이션은 모두 SVG 그래픽을 직접 생성할 수 있는 기능을 제공한다. 하지만 아이콘을 만드는 경우라면 온라인 아이콘 서비스에서 SVG 버전의 아이콘을 다운로드 하여 많은 시간을 절약할 수 있다(내 경우 결과도 직접 작성하는 것보다 좋다). 개인적으로 선호하는 http://icomoon.io/도 그 중 하나이다.

온라인 아이콘 서비스의 장점을 알아보자. icomoon.io 애플리케이션을 로드하면 아이콘을 검색할 수 있는 라이브러리를 제공해준다(일부는 무료고, 일부는 유료다).

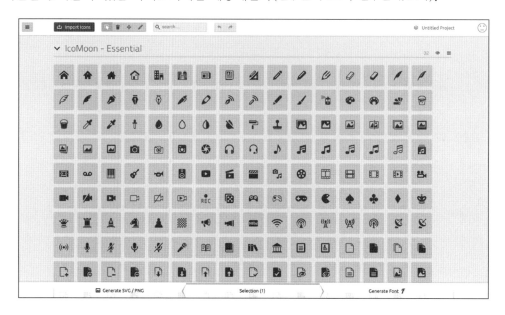

원하는 아이콘을 고르고 다운로드를 클릭하면 된다. 결과 파일은 SVG와 PNG 그리고 defs 엘리먼트에 포함되는(defs 엘리먼트는 참조 엘리먼트의 컨테이너다) SVG 심볼의 아이콘을 포함하고 있다.

example_07-02를 열면 http://icomoon.io/에서 고른 다섯 개 아이콘의 결과 파일을 볼 수 있다.

SVG를 웹 페이지에 삽입

SVG 이미지로 일반 이미지 포맷(JPEG, GIF, PNG)으로는 할 수 없는 많은 일들을 할 수 있다(브라우저 마다 다르다). 무엇이 가능한지는 페이지에 SVG가 삽입되는 방식에 따라 크게 좌우된다. 따라서 실제 SVG로 무엇을 할 수 있는지 알아보기 전에, 먼저 페이지에 삽입하는 다양한 방법을 알아본다.

img 태그 사용

가장 쉬운 방법은 다른 이미지와 동일하게 img 태그를 써서 삽입하는 것이다.

```
<img src="mySconeVector.svg" alt="Amazing line art of a scone" />
```

SVG 동작을 다른 이미지와 크게 다르지 않게 만든다. 이에 대해서는 더 알아볼 게 없다.

object 태그 사용

object 태그는 비 HTML 콘텐츠를 포함하는 데 사용되는 W3C가 추천하는 컨테이너다(object 태그에 대한 규격은 http://www.w3.org/TR/html5/embedded-content-0.html에서 볼 수 있다). 다과 같이 페이지에 SVG를 삽입하는 데 사용할 수 있다.

```
<object data="img/svgfile.svg" type="image/svg+xml">
  <span class="fallback-info">Your browser doesn't support SVG</span>
</object>
```

data나 type 속성 둘 중 하나가 필요하지만, 둘 다 포함하는 것을 추천한다. data 속성은 SVG 자원을 다른 자원과 동일한 방법으로 연결하는 방법이다. type 속성은 콘텐츠의 MIME 타입을 기술한다. 예제에서 image/svg+xml는 데이터가 SVG임을 나타내는 MIME(인터넷 미디어 타입) 타입이다. SVG의 크기를 제한하려면 width와 height 속성도 추가할 수 있다.

SVG를 object 태그로 페이지에 삽입하면 자바스크립트로 SVG를 액세스할 수 있다. 하지만 object 태그를 사용하는 다른 이점은 브라우저가 데이터 타입을 이해하지 못하는 경우를 위한 간단한 매커니즘을 제공한다는 것이다. 예를 들어, 앞의 object 엘리먼트를 인터넷 익스플로러 8(SVG를 지원하지 못하는)에서 보면, '브라우저에서 SVG를 지원하지 못합니다' 같은 간단한 메시지를 볼 수 있다. 이 공간을 img 태그와 같이 폴백 이미지를 제공하는 공간으로 사용할 수 있다. 하지만 브라우저가 실제로 이 폴백이 필요한지 여부에 관계없이 항상 폴백 이미지를 다운로드 한다는 점을 유념하자. 따라서 사이트가 가능한 짧은 시간에 로드되게 하려면 이 방법은 좋은 선택이 아니다.

다른 대안방법은 CSS를 통해 background-image를 추가하는 것이다. 예를 들어, 위의 예제에서 폴백 span은 .fallback-info 클래스를 가진다. CSS에서 이것을 사용해서 적절한 background-image에 연결할 수 있다. 이 방법으로 필요한 경우 background-image만 다운로드 된다.

배경 이미지로 SVG를 삽입

SVG는 다른 이미지 포맷(PNG, JPG, GIF)과 동일한 방법으로 CSS에서 배경 이미지로 사용할 수 있다. SVG를 참조하는 데 특별히 다른 것은 없다.

```
.item {
  background-image: url('image.svg');
}
```

SVG를 지원하지 못하는 구형 브라우저를 위해서 좀 더 광범위하게 지원되는 포맷(일반적으로 PNG)의 '폴백' 이미지를 추가할 수도 있다. 인터넷 익스플로러 8은 SVG와 background-size를 지원하지 못하고, 안드로이드 2.3은 SVG를 지원하지 못하고 background-size를 위해서는 벤더 프리픽스가 필요하기 때문에, 이들 브라우저를 지원하기 위한 방법은 하나뿐이다.

```
.item {
  background: url('image.png') no-repeat;
  background: url('image.svg') left top / auto auto no-repeat;
}
```

CSS에서 두 개의 동등한 속성이 적용되는 경우, 다음에 나오는 스타일 시트가 먼저 나온 스타일 시트를 덮어씌운다. CSS에서 브라우저는 규칙에서 이해하지 못하는 속성/값은 무시한다. 따라서 이 경우 구형 브라우저는 SVG나 `background-size` 속성을 이해하지 못하기 때문에 PNG 이미지를 사용할 것이고, 이 둘을 모두 지원하는 최신 브라우저는 두 번째 항목으로 첫 번째 항목을 대체할 것이다.

또한 브라우저의 기능을 테스트하는 모더나이저(모더나이저에 대해서는 5장에서 자세히 다루었다)로 폴백을 제공할 수도 있다. 모더나이저는 다른 SVG 삽입 방법을 각각 테스트할 수 있다. 아마도 모더나이저의 차기 버전(책을 쓴 시점에는 아직 릴리즈되지 않았다)에서는 CSS에서 SVG를 위한 좀 더 구체적인 방법을 지원할 것이다. 하지만 지금은 다음과 같은 방법을 사용할 수 있다.

```
.item {
  background-image: url('image.png');
}
.svg .item {
  background-image: url('image.svg');
}
```

또는 원한다면 다음과 같이 논리를 반대로 적용할 수도 있다.

```
.item {
  background-image: url('image.svg');
}
.no-svg .item {
  background-image: url('image.png');
}
```

기능 쿼리가 완벽하게 지원되는 경우 다음과 같이 사용할 수도 있다.

```
.item {
  background-image: url('image.png');
}

@supports (fill: black) {
  .item {
    background-image: url('image.svg');
  }
}
```

여기서 fill이 SVG 속성이기 때문에 @supports 규칙이 잘 동작한다. 따라서 브라우저가 이를 이해한다면 아래 규칙으로 위의 규칙을 덮어씌울 것이다.

SVG를 사용하는 목적이 주로 배경 이미지나 아이콘과 같은 정적인 것이라면, SVG를 배경 이미지로 구현할 것을 추천한다. 이미지 스프라이트나 스타일 시트(SVG를 데이터 URI로 포함하는 것을 의미), 폴백 PNG, 또는 생성한 개별 SVG로부터 필요한 스타일 시트를 자동으로 만들어 주는 다양한 도구가 있기 때문이다. 이런 방법으로 SVG를 사용하는 것은 브라우저에서 아주 잘 지원되며 이미지의 캐싱도 잘 지원된다(성능 측면에서도 매우 잘 동작한다). 더구나 구현하기도 쉽다.

데이터 URI에 대한 간단한 고찰

이전 섹션을 읽으면서 데이터 URI^{Uniform Resource Identifier}가 무엇인지 궁금했다면, CSS 관점에서 봤을 때, 이는 일반적으로 CSS 파일 안에 이미지와 같은 외부 자원을 포함하는 방법을 의미한다.

```
.external {
  background-image: url('Star.svg');
}
```

다음과 같이 데이터 URI를 사용하여 간단하게 스타일 시트에 이미지를 포함할 수 있다.

```
.data-uri {
  background-image: url(data:image/svg+xml,%3C%3Fxml%20
version%3D%221.0%22%20encoding%3D%22UTF-8%22%20standalone%3D%22
no%22%3F%3E%0A%3Csvg%20width%3D%22198px%22%20height%3D%22188px-
%22%20viewBox%3D%220%200%20198%20188%22%20version%3D%221.1%22%20
xmlns%3D%22http%3A%2F%2Fwww.w3.org%2F2000%2Fsvg%22%20xmlns%3Axlink
%3D%22http%3A%2F%2Fwww.w3.org%2F1999%2Fxlink%22%20xmlns%3Asketch%3
D%22http%3A%2F%2Fwww.bohemiancoding.com%2Fsketch%2Fns%22%3E%0A%20
%20%20%20%3C%21--%20Generator%3A%20Sketch%203.2.2%20%289983%29%20
-%20http%3A%2F%2Fwww.bohemiancoding.com%2Fsketch%20--%3E%0A%20
%20%20%20%3Ctitle%3EStar%201%3C%2Ftitle%3E%0A%20%20%20%20
%3Cdesc%3ECreated%20with%20Sketch.%3C%2Fdesc%3E%0A%20%20%20%20-
%3Cdefs%3E%3C%2Fdefs%3E%0A%20%20%20%20%3Cg%20id%3D%22Page-1%22%20
stroke%3D%22none%22%20stroke-width%3D%221%22%20fill%3D%22none%22%20
fill-rule%3D%22evenodd%22%20sketch%3Atype%3D%22MSPage%22%3E%
0A%20%20%20%20%20%20%20%20%3Cpolygon%20id%3D%22Star-1%22%20
stroke%3D%22%23979797%22%20stroke-width%3D%223%22%20
fill%3D%22%23F8E81C%22%20sketch%3Atype%3D%22MSShapeGroup%22%20
points%3D%2299%20154%2040.2214748%20184.901699%2051.4471742%20
119.45085%203.89434837%2073.0983006%2069.6107374%2063.5491503%2099%20
4%20128.389263%2063.5491503%20194.105652%2073.0983006%20146.552826%20
119.45085%20157.778525%20184.901699%20%22%3E%3C%2Fpolygon%3E%0A%20%20
%20%20%3C%2Fg%3E%0A%3C%2Fsvg%3E);
}
```

아름다워 보이지는 않지만, 네트워크에서 별도의 요청이 필요없게 만들 수 있는 방법이다. 데이터 URI를 인코딩하는 방법에는 여러 가지가 있으며 이를 생성해주는 도구도 많이 있다.

SVG를 이런 방법으로 인코딩 할 경우, SVG 콘텐츠를 텍스트만큼 압축하지 못하기 때문에 베이스64 인코딩은 피하는 것이 좋다.

이미지 스프라이트 생성

도구만 생각한다면 이미지 스프라이트나 데이터 URI를 생성할 때 추천하는 도구는 아이코나이저^{Iconizr}(http://iconizr.com/)이다. 결과 SVG와 폴백 PNG 파일에 대한 모든 제어가 가능하다. 또한 SVG와 폴백 PNG 파일을 데이터 URI나 이미지 스프라이트 결과물로 가질 수 있고 심지어 데이터 URI를 선택할 경우 올바른 자원을 로딩할 수 있는 자바스크립트 코드도 포함한다. 강력히 추천하는 도구다.

프로젝트에 데이터 URI와 이미지 스프라이트 중 어느 것을 사용할 지 고민하고 있다면 데이터 URI와 이미지 스프라이트의 장단점에 대해 정리해 놓은 글도 있으니, 선택에 고민하고 있는 사람이라면 읽어보기 바란다.

http://benfrain.com/image-sprites-data-uris-icon-fonts-v-svgs/

개인적으로 SVG를 배경 이미지로 사용하는 것을 선호하지만, 동적으로 애니메이션 시키고 싶거나, 값을 자바스크립트로 보내 사용하고 싶다면 HTML에 SVG 데이터를 '인라인'으로 삽입하는 것이 가장 좋은 선택일 것이다.

인라인으로 SVG를 삽입

SVG는 단지 XML 문서일 뿐이므로 HTML에 직접 삽입할 수 있다. 예를 들면 다음과 같다.

```
<div>
  <h3>Inserted 'inline':</h3>
  <span class="inlineSVG">
    <svg id="svgInline" width="198" height="188" viewBox="0 0
198 188" xmlns="http://www.w3.org/2000/svg" xmlns:xlink="http://www.
w3.org/1999/xlink">
    <title>Star 1</title>
        <g class="star_Wrapper" fill="none" fill-rule="evenodd">
        <path id="star_Path" stroke="#979797" strokewidth="
3" fill="#F8E81C" d="M99 154l-58.78 30.902 11.227-65.45L3.894
73.097l65.717-9.55L99 4l29.39 59.55 65.716 9.548-47.553 46.353 11.226
65.452z" />
        </g>
    </svg>
  </span>
</div>
```

특별한 래핑 엘리먼트도 필요 없다. 단지 HTML 마크업 안에 SVG 마크업을 삽입하면 된다. 또한 svg 엘리먼트에서 width와 height 속성을 제거하면, SVG는 컨테이너 엘리먼트에 맞춰 유동적으로 크기가 조절된다.

SVG를 문서에 삽입하는 것이야말로 가장 다재다능한 SVG의 특징일 것이다.

심볼에서 그래픽 객체를 재사용하기

7장의 앞부분에서 아이코문(http://icomoon.io)에서 아이콘을 다운로드했다. 이들 아이콘은 스와이프^Swipe, 핀치^Pinch, 드래그^Drag 같은 터치 제스처를 표시하는 아이콘이다. 웹 사이트에 이들을 여러 번 사용해야 한다고 가정해 보자. 이들 아이콘의 SVG 심볼 정의 버전이 존재한다고 언급했던 것을 기억하는가? 이제 이 심볼을 사용해 보자.

example_07-09에서 다양한 심볼 정의를 SVG의 defs 엘리먼트에 삽입한다. SVG 엘리먼트에 인라인 스타일의 display:none이 사용되고, height와 width 속성이 0으로 설정된 것을 볼 수 있다(원한다면 CSS에서 스타일을 설정할 수도 있다). 따라서 SVG는 공간을 차지하지 않는다. SVG는 다른 곳에서 그래픽 객체의 심볼을 사용할 수 있도록 집을 만들어 주는 역할만 한다.

따라서 마크업은 다음과 같이 시작한다.

```
<body>
  <svg display="none" width="0" height="0" version="1.1"
xmlns="http://www.w3.org/2000/svg"  xmlns:xlink="http://www.
w3.org/1999/xlink">
  <defs>
  <symbol id="icon-drag-left-right" viewBox="0 0 1344 1024">
    <title>drag-left-right</title>
    <path class="path1" d="M256 192v-160l-224 224 224
224v-160h256v-128z"></path>
```

defs 엘리먼트 안에 있는 symbol 엘리먼트를 주목하자. 이 엘리먼트는 나중에 재사용할 형상을 정의하는 데 사용한다.

SVG로 작업에 필요한 모든 심볼을 정의하면 일반적인 HTML 마크업 작업이 끝난다. 그런 다음 이들 심볼을 사용하려면 다음과 같이 하면 된다.

```
<svg class="icon-drag-left-right">
  <use xlink:href="#icon-drag-left-right"></use>
</svg>
```

다음과 같이 왼쪽, 오른쪽으로 드래그하는 아이콘이 표시된다.

여기서 use 엘리먼트가 마법 같은 역할을 한다. 이름에서 추측할 수 있듯이, 이는 다른 곳에서 정의된 그래픽 객체를 사용할 수 있도록 해준다. xlink 속성으로 참조할 대상을 선택한다. 예제에서는 마크업의 시작부에 인라인으로 삽입한 'drag left and right' 아이콘의 심볼 ID (#icon-drag-left-right)를 참조하고 있다.

심볼을 재사용할 경우 명시적으로 크기를 설정해도 소용없다(엘리먼트의 속성이나 CSS를 사용하는 방법 모두). use는 width와 height를 100%로 설정한다. 따라서 아이콘의 크기를 재조정할 경우 다음과 같이 해야 한다.

```
.icon-drag-left-right {
  width: 2.5rem;
  height: 2.5rem;
}
```

use 엘리먼트는 그라디언트나 형상, 심볼 같은 모든 종류의 SVG 콘텐츠를 재사용할 때 사용할 수 있다.

인라인 SVG로 콘텐츠에 따른 다른 색상 부여

인라인 SVG로 콘텐츠에 따라 색상을 변경하는 것과 같은 유용한 작업을 할 수 있다. 이는 다른 색상의 동일한 아이콘의 여러 버전이 필요한 경우 아주 유용하다.

```
.icon-drag-left-right {
  fill: #f90;
}

.different-context .icon-drag-left-right {
  fill: #ddd;
}
```

부모의 색상을 상속받는 듀얼 톤 아이콘 만들기

인라인 SVG와 가장 오래된 CSS 변수인 currentColor를 사용하여 단일 색상 아이콘(하나 이상의 경로로 SVG가 구성된 경우)으로 재미있는 투톤 효과도 만들 수 있다. 이를 위해 SVG 심볼 안에서 경로의 fill을 currentColor로 설정하여 원하는 색상을 지정한다. 그런 다음 CSS에서 색상 값을 사용해 엘리먼트의 색상을 지정한다. SVG 심볼에서 fill이 없는 경로의 경우 currentColor로 설정하면 fill 값을 받을 수 있다. 예제 코드는 다음과 같다.

```
.icon-drag-left-right {
  width: 2.5rem;
  height: 2.5rem;
  fill: #f90;
  color: #ccc; /* SVG 심볼에서 fill 속성이 currentColor로 설정되어 있는 경로
에 적용된다 */
}
```

다음은 동일한 심볼이 각각 다른 크기와 색상으로 세 번 재사용되는 경우를 보여준다.

example_07-09에서 코드를 자세히 살펴볼 수 있다. 해당 엘리먼트에서 색상을 설정할 수 있을 뿐 아니라 부모 엘리먼트에서 상속받을 수 있다는 사실도 알아두자. currentColor는 DOM 트리에서 가장 가까운 부모의 색상 값을 상속받는다.

이런 방식으로 SVG를 사용하면 많은 장점이 있다. 유일한 단점은 아이콘을 사용하고자 할 때 모든 페이지에 동일한 SVG 데이터를 포함시켜야 한다는 것이다. 아쉽게도 이는 자원(SVG 데이터)을 쉽게 캐시할 수 없기 때문에 성능에 나쁜 영향을 미친다. 하지만 다른 옵션도 있다(인터넷 익스플로러를 지원하기 위해 스크립트를 추가해야 하지만).

외부 소스의 그래픽 객체를 재사용하기

use 엘리먼트를 사용할 때, 각각의 페이지에서 SVG 심볼을 붙여 넣지 않고 외부의 SVG 파일을 링크하고 문서에서 필요한 부분만 사용하는 것도 가능하다. example-07-10 예제를 살펴보면 이런 방식으로 example_07-09 예제와 동일한 세 개의 아이콘을 페이지에 추가하였다.

```
<svg class="icon-drag-left-right">
  <use xlink:href="defs.svg#icon-drag-left-right"></use>
</svg>
```

이해해야 할 중요한 부분은 href다. 외부 SVG 파일(defs.svg 부분)을 연결하고 사용하고자 하는 해당 파일 내에서 심볼의 ID를 지정(#icon-drag-left-right 부분)한다.

이 방법의 장점은 브라우저에서 자원을 캐시(다른 외부 이미지와 동일하게)할 수 있으며 마크업이 SVG 정의로 가득 차 넘치는 일을 방지해 준다. 단점은 defs가 인라인으로 정의된 경우와 달리, defs.svg에 일어난 동적인 변화(예를 들어, 경로가 자바스크립트에 의해 조작되는 경우)가 use 태그에서 업데이트되지 않는다.

아쉽게도 인터넷 익스플로러는 외부 자원에서 심볼을 참조할 수 없다. 하지만 '모두를 위한 SVG'라고 불리는 IE 9-11을 위한 폴리필을 사용하면 브라우저에 상관없이 이 기술을 사용할 수 있다. 자세한 내용은 https://github.com/jonathantneal/svg4everybody를 참조한다.

이 자바스크립트를 사용하면 외부 자원을 참조할 수 있고, 폴리필이 인터넷 익스플로러를 위해 SVG 데이터를 직접 문서의 body에 삽입한다.

각 SVG 삽입 방법으로 할 수 있는 일 (inline과 object, background-image 그리고 img)

앞에서 언급한 바와 같이 SVG는 다른 그래픽 자원과 다르다. 페이지에 삽입되는 방법에 따라 동작이 다르다. 앞에서 알아본 바와 같이, 페이지에 SVG를 삽입하는 네 가지 방법이 있다.

- img 태그 사용
- object 태그 사용
- 배경 이미지로 삽입
- 인라인

삽입 방법에 따라, 지원되고 지원되지 않는 기능이 있다.

각 삽입 방법에서 무엇이 가능한지 이해하는데 다음 테이블이 도움이 될 것이다.

기능	img	object	inline	bg image
SMIL	Y	Y	Y	Y
외부 CSS	N	*1	Y	N
내부 CSS	Y	Y	Y	Y
JS로 액세스	N	Y	Y	N
캐싱 여부	Y	Y	*2	Y
SVG에서 MQ	Y	Y	*3	Y
사용 가능성	N	Y	Y	N

숫자로 표시된 주의사항을 알아보자.

- *1 : SVG를 object 안에서 사용할 때 SVG 스타일에 외부 스타일 시트를 사용할 수 있다. 하지만 이 경우 SVG 안에서 스타일 시트를 링크해야 한다.
- *2 : 외부 자원(캐시 가능)의 SVG를 사용할 수 있다. 하지만 인터넷 익스플로러에서는 동작하지 않는다.
- *3 : 인라인 SVG의 스타일 섹션에서 미디어 쿼리는 문서의 크기(SVG 자체 크기가 아닌)에 따라 동작한다.

브라우저 분열

SVG의 브라우저 구현에도 차이가 있다. 따라서 사용 가능성(이전 표에 기술된)이 실제 모든 브라우저에서 지속적으로 동작 가능함을 의미하지는 않는다.

예를 들어, 이전 표의 결과는 example_07-03의 테스트 페이지에 기반한 것이다.

테스트 페이지의 동작은 파이어폭스와 크롬, 사파리 브라우저의 최신 버전에서 비교되었다. 하지만 인터넷 익스플로러의 결과는 종종 다르게 나타난다.

예를 들어, SVG를 지원하는 인터넷 익스플로러의 버전(현재 9와 10, 11)에서 앞에서 살펴본 바와 같이 외부 SVG 소스의 참조가 불가능하다. 더군다나 인터넷 익스플로러는 어떻게 삽입되었는지에 관계없이 외부 스타일 시트의 스타일을 SVG에 적용한다(다른 모든 브라우저는 SVG가 object나 인라인으로 삽입되었을 때만 외부 스타일 시트의 스타일을 적용한다). 또한 인터넷 익스플로러는 CSS를 통한 SVG의 애니메이션을 허용하지 않는다. 인터넷 익스플로러에서 SVG 애니메이션은 자바스크립트를 통해서만 수행된다. 못들은 사람들을 위해 다시 한 번 말하는데, 인터넷 익스플로러에서 자바스크립트 외에는 SVG를 애니메이션 시킬 수 없다!

추가 SVG 성능과 특이성

브라우저의 약점은 잠시 접어두고 표의 기능들을 실제 사용할 수 있고 어떤 경우 사용하는 것이 좋은지 알아보자.

SVG는 삽입 방법에 관계없이 디바이스가 허용하는 한 항상 선명하게 렌더링된다. 대부분의 상황에서 해상도 독립성은 SVG를 사용하는 충분한 이유가 된다. 어떤 삽입 방법을 선택할지는 워크 플로우 및 작업의 성격에 따라 선택할 문제다.

하지만 SMIL 애니메이션이나, 외부 스타일 시트를 링크하는 다른 방법, 내부 스타일을 문자 데이터 구분기호로 표시하거나 자바스크립트로 SVG를 수정하고 SVG 안에서 미디어 쿼리를 사용하는 것과 같은 여러 가지 성능과 특이성에 대해서는 알아볼 만한 가치가 있다. 다음 섹션에서 이에 대해 자세히 알아보자.

SMIL 애니메이션

SMIL 애니메이션(`http://www.w3.org/TR/smil-animation/`)은 SVG 문서 안에서 SVG의 애니메이션을 정의하는 방법이다.

SMIL('스마일'로 발음)은 Synchronized Multimedia Integration Language의 약자로 XML 문서 내에서(SVG도 XML 기반임을 기억하자) 애니메이션을 정의하는 방법으로 개발되었다.

다음은 SMIL 기반의 애니메이션을 정의하는 예제를 보여준다.

```
<g class="star_Wrapper" fill="none" fill-rule="evenodd">
   <animate xlink:href="#star_Path" attributeName="fill"
attributeType="XML" begin="0s" dur="2s" fill="freeze" from="#F8E81C"
to="#14805e" />

  <path id="star_Path" stroke="#979797" stroke-width="3"
fill="#F8E81C" d="M99 154l-58.78 30.902 11.227-65.45L3.894
73.097l65.717-9.55L99 4l29.39 59.55 65.716 9.548-47.553 46.353 11.226
65.452z" />
</g>
```

앞에서 살펴보았던 SVG의 일부 섹션을 발췌했다. g는 SVG의 그룹화 엘리먼트로 별 모양(`id="star_Path"`의 path 엘리먼트)과 SMIL 애니메이션(animate 엘리먼트)을 모두 포함한다. 이 간단한 애니메이션은 별을 채우는 색상을 2초 후에 노란색에서 녹색으로 트윈[Tween]한다(바꾼다). SVG를 페이지에 img나 object, background-image 또는 인라인으로 삽입했는지에 상관없이 동작한다(example_07-03을 인터넷 익스플로러를 제외한 최신 브라우저에서 열어 확인할 수 있다).

> **NOTE**
>
> **트위닝**[Tweening]
>
> 트위닝은 단순히 'inbetweening'의 약어로, 애니메이션 포인트를 다른 포인트로 변경하는 중간 단계를 나타내는 용어다.

정말 멋져 보이지 않은가? 하지만 표준이 되었음에도 불구하고 SMIL은 많이 사용되지 않았다.

SMIL의 종말

SMIL은 인터넷 익스플로러에서 전혀 지원되고 있지 않다. 더 나쁜 소식은 마이크로 소프트에서 이를 지원할 계획도 없다는 것이다. `https://status.modern.ie/svgsmilanimation?term=SMIL`에서 플랫폼의 상태를 확인할 수 있다.

게다가 크롬 브라우저도 SMIL을 제외할 의사를 밝혔다. `https://groups.google.com/a/chromium.org/forum/#!topic/blink-dev/5o0yiO440LM`

> **NOTE**
>
> 아직 SMIL을 사용해야 할 필요가 있다면, 사라 슈에이단[Sara Soueidan]이 쓴 SMIL 애니메이션에 대한 훌륭한 깊이 있는 기사를 확인하라. `http://css-tricks.com/guide-svg-animations-smil/`

다행히 SVG를 애니메이션 시킬 수 있는 다른 방법이 많이 있다. 인터넷 익스플로러를 지원해야 한다면 이를 사용해라.

외부 스타일 시트로 SVG를 스타일링하기

CSS로 SVG를 스타일링할 수 있다. SVG 자체에 포함된 CSS나 일반적인 CSS 스타일 시트 모두 가능하다.

7장의 앞부분에서 살펴본 표를 다시 보면, `img` 태그나 배경 이미지로 SVG를 삽입한 경우, 외부 CSS로 SVG에 스타일을 적용할 수 없음을 알 수 있다(인터넷 익스플로러가 아니어도). `object` 태그나 인라인으로 SVG를 삽입한 경우에만 가능하다.

SVG에서 외부 스타일 시트를 연결할 수 있는 두 가지 방법이 있다. 가장 간단한 방법은 다음과 같다(일반적으로 `defs` 섹션에 추가한다).

```
<link href="styles.css" type="text/css" rel="stylesheet"/>
```

이 방식은 HTML5 이전에 스타일 시트를 링크하는 데 사용하던 방식에 가깝다(예를 들면, HTML5에서 type 속성은 더 이상 필요하지 않다). 비록 이 방법이 많은 브라우저에서 잘 동작하지만, 스펙에서 정의하고 있는 SVG에서 외부 스타일 시트를 링크하는 방법은 아니다(http://www.w3.org/TR/SVG/styling.html). 1999년에 정의된 XML을 위한 올바른/공식적인 방법(http://www.w3.org/1999/06/REC-xml-stylesheet-19990629/)은 다음과 같다.

```
<?xml-stylesheet href="styles.css" type="text/css"?>
```

파일에 위와 같은 여는 SVG 엘리먼트를 추가해야 한다. 예를 들면 다음과 같다.

```
<?xml-stylesheet href="styles.css" type="text/css"?>
<svg width="198" height="188" viewBox="0 0 198 188" xmlns="http://www.
w3.org/2000/svg" xmlns:xlink="http://www.w3.org/1999/xlink">
```

흥미롭게도 후자의 구문은 인터넷 익스플로러에서 사용할 수 있는 유일한 구문이다. 따라서 SVG에서 외부 스타일 시트를 연결해야 할 경우, 폭 넓은 지원을 위해 두 번째 구문을 사용하기를 추천한다.

외부 스타일 시트를 사용할 필요는 없다. 원한다면 SVG에 직접 인라인 스타일을 사용할 수 있다.

내부 스타일로 SVG를 스타일링하기

SVG 자체에 SVG를 위한 스타일을 포함시킬 수 있다. defs 엘리먼트로 정의된다. SVG가 XML 기반이므로 캐릭터 데이터(CDATA) 마커를 포함할 수 있다. CDATA 마커는 브라우저에게 캐릭터 데이터 섹션에 있는 정보가 XML 마크업으로 해석될 수 있지만 그렇게 하지 않도록 알려준다. 구문은 다음과 같다.

```
<defs>
  <style type="text/css">
    <![CDATA[
      #star_Path {
        stroke: red;
      }
    ]]>
  </style>
</defs>
```

CSS에서의 SVG 속성과 값

앞의 코드에서 stroke 속성에 주목하자. 이 속성은 CSS 속성이 아니라 SVG 속성이다. 스타일에서 사용할 수 있는 특정한 SVG 속성이 몇 개 있다(인라인으로 외부 스타일 시트로 선언되었는지 여부에 상관없이). 예를 들어, SVG에서는 background-color를 지정하는 대신 fill을 지정해도 된다. border를 지정하는 대신 stroke-width를 지정하면 된다. SVG 전체 속성의 목록은 http://www.w3.org/TR/SVG/styling.html에서 규격을 살펴보기 바란다.

인라인 또는 외부 CSS로 엘리먼트의 모양을 변경하거나, 엘리먼트를 트랜스폼하고 애니메이션 시키는 등의 '일반적인' 모든 CSS 작업을 할 수 있다.

CSS로 SVG를 애니메이션하기

SVG에 CSS 애니메이션을 추가하는 간단한 예를 살펴보자(이런 스타일은 외부 스타일 시트로도 쉽게 추가할 수 있음을 기억하자).

앞에서 살펴보았던 별 예제를 회전시켜 본다. 최종 예제는 example_07-07에서 볼 수 있다.

```
<div class="wrapper">
  <svg width="198" height="188" viewBox="0 0 220 200" xmlns="http://
www.w3.org/2000/svg" xmlns:xlink="http://www.w3.org/1999/xlink">
    <title>Star 1</title>
    <defs>
      <style type="text/css">
        <![CDATA[
        @keyframes spin {
          0% {
            transform: rotate(0deg);
          }
          100% {
            transform: rotate(360deg);
          }
        }
        .star_Wrapper {
          animation: spin 2s 1s;
          transform-origin: 50% 50%;
        }
        .wrapper {
          padding: 2rem;
          margin: 2rem;
        }
        ]]>
      </style>
      <g id="shape">
        <path fill="#14805e" d="M50 50h50v50H50z"/>
        <circle fill="#ebebeb" cx="50" cy="50" r="50"/>
      </g>
    </defs>
    <g class="star_Wrapper" fill="none" fill-rule="evenodd">
      <path id="star_Path" stroke="#333" stroke-width="3"
fill="#F8E81C" d="M99 1541-58.78 30.902 11.227-65.45L3.894
73.097l65.717-9.55L99 4129.39 59.55 65.716 9.548-47.553 46.353 11.226
65.453z"/>
    </g>
  </svg>
</div>
```

브라우저에서 예제를 로드하면, 1초 지연 후 별이 2초에 걸쳐 완전한 원으로 회전한다.

CSS만으로도 SVG를 꽤 잘 애니메이션 시킬 수 있다(인터넷 익스플로러에 대해 신경 쓰지 않는다면). 하지만 인터넷 익스플로러에서 상호작용을 추가하거나 여러 이벤트들을 동기화 하고 싶다면 자바스크립트를 사용하는 것이 일반적으로 가장 좋은 방법이다. 좋은 소식은 SVG의 애니메이션을 쉽게 만들어 주는 훌륭한 라이브러리들이 있다는 것이다. 지금부터 예를 살펴보자.

자바스크립트로 SVG 애니메이션하기

SVG를 object 태그나 인라인으로 페이지에 삽입하면 자바스크립트로 직접 또는 간접으로 SVG를 조작할 수 있다.

간접적으로 자바스크립트로 SVG의 클래스를 변경하여 CSS 애니메이션을 시작할 수 있다. 예를 들면 다음과 같다.

```
svg {
  /* 애니메이션 없음 */
}

.added-with-js svg {
  /* 애니메이션 */
}
```

하지만 자바스크립트로 SVG를 직접 애니메이션하는 것도 가능하다.

한 두 개의 애니메이션을 독립적으로 수행하는 경우, 코드 측면에서 보면 자바스크립트를 직접 손으로 작성하는 편이 더 간단하다. 하지만 여러 엘리먼트를 애니메이션 하거나 타임라인에 따라 엘리먼트의 애니메이션을 동기화하려면 자바스크립트 라이브러리가 큰 도움이 된다. 궁극적으로는 페이지에 추가한 라이브러리의 크기가 목표를 정당화할 수 있는지에 따라 판단해야 한다.

자바스크립트를 통한 SVG의 애니메이션으로 추천하는 것은 GreenSock 애니메이션 플랫폼(http://greensock.com)과 Velocity.js(http://julian.com/research/velocity/), 그리고 Snap.svg(http://snapsvg.io/)이다.

GreenSock으로 SVG 애니메이션 시키는 간단한 예제

값을 입력하고 버튼을 클릭하면 애니메이션 되는 다이얼 인터페이스를 만든다고 가정해보자. 두께와 색상 외에도 입력하는 값에 따라 애니메이션 되는 다이얼을 만들려고 한다. example_07-08에서 완성된 예제를 볼 수 있다.

따라서 75를 입력하고 'Animate' 버튼을 클릭하면 다음과 같이 입력한 값만큼 채우는 모습을 볼 수 있다.

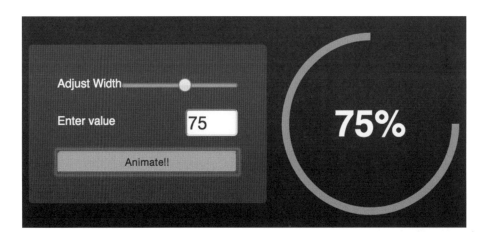

간단하게 하기 위해 전체 자바스크립트 파일을 보여주는 대신(코멘트가 잘 되어 있기 때문에 혼자서 충분히 이해할 수 있을 것이다), 키 포인트만 알아보자.

기본적인 아이디어는 (<circle> 엘리먼트 대신) SVG <path>로 원을 만드는 것이다. SVG 경로이기 때문에 stroke-dashoffset 기술을 사용하여 원을 그리면 경로를 애니메이션 시킬 수 있다. 이 기술에 대한 추가 정보가 다음의 TIPS에 있지만, 간단히 설명하면 자바스크립트를 사용하여 경로의 길이를 측정하고 stroke-dasharray 속성으로 라인의 렌더링되는 부분의 길이와 간격의 길이를 지정한다. 그런 다음 stroke-dashoffset을 사용하여 dasharray가 시작되는 지점을 변경한다. 이것은 효과적으로 경로가 시작되는 시점을 변경하고 애니메이션을 시작할 수 있다. 이것으로 경로가 그려지는 효과를 제공할 수 있다.

dasharray를 애니메이션 시키는 값이 알려진 고정 값이면, 이 효과는 상대적으로 간단하고 시행착오가 적어 CSS 애니메이션으로 가능하다(CSS 애니메이션에 대해서는 8장에서 자세히 알아본다).

하지만 동적인 값이거나, 다른 색상으로 변하도록 라인을 그리거나, 또는 시각적으로 텍스트 노드에 입력한 값까지 세는 효과를 원할 수 있다. 이것은 아주 귀찮은 애니메이션 작업이다. GreenSock은 이런 작업을 아주 쉽게 해준다. 다음은 GreenSock으로 이 작업을 하는 데 필요한 자바스크립트 코드다.

```javascript
// 라인의 드로잉과 색상 변경을 애니메이션 시킴
TweenLite.to(circlePath, 1.5, {'stroke-dashoffset': "-"+amount,
stroke: strokeEndColour});
// 카운터를 0으로 설정하고 입력 값으로 애니메이션 시킴
var counter = { var: 0 };
TweenLite.to(counter, 1.5, {
  var: inputValue,
  onUpdate: function () {
    text.textContent = Math.ceil(counter.var) + "%";
  },
  ease:Circ.easeOut
});
```

본질적으로 `TweenLite.to()` 함수로 애니메이션 시킬 대상과 애니메이션이 발생할 시간, 변경할 값(그리고 무엇으로 변경할지)을 전달할 수 있다.

GreenSock 사이트는 훌륭한 문서와 지원을 제공하고 있다. 따라서 한 번에 여러 개의 애니메이션을 동기화할 필요가 있다면 달력에서 하루를 비워놓고 GreenSock과 친해지도록 노력해보자.

> **TIPS**
>
> 복스 미디어^{Vox Media}가 XBox 1과 플레이스테이션 4 게임 콘솔을 몇 개의 선으로 애니메이션 시켜 폴리곤 매거진에 의해 대중화된 SVG의 '선 그리기' 기술에 대해 몰랐다면, 원 글을 `http://product.voxmedia.com/2013/11/25/5426880/polygon-feature-design-svg-animations-for-fun-and-profit`에서 읽어 보기 바란다. 또한 `http://jakearchibald.com/2013/animated-line-drawing-svg/`에서 이 기술에 대한 제이크 아치볼드^{Jake Archibald}의 좀 더 철저하고 좋은 설명도 읽을 수 있다.

SVG 최적화

양심 있는 개발자라면, 자원을 가능한 작게 만들기 원할 것이다. SVG에서 가장 쉬운 방법은 SVG 문서를 최적화해주는 자동화 도구를 사용하는 것이다. 필요 없는 엘리먼트를 제거(예를 들어, `title`과 `description` 엘리먼트)하는 것 같은 경제적으로 명백한 방법 외에도 더 작은 SVG로 만드는 다양한 최적화 방법을 수행할 수 있다.

현재 이 작업을 위해 SVGO(`https://github.com/svg/svgo`)를 추천한다. SVGO를 사용해 본적 없다면, SVGOMG(`https://jakearchibald.github.io/svgomg/`)부터 시작하기를 추천한다. SVGOMG는 다양한 최적화 플러그인을 사용하고 파일 최적화에 대한 즉각적인 피드백을 얻을 수 있는 SVGO의 브라우저 기반 버전이다.

7장의 시작부에서 다루었던 별 SVG 마크업 예제를 기억하는가? 기본적으로 이 간단한 SVG의 크기는 489 바이트다. SVGO를 사용하면 크기를 단지 218 바이트로 줄일 수 있다. 이는 원래 크기의 55.42%를 줄이는 것이다. 다수의 SVG 이미지를 사용한다면, 절감 효과는 더욱 커진다. 최적화된 SVG 마크업은 다음과 같다.

```
<svg width="198" height="188" viewBox="0 0 198 188" xmlns="http://
www.w3.org/2000/svg"><path stroke="#979797" stroke-width="3"
fill="#F8E81C" d="M99 154l-58.78 30.902 11.227-65.45L3.894
73.097l65.717-9.55L99 4l29.39 59.55 65.716 9.548-47.553 46.353 11.226
65.454z"/></svg>
```

SVGO의 인기 때문에 많은 다른 SVG 도구에서 이미 SVGO를 활용하고 있음을 알아둘 필요가 있다. 예를 들어, 앞에서 살펴보았던 아이코나이저(http://iconizr.com/) 도구는 SVG를 만들기 전에 디폴트로 SGVO를 사용한다. 따라서 불필요한 두 번의 최적화 작업을 수행하지 않도록 확인하는 것이 좋다.

SVG를 필터로 사용하기

6장에서 CSS 필터 효과에 대해 알아보았다. 하지만 CSS 필터 효과는 현재 인터넷 익스플로러 10과 11에서 지원되지 않는다. 이들 브라우저에 필터 효과를 적용하고 싶다면 여간 실망스러운 일이 아닐 수 없다. 다행히, SVG의 도움으로 인터넷 익스플로러 10과 11에서 동작하는 필터를 만들 수 있다. 하지만 생각하는 것처럼 단순하지는 않다. 예를 들어 example_07-05 페이지에서 body 안에 다음과 같은 마크업이 있다.

```
<img class="HRH" src="queen@2x-1024x747.png"/>
```

영국 여왕의 이미지가 일반적으로 다음과 같이 보인다.

또한 같은 예제 폴더에 defs 엘리먼트에 필터로 정의된 SVG도 있다. SVG 마크업은 다음과 같다.

```
<svg xmlns="http://www.w3.org/2000/svg" version="1.1">
  <defs>
    <filter id="myfilter" x="0" y="0">
      <feColorMatrix in="SourceGraphic" type="hueRotate"
values="90" result="A"/>
      <feGaussianBlur in="A" stdDeviation="6"/>
    </filter>
  </defs>
</svg>
```

필터 안에서 색조^{Hue} 값을 90도 돌리고(feColorMatrix 사용), result 속성을 사용하여 그 효과를 다음 필터(feGaussianBlur)에 블러 값 6으로 전달한다. 예제에서는 의도적으로 큰 값을 사용하였다. 미학적으로 아름답진 않지만, 효과가 적용되었는지 확실하게 알 수 있다.

이제 SVG 마크업을 HTML에 추가하는 대신 6장에서 살펴본 동일한 CSS 필터 구문을 사용하여 참조하도록 한다.

```
.HRH {
  filter: url('filter.svg#myfilter');
}
```

이제 대부분의 브라우저(크롬, 사파리, 파이어폭스)에서 다음과 같은 효과가 적용된다.

아쉽지만 이 방법은 IE 10이나 11에서는 동작하지 않는다. 하지만 SVG 안에 이미지를 포함하는 SVG의 자체 image 태그를 사용하는 다른 방법도 있다. example_07-06에서 다음과 같은 마크업을 볼 수 있다.

```
<svg height="747px" width="1024px" viewbox="0 0 1024 747"
xmlns="http://www.w3.org/2000/svg" version="1.1">
  <defs>
    <filter id="myfilter" x="0" y="0">
      <feColorMatrix in="SourceGraphic" type="hueRotate"
values="90" result="A"/>
      <feGaussianBlur in="A" stdDeviation="6"/>
    </filter>
  </defs>
  <image x="0" y="0" height="747px" width="1024px"
xmlns:xlink="http://www.w3.org/1999/xlink" xlink:href="queen@2x-
1024x747.png" filter="url(#myfilter)"></image>
</svg>
```

SVG 마크업은 height와 width, viewbox 속성이 추가된 것만 제외하면 앞의 예제에서 사용한 외부 filter.svg 필터와 아주 유사하다. 또한 필터를 적용할 이미지는 SVG의 defs 엘리먼트 외부에 있는 유일한 콘텐츠다. 필터에 연결하기 위해 filter 속성(예제의 경우 defs 엘리먼트 안에 있는)을 사용하여 사용하고자 하는 필터의 ID를 전달한다.

이 방법이 다소 복잡하기는 하지만, 심지어 인터넷 익스플로러 10이나 11 버전에서도 동작하는 SVG가 제공하는 다양한 필터 효과를 사용할 수 있다.

SVG 안에서 미디어 쿼리 사용하기

SVG를 이해하는 모든 브라우저는 정의된 CSS 미디어 쿼리를 따라야 한다. 하지만 SVG 안에 미디어 쿼리를 사용할 때 몇 가지 기억해야 할 사항이 있다.

예를 들어, 다음과 같이 SVG 안에 미디어 쿼리를 삽입한다고 가정해 보자.

```
<style type="text/css"><![CDATA[
  #star_Path {
    stroke: red;
  }
  @media (min-width: 800px) {
    #star_Path {
      stroke: violet;
    }
  }
]]></style>
```

폭이 1200px인 뷰포트에서 SVG가 200px 크기로 표시된다.

스크린이 800px 이상인 경우, 별이 보라색으로 표시될 것으로 기대할 것이다. 이것이 미디어 쿼리로 설정한 내용이다. 하지만 SVG를 img 태그나 배경 이미지, 또는 object 태그로 페이지에 삽입하는 경우, 외부 HTML 문서에 대해 알 방법이 없다. 그러므로 이 상황에서 min-width는 SVG 자체의 최소 폭을 의미한다. 따라서 SVG 자체가 페이지에서 800px 이상으로 표시되지 않는 한, 별은 보라색으로 표시되지 않는다.

반대로 인라인으로 SVG를 삽입하는 경우, 외부 HTML 문서와 병합된다. 이 경우 미디어 쿼리는 min-width 일치 여부를 판단할 때 뷰포트(HTML)를 확인한다.

이 문제를 해결하여 미디어 쿼리가 동일하게 동작하게 하려면 다음과 같이 미디어 쿼리를 수정한다.

```
@media (min-device-width: 800px) {
  #star_Path {
    stroke: violet;
  }
}
```

이 방법을 사용하면 SVG의 크기나 삽입 방법에 관계없이 미디어 쿼리는 디바이스의 폭(뷰포트)을 확인한다.

구현 팁

7장의 끝에 거의 다다랐지만 아직 SVG에 대해 할 이야기가 많이 남아 있다. 따라서 이 시점에서 몇 가지 관련 없는 주제들을 나열하고자 한다. 상세히 설명할 만큼 중요하지는 않지만, 이들에 대해 검색하는 시간을 줄여주고자 메모 형태로 나열한다.

- SVG 애니메이션이 필요 없다면 이미지 스프라이트나 데이터 URI 스타일 시트를 사용하는 것이 좋다. 폴백을 제공하기 훨씬 쉽고 성능 관점에서도 더 나은 성능을 제공한다.
- SVG 작성과정을 가능한 자동화시킨다. 인간의 오류를 줄이고 빠른 결과 예측이 가능하게 해준다.
- 정적인 SVG를 프로젝트에 삽입하려면 하나의 매커니즘(이미지 스프라이트나 데이터 URI, 또는 인라인 등)을 선택하고 선택한 방법만 사용하는 것이 좋다. 자산 별로 다른 방법을 사용하면 구현을 유지하는데 부담이 된다.
- SVG 애니메이션에서 '만능의' 선택방법은 없다. 간단하고 가끔 사용하는 애니메이션의 경우 CSS를 사용한다. 복잡한 상호작용이 필요하거나 타임라인 스타일의 애니메이션인 경우, 또한 인터넷 익스플로러에서도 동작하길 원한다면 GreenSock이나 Velocity.js, Snap.svg 같은 검증된 라이브러리를 사용하는 것이 좋다.

추가 자원

7장의 시작 부분에서 언급한 바와 같이, 이 책에서 SVG에 대한 모든 것을 다룰 시간도 지식도 부족하다. 따라서 이 주제에 대한 깊이 있고 다양한 우수 자원을 소개하고 싶다.

- J. 데이비드 아이젠버그[J. David Eisenberg], 아멜리 벨라미 로이드[Amelia Bellamy-Royds]의 SVG 에센셜 2판(http://shop.oreilly.com/product/0636920032335.do)
- 사라 슈에이단[Sara Soueidan]의 SVG 애니메이션(SMIL) 가이드(http://css-tricks.com/guide-svg-animations-smil/)
- 제레미 패톤니어[Jeremie Patonnier]가 테스트한 SVG 안에서의 미디어 쿼리(http://jeremie.patonnier.net/experiences/svg/media-queries/test.html)

- 오늘날의 브라우저에 대한 SVG 프라이머(http://www.w3.org/Graphics/SVG/IG/resources/svgprimer.html)
- 사라 슈에이단[Sara Soueidan]의 SVG 좌표 시스템과 변환의 이해 파트 1(http://sarasoueidan.com/blog/svg-coordinate-systems/)
- SVG 필터 효과의 실제(http://ie.microsoft.com/testdrive/graphics/hands-on-css3/hands-on_svg-filter-effects.htm)
- 야콥 젠코브[Jakob Jenkov]의 SVG 전체 튜토리얼(http://tutorials.jenkov.com/svg/index.html)

요약

7장에서는 반응형 프로젝트에서 SVG를 이해하고 구현하는 데 필요한 필수 정보를 다루었다. SVG를 작성하는 데 사용할 수 있는 다양한 그래픽 애플리케이션과 온라인 솔루션을 살펴보았고, 여러 브라우저 특성에 따라 사용할 수 있는 다양한 삽입 방법을 알아보았다.

또한 외부 스타일 시트를 링크하거나 동일 페이지에서 SVG 심볼을 재사용하고 외부에서 참조하는 방법을 살펴보았다. 그리고 CSS 필터보다 폭넓은 지원을 제공하는 CSS에서 사용할 수 있는 SVG 필터도 만들어 보았다.

마지막으로 자바스크립트 라이브러리를 사용하여 SVG를 애니메이션 하거나 SVGO 도구로 SVG를 최적화하는 방법도 알아보았다.

8장에서는 CSS 트랜지션과 트랜스폼, 애니메이션에 대해 알아본다. 많은 구문과 기술이 SVG 문서에도 적용될 수 있기 때문에 SVG와 연관해서 읽어도 많은 도움이 될 것이다. 따뜻한 차 한 잔 마시고 다음 장을 계속 살펴보자.

8장

CSS3 트랜지션, 트랜스폼 그리고 애니메이션

   지금까지는 엘리먼트의 이동이나 스크린에서 애니메이션이 필요한 경우, 자바스크립트가 유일한 방법이었다. 최근 들어 CSS 트랜지션^{CSS transition}과 CSS 트랜스폼^{CSS transform}, CSS 애니메이션^{CSS animation}의 세 가지 CSS 기능을 통해 이런 모션 작업을 처리할 수 있게 되었다. 사실 트랜지션과 애니메이션만이 모션과 직접 연관되었고 트랜스폼은 단순히 엘리먼트를 변경해주는 것이지만 종종 성공적인 모션 효과에 필수적인 요소가 된다.

   각각 어떤 역할을 담당하는지 간단하게 요약하면 다음과 같다.

- 모션을 적용할 요소의 시작과 끝 상태를 이미 가지고 있고, 상태 사이를 '트윈'할 간단한 방법이 필요한 경우 CSS 트랜지션을 사용한다.
- 페이지의 레이아웃에 영향을 주지 않고 시각적으로 요소를 변환할 경우 CSS 트랜스폼을 사용한다.
- 시간에 따라 중요 지점에서 엘리먼트의 일련의 변경을 수행할 경우 CSS 애니메이션을 사용한다.

8장에서 다루는 내용은 다음과 같다.
- CSS3 트랜지션의 정의와 사용법
- CSS3 트랜지션 규칙 작성 방법과 약식 구문
- CSS3 트랜지션 시간 함수(ease, cubic-bezier 등)
- 반응형 웹 사이트를 위한 재미있는 트랜지션 효과
- CSS3 트랜스폼의 정의와 사용법

- 2D 트랜스폼에 대한 이해(scale, rotate, skew, translate 등)
- 3D 트랜스폼에 대한 이해
- keyframes을 사용한 CSS3 애니메이션

CSS3 트랜지션의 정의와 사용법

트랜지션은 CSS로 상태 사이에서 간단히 시각적 '효과'를 제공하는 방법이다. 마우스가 호버[Hover]될 때 엘리먼트의 상태가 트랜지션 되는 간단한 예를 생각해보자.

CSS로 하이퍼링크를 스타일링할 때 마우스 포인터가 링크 위에 올라온 경우, 사용자가 이를 인식할 수 있게 일반적으로 호버 상태로 만든다. 최근 증가하고 있는 터치스크린 디바이스와는 큰 관련이 없지만, 마우스 사용자에게는 웹 사이트와 상호작용하는 간단하지만 훌륭한 수단이다. 또한 트랜지션을 설명하기 좋다.

전통적으로 CSS만 사용할 경우 호버 상태는 온/오프의 두 가지 상태만 존재한다. 디폴트 상태에 있다가 다른 호버 상태로 변경된다. 그러나 CSS3 트랜지션은 이름에서 알 수 있듯이 하나 이상의 속성과 값이 한 상태에서 다른 상태로 전환될 수 있다.

> **TIPS**
>
> 알아 두어야 할 몇 가지 중요 사항이 있다. 먼저, display: none;에서 트랜지션 할 수 없다. display: none;으로 설정되어 있는 경우, 실제 화면에 렌더링되지 않기 때문에 트랜지션할 수 있는 기존 상태가 존재하지 않는다. 페이드인 되는 효과를 주려면 불투명도나 위치 값을 트랜지션 시켜야 한다. 둘째, 모든 속성을 트랜지션 할 수 있는 것은 아니다. 속성의 트랜지션 가능 여부는 http://www.w3.org/TR/css3-transitions/에서 확인할 수 있다.

example_08-01을 열면 nav에 몇 개의 링크가 있는 것을 볼 수 있다. 마크업은 다음과 같다.

```
<nav>
  <a href="#">link1</a>
  <a href="#">link2</a>
  <a href="#">link3</a>
  <a href="#">link4</a>
  <a href="#">link5</a>
</nav>
```

CSS는 다음과 같다.

```
a {
  font-family: sans-serif;
  color: #fff;
  text-indent: 1rem;
  background-color: #ccc;
  display: inline-flex;
  flex: 1 1 20%;
  align-self: stretch;
  align-items: center;
  text-decoration: none;
  transition: box-shadow 1s;
}

a + a {
  border-left: 1px solid #aaa;
}

a:hover {
  box-shadow: inset 0 -3px 0 #CC3232;
}
```

두 가지 상태는 다음과 같다. 먼저 디폴트 상태는 다음과 같다.

호버 상태는 다음과 같다.

이 예제에서 링크가 호버 상태일 때 바닥에 빨간색 박스 섀도를 추가했다(링크의 레이아웃에 영향을 미치지 않기 때문에 박스 섀도를 선택했다). 따라서 링크가 호버 상태가 되면 첫 번째 상태(빨간색 줄 없음)에서 두 번째 상태(빨간색 줄)로 토글된다.

```
transition: box-shadow 1s;
```

box-shadow에 트랜지션을 추가하여 기존 상태에서 호버 상태로 1초에 걸쳐 전환된다.

> **TIPS**
>
> 앞의 CSS 예제에서 인접 형제 선택자[Adjacent Sibling Selector] +를 사용하고 있다. 이것은 선택자(예제에서는 a 태그)가 다른 선택자(다른 a 태그)에 바로 따라 오는 경우 지정한 스타일을 적용하라는 의미이다. 예제에서는 첫 번째 엘리먼트에 왼쪽 경계선을 원하지 않기 때문에 인접 형제 선택자가 유용하다.

CSSS의 트랜지션 속성이 호버 상태가 아닌 엘리먼트의 원래 상태에 적용됨을 주의한다. 쉽게 말해 '나중' 상태가 아닌 '이전' 상태에 트랜지션을 선언한다. 따라서 동일한 트랜지션에서도 :active 같은 다른 상태에는 다른 스타일의 트랜지션 효과를 적용할 수 있다.

트랜지션 속성

트랜지션은 4개의 속성을 사용해 선언한다.

- `transition-property` : 전환을 적용할 CSS 속성의 이름(`background-color`, `text-shadow`, `all` 등 트랜지션이 가능한 모든 속성)
- `transition-duration` : 전환이 진행될 시간(예를 들어 `.3s`, `2s`, `1.5s`와 같이 초 단위로 정의)
- `transition-timing-function` : 전환이 진행되는 속도를 나타내는 키워드 (예를 들어 `ease`, `linear`, `ease-in`, `ease-out`, `ease-in-out`, `cubic-bezier`)
- `transition-delay` : 옵션 값으로 전환이 시작되기 전 지연 시간. 전환이 즉시 진행되도록 음수 값을 사용할 수 있지만 일부에만 사용(`.3s`, `2s`, `1.5s`와 같이 초 단위로 정의)

다음과 같이 각 속성을 개별적으로 사용하여 트랜지션을 지정할 수 있다.

```
.style {
  /*...(그 밖의 스타일)...*/
  transition-property: all;
  transition-duration: 1s;
  transition-timing-function: ease;
  transition-delay: 0s;
}
```

트랜지션 약식 속성

각 속성을 하나로 묶어서 약식으로 선언할 수도 있다.

```
transition: all 1s ease 0s;
```

약식 버전을 사용할 때 유의해야 할 중요한 점은 첫 번째 시간 값은 항상 `transition-duration`로 사용되고 두 번째 시간 값은 `transition-delay`로 사용된다는 것이다. 약식 버전은 일반적으로 전환 시간 및 속성만 정의할 필요가 있을 때 선호하는 방식이다.

사소한 문제이긴 하지만, 실제로 전환이 필요한 속성만 정의한다. all로 설정하면 편리하긴 하지만, 브라우저에 필요 이상의 부담을 줄 수 있다. 따라서 불투명도의 전환이 필요하다면 트랜지션 속성으로 opacity만 정의한다. 대부분의 경우 큰 문제가 되진 않지만, 사이트가 가능한 최상의 성능이 되도록 만들고 싶다면, 특히 구형 디바이스의 경우 도움이 될 수 있다.

속성별로 각기 다른 트랜지션 시간 적용

여러 개의 속성이 선언됐을 때 모든 속성을 동일한 방식으로 전환할 필요는 없다. 다음 규칙을 살펴보자.

```
.style {
  /* ...( 그 밖의 스타일 )... */
  transition-property: border, color, text-shadow;
  transition-duration: 2s, 3s, 8s;
}
```

예제에서 transition-property에 트랜지션하려는 border와 color, text-shadow를 지정했다. 그런 다음 transition-duration 선언에서 border는 2초 동안, color는 3초 동안, text-shadow는 8초 동안 트랜지션이 진행되게 지정했다. 쉼표로 구분된 시간 값은 transition-property에서 쉼표로 구분된 속성과 순서대로 매칭된다.

시간 함수의 이해

트랜지션을 선언할 때, 속성과 진행 시간, 지연 시간은 상대적으로 이해하기 쉽다. 하지만 각 시간 함수$^{Timing\ Function}$는 이해하기 조금 까다롭다. 도대체 ease, linear, ease-in, ease-out, ease-in-out, cubic-bezier가 무엇을 의미하는가? 각 시간 함수는 사실 사전 정의된 3차 베지어 곡선$^{Cubic-Bezier\ Curve}$이다. 좀 더 간단하게 설명하면 전환이 어떻게 보이는지를 수학적으로 설명하는 방법이다. 일반적으로 이들 곡선을 시각화하는 것이 이해하기 쉽기 때문에 http://cubic-bezier.com/와 http://easings.net/을 참고하기를 추천한다.

이 두 사이트는 시간 함수를 비교하고 각각의 차이를 시각적으로 보여 준다. 다음은 http://easings.net의 스크린샷을 보여준다. 곡선에 마우스를 올리면 각 시간 함수의 데모를 볼 수 있다.

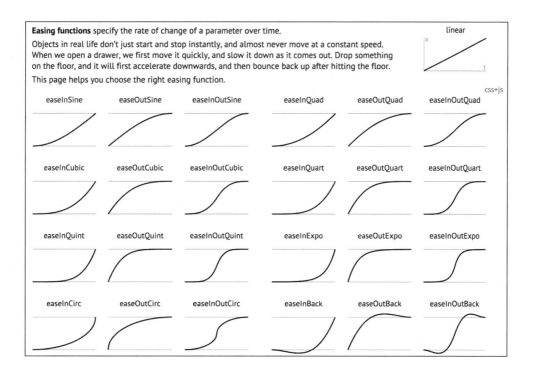

그러나 새로운 3차 베지어 곡선을 작성한다고 해도 실제로 이것이 만드는 차이는 그리 크지 않다. 그 이유는 다음과 같다. 실제 구현에서 트랜지션이 너무 오랜 시간 동안 진행되면 사이트가 느리다는 느낌을 받게 된다. 예를 들어, 내비게이션 링크가 5초 동안 트랜지션 된다면 대부분의 사용자는 '멋지다'는 느낌을 받기보다는 불만을 갖게 될 것이다. 속도의 인식은 사용자에게 매우 중요하다. 따라서 웹 사이트와 애플리케이션을 가능한 한 빠르게 만들어야 한다.

따라서 특별한 이유가 없다면 기본 트랜지션 효과(Ease)를 짧은 시간(개인적인 선호는 최대 1초) 동안 적용하는 것이 가장 좋은 방법이다.

반응형 웹 사이트를 위한 재미있는 트랜지션 효과

성장하는 동안 부모님 중 한 분이 외출했을 때 다른 부모님이 이런 말을 했던 경험이 있었는가? "자, 우리 아침식사 시리얼에 설탕을 넣을 거야. 하지만 엄마(아빠)가 돌아왔을 때 결코 말하지 않겠다고 약속해야 해. 알겠지?" 확실히 죄책감을 느낄 것이다. 여기에 유사한 상황으로, 아무도 보지 않을 때 재미있는 작업을 해보자. 실제 반응형 프로젝트에는 사용하지 않기 바란다.

```
* {
  transition: all 1s;
}
```

예제에서 모든 엘리먼트의 선택을 위해 CSS의 공용 선택자(*)를 사용했고, 모든 엘리먼트에 1초의 트랜지션 효과를 적용했다. 시간 함수를 생략했기 때문에 ease가 기본으로 적용될 것이고, 또한 지연 시간도 지정하지 않았기 때문에 지연 시간은 없다. 효과는? 기대하는 대로 링크, 호버 상태 등 대부분에 트랜지션 효과가 적용된다. 미디어 쿼리에도 트랜지션 효과가 적용되기 때문에, 브라우저 창의 크기가 조절되면 엘리먼트들이 다른 상태로 재정렬될 때도 트랜지션 효과가 적용된다. 이게 정말 필요한 일일까? 물론 그렇지는 않다. 하지만 보고 즐기기에 재미있는 효과임에는 틀림없다.

CSS3 2D 트랜스폼

유사하게 보일지 모르지만, CSS 트랜스폼^{Transforms}은 CSS 트랜지션과 완전히 다르다. 트랜지션이 한 상태에서 다른 상태로 부드럽게 전환되는 것을 말하는 반면에 트랜스폼은 엘리먼트가 다른 엘리먼트로 변형되는 것을 말한다. 내가 이 둘을 구분하는 방법(솔직히 유치하지만)은 다음과 같다. 옵티머스 프라임 같은 트랜스포머 로보트를 상상해보자. 옵티머스 프라임은 로보트이지만 일정시간을 거쳐(트랜지션) 트럭으로 변신(트랜스폼)한다.

옵티머스 프라임이 무엇인지 모른다면, 마지막 몇 문장을 깨끗이 잊어주기 바란다. 어차피 잠시 후 이들의 차이를 명확하게 이해하게 될 것이다.

CSS3 트랜스폼이 가능한 두 그룹에는 2D 트랜스폼과 3D 트랜스폼이 있다. 2D 트랜스폼은 브라우저에 널리 구현됐고 비교적 쉬우므로 먼저 살펴보자. CSS3 2D 트랜스폼 모듈은 다음의 변형을 사용할 수 있다.

- scale(스케일) : 엘리먼트를 확대, 축소
- translate(이동) : 스크린에서 엘리먼트를 이동(up, down, left, right)
- rotate(회전) : 지정된 각도만큼 엘리먼트를 회전
- skew(왜곡) : X축과 Y축으로 엘리먼트를 왜곡(비틀기)
- matrix(매트릭스) : 픽셀 단위로 엘리먼트를 이동하거나 변형

> **TIPS**
>
> 트랜스폼은 문서 플로우 밖에서 발생한다는 사실을 기억하자. 즉, 트랜스폼 된 엘리먼트는 주변 엘리먼트의 위치에 영향을 미치지 않는다.

다양한 2D 트랜스폼을 연습해 보자. 브라우저에서 example_08-02를 열어 각각을 테스트해 볼 수 있다. 모든 트랜스폼에 트랜지션이 적용되었기 때문에 어떤 일이 일어나는지 이해하는 데 도움이 될 것이다.

Scale

scale의 구문은 다음과 같다.

```
.scale:hover {
  transform: scale(1.4);
}
```

예제에서 'scale' 링크에 마우스를 올리면 다음과 같은 효과가 발생한다.

엘리먼트가 호버 되었을 때 원래 크기의 1.4 배가 되도록 지정했다.

엘리먼트를 확대하는데 사용한 값 대신, 1 이하의 값을 사용하면 엘리먼트를 축소할 수 있다. 다음은 엘리먼트를 절반 크기로 축소한다.

```
transform: scale(0.5);
```

Translate

translate의 구문은 다음과 같다.

```
.translate:hover {
  transform: translate(-20px, -20px);
}
```

예제에서 규칙이 적용된 효과는 다음과 같다.

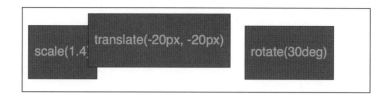

　translate 속성은 브라우저에게 픽셀이나 퍼센트로 정의된 값만큼 엘리먼트를 이동
하도록 지시한다. 첫 번째 값은 x축, 두 번째 값은 y축이다. 괄호 안에 주어진 양의 값은
오른쪽 또는 아래로 엘리먼트를 이동시키고 음수 값은 왼쪽 또는 위로 이동시킨다.

　하나의 값만 지정하면 x 축에 적용된다. 엘리먼트를 한 축으로만 이동시키려면
translateX나 translateY를 사용해도 된다.

Translate를 사용하여 절대 위치 엘리먼트를 중앙으로 이동

　translate는 상대 위치 컨테이너에 포함되어 있는 절대 위치 엘리먼트를 중앙으로 이
동시키는 아주 유용한 방법을 제공한다. example_08-03에서 이 예제를 볼 수 있다.

　다음 마크업을 고려해보자.

```
<div class="outer">
  <div class="inner"></div>
</div>
```

CSS는 다음과 같다.

```
.outer {
  position: relative;
  height: 400px;
  background-color: #f90;
}
.inner {
  position: absolute;
  height: 200px;
  width: 200px;
  margin-top: -100px;
  margin-left: -100px;
  top: 50%;
  left: 50%;
}
```

아마도 유사한 작업을 해봤을 것이다. 절대 위치 엘리먼트의 크기를 알고 있다면(예제의 경우 200px × 200px), 마진 값을 음수로 사용하여 가운데로 끌어당길 수 있다. 하지만 포함할 콘텐츠의 높이를 알 방법이 없다면 어떻게 할까? 트랜스폼이 답이다.

내부 박스에 임의의 내용을 추가한다.

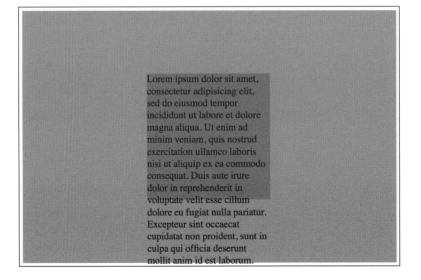

문제가 발생한다. transform으로 문제를 해결해 보자.

```
.inner {
  position: absolute;
  width: 200px;
  background-color: #999;
  top: 50%;
  left: 50%;
  transform: translate(-50%, -50%);
}
```

결과는 다음과 같다.

예제에서 top과 left는 내부 박스를 외부 컨테이너 안에 위치시킨다. 따라서 내부 박스의 왼쪽 상단 모서리는 외부 컨테이너의 가로 50%, 세로 50% 위치에서 시작한다. 그런 다음 transform이 내부 엘리먼트에 적용되어 자신의 너비와 높이의 절반만큼 반대 방향(−50%)으로 이동시킨다(결과적으로 외부 컨테이너의 중앙에 위치한다).

Rotate

rotate는 엘리먼트를 회전시킨다. 구문은 다음과 같다.

```
.rotate:hover {
  transform: rotate(30deg);
}
```

브라우저에서 결과는 다음과 같다.

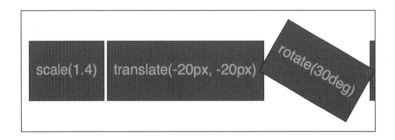

괄호 안의 값은 항상 각도(예를 들어, 90deg)여야 한다. 양의 값은 엘리먼트를 시계 방향으로 회전시키고, 음의 값은 반시계 방향으로 회전시킨다. 다음과 같은 값을 지정해 엘리먼트를 마치 바람개비 같이 회전시킬 수도 있다.

```
transform: rotate(3600deg);
```

예제는 엘리먼트를 완전한 원으로 10번 회전시킨다. 이런 특정한 값이 실제로 사용되는 예는 많지 않겠지만, 풍차 회사의 웹 사이트를 설계한다면 유용하게 쓸 수 있을 것이다.

Skew

포토샵으로 작업해봤다면 skew가 어떤 역할을 하는지 잘 알고 있을 것이다. 이것은 엘리먼트가 축의 한쪽 또는 양쪽으로 비틀어지게 만들어 준다. 예제 코드는 다음과 같다.

```
.skew:hover {
  transform: skew(40deg, 12deg);
}
```

호버 링크에 예제를 적용하면 다음과 같은 효과가 발생한다.

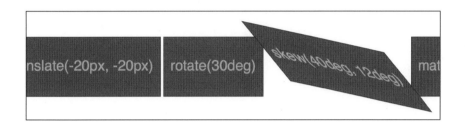

첫 번째 값은 skew가 적용되는 x축(예제에서는 40deg)을, 두 번째 값(12deg)은 y축을 의미한다. 두 번째 값을 생략하면 x축(가로)에만 값이 적용된다. 예를 들면 다음과 같다.

```
transform: skew(10deg);
```

Matrix

등급 외 영화에 대해 이야기해 보자. 이번 주제는 영화 '매트릭스'가 아닌 CSS3 매트릭스다.

매트릭스 트랜스폼 구문은 끔직해 보인다. 예제 코드는 다음과 같다.

```
.matrix:hover {
  transform: matrix(1.678, -0.256, 1.522, 2.333, -51.533, -1.989);
}
```

매트릭스는 본질적으로 다른 여러 트랜스폼(scale, rotate, skew 등)을 하나의 선언으로 결합할 수 있게 해준다. 앞의 선언은 브라우저에서 다음과 같은 효과를 보여준다.

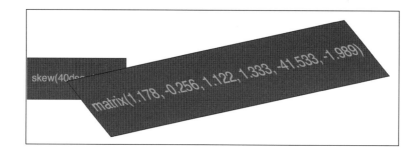

도전을 좋아하긴 하지만, 매트릭스는 다소 실험적이라는 사실에 동의할 수밖에 없다. 규격(http://www.w3.org/TR/css3-2d-transforms/)을 보고 매트릭스를 완전히 이해하기 위해서 수학적 지식이 필요하다는 사실을 알게 되면 상황은 더욱 악화된다.

Matrix 트랜스폼 치트 사이트

나는 수학자가 아니다. 따라서 매트릭스 기반의 트랜스폼을 사용해야 할 필요가 있으면 치트[cheat] 사이트를 이용한다. 여러분 역시 수학 실력이 부족하다고 생각한다면, http://www.useragentman.com/matrix/ 사이트를 참고해보기 바란다.

이 'Matrix Construction Set' 웹 사이트는 원하는 곳으로 엘리먼트를 드래그 앤 드롭할 수 있도록 해주고, 이에 대한 정확한 매트릭스 코드(벤더 프리픽스를 포함한)를 만들어 준다. 이 코드를 복사하여 CSS 파일에 붙여넣기만 하면 된다.

transform-origin 속성

CSS에서 디폴트 트랜스폼 중심점(브라우저에서 트랜스폼을 위해 중심으로 사용하는 지점)은 중앙: 엘리먼트의 x축으로 50%, y축으로 50%이다. 이는 좌측 상단(또는 0 0)을 디폴트로 하는 SVG와 다르다.

transform-origin 속성을 사용하여 트랜스폼이 시작되는 지점을 수정할 수 있다.

앞에서 살펴본 매트릭스 트랜스폼을 생각해보자. 디폴트 transform-origin은 '50% 50%'(엘리먼트의 중앙)다. 파이어폭스 개발자 도구는 transform이 어떻게 적용되는지 보여준다.

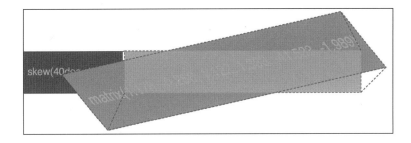

이제 transform-origin을 다음과 같이 조정한다.

```
.matrix:hover {
  transform: matrix(1.678, -0.256, 1.522, 2.333, -51.533, -1.989);
  transform-origin: 270px 20px;
}
```

그러면 다음과 같은 효과를 볼 수 있다.

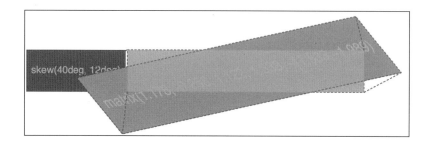

첫 번째 값은 수평 오프셋이고, 두 번째 값은 수직 오프셋이다. 키워드를 사용할 수도 있다. 예를 들어, left는 수평 0%와 동일하고, right는 수평 100%와 동일하다. top은 수직 0%와 동일하고 bottom은 수직 100%와 동일하다. 또한 모든 CSS 길이 단위를 사용할 수 있다.

`transform-origin` 값에 퍼센트를 사용하면, 수평/수직 오프셋은 엘리먼트의 높이/너비에 상대적이 된다.

CSS 길이 단위를 사용하면, 값은 엘리먼트의 좌측 상단에서부터 측정된다.

`transform-origin` 속성에 대한 전체 정보는 `http://www.w3.org/TR/css3-2d-transforms/`에서 볼 수 있다.

지금까지 2D 트랜스폼의 핵심 내용을 알아봤다. 2D 트랜스폼은 3D 트랜스폼보다 브라우저에 훨씬 광범위하게 적용됐으며, 스크린에서 엘리먼트를 이동할 때 절대 위치 같은 구식 방법보다 훨씬 더 좋은 방법을 제공해준다.

CSS3 2D 트랜스폼 모듈 레벨 3의 전체 규격은 `http://www.w3.org/TR/css3-2d-transforms/`에서 볼 수 있다.

CSS3 3D 트랜스폼

첫 번째 예를 살펴보자. 엘리먼트에 마우스가 호버되면 플립되도록(뒤집어지게) 만든다. 예제에서 호버를 사용한 이유는 변화를 쉽게 보여줄 수 있기 때문이다. 플리핑 동작은 클래스가 변경되거나(자바스크립트에 의해), 엘리먼트가 포커스를 받으면 시작된다.

예제에서는 수평 플리핑과 수직 플리핑의 두 가지 엘리먼트를 사용했다. 최종 코드는 example_08-04에서 볼 수 있다. 이미지로 이 기술을 설명하기는 쉽지 않다. 하지만 기본 아이디어는 엘리먼트가 '녹색' 배경에서 '빨간색' 배경으로 바뀌고 관점Perspective의 도움으로 3D 공간에서 전환되는 모습을 보여주는 것이다. 다음 그림은 녹색에서 빨간색으로 트랜지션되는 모습의 일부를 보여준다.

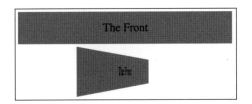

플리핑 엘리먼트의 마크업은 다음과 같다.

```
<div class="flipper">
  <span class="flipper-object flipper-vertical">
    <span class="panel front">The Front</span>
    <span class="panel back">The Back</span>
  </span>
</div>
```

수평 플리핑 마크업과 유일한 차이는 `flipper-vertical` 대신 `flipper-horizontal`을 사용한다는 것이다.

스타일의 대부분이 페이지를 아름답게 꾸미는 것에 관련되어 있기 때문에, 여기서는 플리핑 효과를 가능하게 만드는 필수 스타일에 대해서만 알아본다. 나머지 스타일은 `example_08-04` 예제의 전체 스타일 시트를 참조한다.

먼저, 플립할 `.flipper-object`의 관점을 설정해야 한다. 이를 위해 `perspective` 속성을 사용한다. 이 속성은 3D 공간에서 사용자의 스크린에서 엘리먼트까지의 거리를 시뮬레이션한다.

`perspective` 값으로 20px 같은 작은 숫자를 설정하면 엘리먼트의 3D 공간을 스크린의 바로 20px 앞까지 확장하여 결과적으로 현저한 3D 효과가 발생한다. 반대로 높은 숫자로 설정하면 가상의 3차원 공간의 가장자리가 멀어져서 3D 효과는 상대적으로 약해진다.

```
.flipper {
  perspective: 400px;
  position: relative;
}
```

바깥쪽 엘리먼트를 상대적인 위치로 지정하여 `flipper-object`를 안쪽에 위치한다.

```
.flipper-object {
  position: absolute;
  transition: transform 1s;
  transform-style: preserve-3d;
}
```

.flipper-object를 상대적으로 가장 근접한 부모의 좌측 상단의 절대 위치로 지정 (절대적인 위치 엘리먼트의 디폴트 위치)하는 동시에 transition 트랜스폼을 설정했다. 여기서 중요한 것은 transform-styles: preserve-3d이다. 이것은 브라우저에게 이 엘리먼트를 트랜스폼할 때 자식 엘리먼트도 3D 효과를 유지하도록 지시한다.

.flipper-object에 preserve-3d를 설정하지 않으면, 플립되는 엘리먼트의 뒷면 (빨간색 배경)을 절대 보지 못할 것이다. 이 속성에 대한 규격은 http://www.w3.org/TR/2009/WD-css3-3d-transforms-20090320/에서 볼 수 있다.

플립되는 엘리먼트의 각 '패널'은 컨테이너의 상단에 위치해야 한다. 하지만 회전하는 경우 '뒷면'을 보이지 않게 해야 한다(그렇지 않으면 빨간색 패널 뒤에 위치하는 녹색 패널을 절대 볼 수 없을 것이다). 이를 위해 backface-visibility 속성을 사용한다. 이 속성을 hidden으로 설정한다. 따라서 엘리먼트의 뒷면은 숨겨진다.

```
.panel {
  top: 0;
  position: absolute;
  backface-visibility: hidden;
}
```

TIPS

일부 브라우저에서 backface-visibility 속성에 놀라운 부가 효과가 있다. 구형 안드로이드 디바이스에서 고정 위치 엘리먼트의 성능을 개선하는 데 특히 유용하다. 이에 대한 자세한 내용은 http://benfrain.com/easy-css-fix-fixed-positioning-android-2-2-2-3/와 http://benfrain.com/improving-css-performance-fixed-position-elements/를 읽어보기 바란다.

디폴트로 후면 패널이 플립되게 만든다(따라서 전체를 뒤집을 때 올바른 위치에 있을 것이다). 이를 위해 rotate 트랜스폼을 적용한다.

```css
.flipper-vertical .back {
  transform: rotateX(180deg);
}

.flipper-horizontal .back {
  transform: rotateY(180deg);
}
```

이제 모든 설정이 끝났다. 이제 필요한 것은 외부 엘리먼트가 호버될 때 전체 내부 엘리먼트를 플리핑하는 것이다.

```css
.flipper:hover .flipper-vertical {
  transform: rotateX(180deg);
}

.flipper:hover .flipper-horizontal {
  transform: rotateY(180deg);
}
```

이 원칙을 다양한 방법으로 활용할 수 있다. 멋진 내비게이션 효과나 오프 캔버스 메뉴에 관심이 있다면 다음 사이트를 방문해 볼 것을 강력하게 추천한다.

http://tympanus.net/Development/PerspectivePageView Navigation/index.html

TIPS

CSS 트랜스폼 모듈 레벨 1에 대한 W3C의 최신 개발 소식은 http://dev.w3.org/csswg/css-transforms/을 참고한다.

transform3d 속성

perspecitive 속성 외에 또 다른 유용한 속성으로 transform3d가 있다. 하나의 속성과 값으로 엘리먼트를 x축(왼쪽/오른쪽)과 y축(위/아래), z축(앞/뒤)으로 이동할 수 있다. 마지막 예제를 translate3d 트랜스폼을 이용하여 수정해 보자. example_08-06에서이 예제를 확인할 수 있다.

엘리먼트에 작은 패딩을 설정하는 것 외에, 앞의 예제에서 유일하게 수정된 부분은 다음과 같다.

```
.flipper:hover .flipper-vertical {
  transform: rotateX(180deg) translate3d(0, 0, -120px);
  animation: pulse 1s 1s infinite alternate both;
}

.flipper:hover .flipper-horizontal {
  transform: rotateY(180deg) translate3d(0, 0, 120px);
  animation: pulse 1s 1s infinite alternate both;
}
```

여전히 트랜스폼을 적용하고 있지만, 이번에는 rotate 외에 translate3d도 추가했다. translate3d에 전달할 수 있는 인수는 쉼표로 구분된 x축 이동과 y축 이동, z축 이동이다.

두 예제에서 엘리먼트를 x축과 y축(왼쪽에서 오른쪽으로, 위에서 아래로)으로 움직이지 않고 대신 앞쪽으로 이동시켰다.

첫 번째 예제를 보면, 플립 화면이 아래쪽 버튼을 뒤로 돌아 스크린의 120px 앞으로 근접해서 종료되는 것을 볼 수 있다(음수 값은 스크린 앞으로 다가오게 만든다).

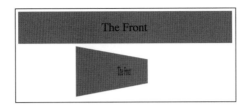

반면, 아래쪽 버튼은 수평으로 플립되어 스크린에서 120px 떨어진 곳에서 끝난다.

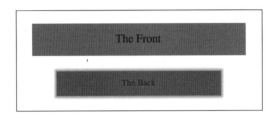

TIPS

translate3d의 규격은 http://www.w3.org/TR/css3-3d-transforms/에서 볼 수 있다.

점진적 향상 방법에서의 트랜스폼 활용

transform3d의 유용한 활용처 중 하나는 슬라이딩 패널, 특히 '오프 캔버스[Off-Canvas]' 내비게이션 패턴이다. example_08-07을 열면 점진적인 향상 방법으로 만든 기본적인 오프 캔버스 패턴을 볼 수 있다.

자바스크립트와 트랜스폼 같은 현대적인 CSS 기능으로 상호작용을 만들 때 지원하고자 하는 가장 낮은 성능의 디바이스부터 고려하는 것이 바람직하다. 자바스크립트가 없거나 자바스크립트를 로딩하고 실행하는데 문제가 있는 사람이 있다면 어떻게 하겠는가? 트랜스폼을 지원하지 못하는 디바이스(예를 들면 오페라 미니)는 어떻게 하겠는가? 약간의 노력으로 모든 상황에서 잘 동작하는 인터페이스를 만들 수 있으니 걱정하지 말자.

이런 종류의 인터페이스를 만들 때 가장 좋은 방법은 가장 낮은 기능의 설정부터 시작해서 기능을 향상시키는 것이다. 따라서 먼저 자바스크립트를 사용할 수 없는 경우를 설정한다. 아무튼 메뉴를 표시하는 방법이 자바스크립트에 의존하는 경우 메뉴 오프 스크린은 아무 소용이 없다. 이 경우 내비게이션 영역을 오로지 마크업에 의존해 작성해야 한다. 최악의 경우 어떤 뷰포트 크기에서는 다음과 같이 페이지를 스크롤 다운하여 링크를 클릭할 수밖에 없을 수도 있다.

자바스크립트를 사용할 수 있는 경우, 작은 스크린에서는 내비게이션을 숨기고 대신 왼쪽에 메뉴 버튼을 표시한다. 메뉴 버튼을 클릭하면, body 태그에 클래스를 추가(자바스크립트로)하고 이 클래스를 이용해 내비게이션을 다시 CSS로 표시한다.

ff-canvas menu

it amet, consectetur adipisicing elit,
por incididunt ut labore et dolore
m ad minim veniam, quis nostrud
laboris nisi ut aliquip ex ea
. Duis aute irure dolor in
ptate velit esse cillum dolore eu
Excepteur sint occaecat cupidatat
culpa qui officia deserunt mollit

큰 뷰포트에서는 메뉴 버튼을 숨기고 내비게이션을 왼쪽에 위치시키고 메인 콘텐츠를
옆으로 이동한다.

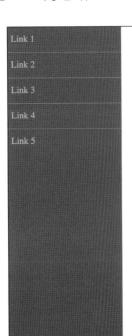

A basic off-canvas menu

Lorem ipsum dolor sit amet, consectetur adipisicing elit, sed do
eiusmod tempor incididunt ut labore et dolore magna aliqua. Ut enim
ad minim veniam, quis nostrud exercitation ullamco laboris nisi ut
aliquip ex ea commodo consequat. Duis aute irure dolor in
reprehenderit in voluptate velit esse cillum dolore eu fugiat nulla
pariatur. Excepteur sint occaecat cupidatat non proident, sunt in culpa
qui officia deserunt mollit anim id est laborum.

Lorem ipsum dolor sit amet, consectetur adipisicing elit, sed do
eiusmod tempor incididunt ut labore et dolore magna aliqua. Ut enim
ad minim veniam, quis nostrud exercitation ullamco laboris nisi ut
aliquip ex ea commodo consequat. Duis aute irure dolor in
reprehenderit in voluptate velit esse cillum dolore eu fugiat nulla
pariatur. Excepteur sint occaecat cupidatat non proident, sunt in culpa
qui officia deserunt mollit anim id est laborum.

Lorem ipsum dolor sit amet, consectetur adipisicing elit, sed do
eiusmod tempor incididunt ut labore et dolore magna aliqua. Ut enim
ad minim veniam, quis nostrud exercitation ullamco laboris nisi ut
aliquip ex ea commodo consequat. Duis aute irure dolor in
reprehenderit in voluptate velit esse cillum dolore eu fugiat nulla
pariatur. Excepteur sint occaecat cupidatat non proident, sunt in culpa
qui officia deserunt mollit anim id est laborum.

그런 다음 내비게이션의 표시/숨김 효과를 점진적으로 향상시킨다. 스타일 적용에 사용할 수 있는 클래스를 HTML 태그에 추가하는 것 같은 작업은 모더나이저 같은 도구가 필요한 이유이다(모더나이저에 대해서는 5장에서 자세히 다루었다).

먼저 translate 트랜스폼만 지원하는 브라우저(예를 들면 구형 안드로이드)에서는 간단한 translateX를 사용한다.

```
.js .csstransforms .navigation-menu {
  left: auto;
  transform: translateX(-200px);
}
```

translate3d를 지원하는 브라우저에서는 대신 translate3d를 사용한다. 이 기능이 지원되는 경우 대부분의 디바이스에서 이 기능은 그래픽 프로세서에서 분산 처리되기 때문에 훨씬 더 잘 수행된다.

```
.js .csstransforms3d .navigation-menu {
  left: auto;
  transform: translate3d(-200px, 0, 0);
}
```

점진적 향상 방법을 수용하면 더 많은 사용자들이 여러분의 디자인에서 동작 가능한 좋은 경험을 얻을 수 있게 보장해준다. 모든 사용자들에게 시각적 대체수단이 필요하지는 않지만, 기능적 대체수단은 제공해줄 필요가 있다.

CSS3 애니메이션

플래시[Flash]나 파이널 컷 프로[Final Cut Pro], 또는 애프터 이펙트[After Effects] 같은 애플리케이션으로 작업을 해본 사람이라면 CSS3 애니메이션의 이점을 충분히 활용할 수 있을 것이다. CSS3는 타임라인 기반 애플리케이션에서 볼 수 있는 애니메이션 키플레이밍[keyframing] 규칙을 채용했다.

애니메이션은 3D 트랜스폼보다 브라우저에서 널리 지원되고 있다. 파이어폭스 5 이상, 크롬, 사파리 4 이상, 안드로이드(모든 버전), iOS(모든 버전)에서 이미 지원 중이며, 인터넷 익스플로러 10 이상에서도 지원하고 있다. CSS3 애니메이션에는 2개의 컴포넌트가 있다. 첫 번째로 keyframes 선언과, 두 번째로 animation 속성에서 해당 keyframes 선언을 사용하는 두 가지 구성 요소가 있다. 이에 대해 살펴보자.

앞의 예제에서, 트랜지폼과 트랜지션을 결합해 엘리먼트에 간단한 플립 효과를 만들었다. 이 예제에 8장에서 배운 모든 기술과 함께 애니메이션을 추가한다. 다음 예제 (example_08-05)에 엘리먼트가 플립되면 펄스 애니메이션 효과를 추가해 보자.

먼저 keyframes 규칙을 만든다.

```
@keyframes pulse {
  100% {
    text-shadow: 0 0 5px #bbb;
    box-shadow: 0 0 3px 4px #bbb;
  }
}
```

@keyframes으로 새로운 keyframes 규칙을 작성하고 특정 애니메이션 이름을 붙인다(예제의 경우 pulse).

애니메이션을 표현하는 이름을 붙이는 것이 일반적으로 가장 좋다. 단일 @keyframes 규칙으로 프로젝트에 걸쳐 애니메이션을 사용하고자 하는 곳에서 여러 번 사용될 수 있다.

예제에서는 키프레임 선택자(100%)를 하나만 사용했지만, keyframes 규칙 내에 원하는 만큼 키프레임 선택자(퍼센트 포인트로 정의된)를 설정할 수 있다. 타임라인에 따른 지점으로 생각할 수 있다. 예를 들어 10% 지점에서 배경을 파란색으로 만들고, 30% 지점에서 배경을 보라색으로 만들고, 60% 지점에서 엘리먼트를 반투명으로 만들 수 있다. 또한 0%나 100%에 해당되는 키워드도 있다. 다음과 같이 사용할 수 있다.

```
@keyframes pulse {
  to {
    text-shadow: 0 0 5px #bbb;
    box-shadow: 0 0 3px 4px #bbb;
  }
}
```

그러나 웹킷 브라우저(iOS, 사파리)에서 from과 to 설정 값(0%와 100% 사용을 추천한다)이 항상 정확하게 동작하진 않는다는 사실을 염두에 두고 있어야 한다. 따라서 퍼센트 키프레임 선택자를 사용할 것을 강력하게 추천한다.

예제에서 시작점을 정의하지 않았다. 이들 속성이 이미 시작된 상태이기 때문이다. W3C 규격(http://www.w3.org/TR/css3-animations/)에서 이에 대한 설명을 볼 수 있다.

NOTE

만약 0%나 from 키프레임이 지정되지 않으면, 브라우저는 애니메이션되는 속성의 계산된 값을 사용하여 0% 키프레임을 구성한다. 만약 100%나 to 키프레임이 지정되지 않으면, 브라우저는 애니메이션 되는 속성의 계산된 값을 사용하여 100% 키프레임을 구성한다. 만약 키프레임 선택자가 음의 퍼센트 값이나 100%보다 높은 값을 지정하면 키프레임은 무시된다.

예제의 keyframes 규칙에서 100% 지점에 텍스트 섀도와 박스 섀도를 추가했다. 이 keyframes 규칙에 따라 정의된 양만큼 텍스트 섀도와 박스 섀도가 엘리먼트에 적용될 것이다. 하지만 애니메이션이 얼마나 지속될까? 반복[Repeat]이나 반전[Reverse] 등의 이벤트를 어떻게 지정할 수 있을까? 다음이 실제로 keyframes 애니메이션을 적용하는 방법이다.

```
.flipper:hover .flipper-horizontal {
  transform: rotateY(180deg);
  animation: pulse 1s 1s infinite alternate both;
}
```

여기서 animation 속성은 애니메이션과 관련된 속성을 정의하는 약식 구문으로 사용된다. 예제에서는 (순서대로) keyframes 선언의 이름(pulse)을 정의하고, 다음으로 animation-duration(1초), 애니메이션이 시작되기 전 지연시간(1초), 애니메이션의 실행 횟수(infinitely; 무한), 애니메이션의 방향(alternate, 한 방향으로 애니메이션 되고 반대 방향으로 진행된다), 그리고 마지막으로 keyframes에 정의된 값이 앞으로 또는 뒤로 진행될지를 animation-fill-mode로 정의(both)한다.

약식 구문은 7개의 애니메이션 속성을 모두 기술할 수 있다. 앞의 예제에서 사용된 것 외에, animation-play-state도 지정할 수 있다. 이 속성으로 애니메이션의 재생이나 일시 중지를 효과적으로 설정할 수 있다. 물론 반드시 약식 속성을 사용해야 하는 건 아니다. 때로는 각각의 속성을 개별적으로 설정하는 것이 좋을 수 있다(나중에 코드를 다시 볼 때도 도움이 된다). 다음은 개별 속성과 속성 값을 파이프 심볼로 구분한 코드를 보여준다.

```
.animation-properties {
  animation-name: warning;
  animation-duration: 1.5s;
  animation-timing-function: ease-in-out;
  animation-iteration-count: infinite;
  animation-play-state: running | paused;
  animation-delay: 0s;
  animation-fill-mode: none | forwards | backwards | both;
  animation-direction: normal | reverse | alternate | alternate-
reverse;
}
```

NOTE

전체 애니메이션 속성의 정의는 http://www.w3.org/TR/css3-animations/에서 볼 수 있다.

앞에서 언급한 바와 같이, 선언된 keyframes를 다른 엘리먼트에서 완전히 다른 설정으로 재사용하는 것도 간단하다.

```css
.flipper:hover .flipper-vertical {
  transform: rotateX(180deg);
  animation: pulse 2s 1s cubic-bezier(0.68, -0.55, 0.265, 1.55) 5
alternate both;
}
```

여기에서 pulse 애니메이션은 2초 동안 실행되고 ease-in-out-back 시간 함수(3차 베지어 곡선으로 정의)를 사용한다. 애니메이션은 양 방향으로 다섯 번 실행된다. 이 선언은 예제 파일에서 수직으로 플립되는 엘리먼트에 적용된다.

지금까지 살펴본 것은 CSS 애니메이션의 아주 간단한 예에 불과하다. 키프레임은 무엇이든 될 수 있어 CSS 애니메이션의 가능성에는 사실상 한계가 없다. CSS3 애니메이션에 대한 최신 개발 소식은 http://dev.w3.org/csswg/css3-animations/을 참조한다.

animation-fill-mode 속성

animation-fill-mode 속성은 특별히 언급할 가치가 있다. 노란색 배경으로 시작해서 3초 후 빨간색 배경으로 애니메이션되는 것을 고려해보자. example_08-08에서 이 예제를 확인할 수 있다.

다음과 같이 애니메이션을 적용한다.

```css
.background-change {
  animation: fillBg 3s;
  height: 200px;
  width: 400px;
  border: 1px solid #ccc;
}
```

```
@keyframes fillBg {
  0% {
    background-color: yellow;
  }
  100% {
    background-color: red;
  }
}
```

하지만 애니메이션이 완료되면 div의 배경은 아무것도 없는 것으로 돌아간다. 이것은 '애니메이션 외부에서 일어난 일은 애니메이션 외부로 유지된다'는 디폴트 동작 때문이다. 이 동작을 재정의 하기 위해 animation-fill-mode 속성을 사용한다. 예제의 경우 다음과 같이 적용한다.

```
animation-fill-mode: forwards;
```

이 구문은 엘리먼트에서 애니메이션의 마지막에 적용된 값을 유지하도록 만든다. 예제의 경우, div는 애니메이션이 종료된 빨간색 배경을 유지한다. animation-fill-mode 속성에 대한 자세한 정보는 http://www.w3.org/TR/css3-animations/#animation-fill-mode-property를 확인한다.

요약

사실 CSS 트랜지션과 트랜스폼, 애니메이션의 가능성에 대해서만도 충분히 여러 권의 책을 쓸 수 있다. 그러나 8장을 통해 기본적인 기능을 이해하고 사용할 수 있게 됐기를 바란다. CSS3의 새로운 기능과 기법을 강조하는 최종 목적은 페이지를 환상적이고 멋지게 만들기 위해 자바스크립트를 사용하는 대신에 CSS3를 사용해 반응형 디자인을 좀 더 가벼우면서도 풍부하게 만들고자 함이다.

이번 장에서는 CSS3 트랜지션이 무엇이며, ease와 linear 같은 시간함수를 사용해 간단하지만 재미있는 효과를 만드는 방법을 배웠다. 또한 scale과 skew 같은 2D 트랜스폼의 모든 것과, 어떻게 트랜지션과 함께 사용하는지도 배웠다. 강력하고 상대적으로 간단한 CSS 애니메이션을 배우기 전에 3D 트랜스폼에 대해서도 간단히 살펴봤다. CSS3 모듈은 지금도 계속 발전하고 있다는 사실을 명심하기 바란다.

사이트를 디자인할 때 가급적이면 사용을 꺼려하는 영역이 하나 있는데, 바로 폼을 만드는 작업이다. 나도 왜 그런지 모르겠지만, 폼을 만드는 작업은 항상 지루하고 짜증나는 일이었다. 그러니 내가 HTML5와 CSS3로 폼을 만들고, 스타일을 주고, 유효성 검사를 하는 작업이 이전보다 훨씬 쉬워졌음을 알게 됐을 때 얼마나 기뻤을지 상상해 보기 바란다. 정말 즐거웠다. 여러분 또한 웹 폼의 구축이 즐거워 질것이다. 다음 장에서는 HTML5 웹 폼에 대해 알아보겠다.

9장

HTML5와 CSS3로 폼 정복

HTML5이 등장하기 전까지 날짜 선택기^{Date Picker}나 플레이스홀더 텍스트^{Placeholder Text}, 범위 슬라이더^{Range Sliders} 등을 폼에 추가하려면 자바스크립트가 반드시 필요했다. 또한 사용자에게 입력 필드에 입력할 특정 데이터의 유형, 예를 들어 전화번호나 이메일 주소, URL 등을 알려줄 쉬운 방법도 없었다. 다행히 HTML5로 이러한 일반적인 문제 대부분을 해결할 수 있게 되었다.

9장의 주요 목표는 두 가지이다. 먼저 HTML5 폼의 기능을 이해하고, 두 번째로 최신 CSS 기능으로 복수의 디바이스에서 동작하는 레이아웃 폼을 간단하게 만드는 방법을 배운다.

9장에서 다루는 내용은 다음과 같다.

- 입력 필드에 플레이스홀더 텍스트를 쉽게 추가하는 방법
- 필요한 경우 폼 필드의 자동완성 기능을 해제하는 방법
- 특정 필드를 필수요소로 지정하는 방법
- 이메일, 전화번호, URL 같은 다양한 입력 형식 지정 방법
- 숫자 범위 슬라이더를 사용하는 방법
- 폼에 날짜와 색상 선택기를 추가하는 방법
- 정규 표현식을 이용한 폼 입력 값 정의 방법
- 플렉스박스로 폼을 스타일링하는 방법

HTML5 폼

HTML5 폼에 대해 이해하는 가장 쉬운 방법은 예제를 살펴보는 것이다. 예전에 만들었던 예제를 하나 사용한다. 먼저 약간의 배경 소개가 필요할 것 같다.

첫째, 나는 영화를 좋아한다. 둘째, 좋고 나쁜 영화에 대해 지극히 주관적인 판단 기준을 가지고 있다.

매년 오스카 후보가 발표될 때마다, 아카데미가 영화를 잘못 선정했다는 느낌을 지울 수 없다. 따라서 잘못된 오스카 후보에 대한 사용자의 의견을 듣기 위해 폼을 작성해 보자.

HTML5 폼 입력 타입과 속성을 포함하는 몇 개의 `fieldset` 엘리먼트로 만든다. 표준 폼 입력 필드와 텍스트 영역 외에도 숫자 스피너^{Number Spinner}와 범위 슬라이더, 플레이스홀더 텍스트 등을 사용한다.

스타일이 적용되지 않은 페이지를 크롬에서 보면 다음과 같다.

첫 번째 필드를 선택하고 텍스트를 입력하면, 플레이스홀더 텍스트가 사라진다. 아무 입력 없이 포커스를 잃으면(입력 상자 바깥을 클릭) 플레이스홀더 텍스트가 다시 나타난다. 폼에 값을 입력하지 않은 채 제출^{Submit} 버튼을 누르면 다음과 같은 화면이 나타난다.

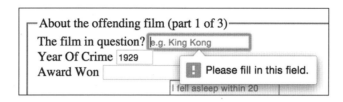

좋은 소식은 슬라이더와 플레이스홀더 텍스트, 스피너를 포함한 이런 모든 사용자 인터페이스 엘리먼트와 폼 유효성 검사가 자바스크립트 없이 순수하게 HTML5 만으로 처리가 가능해졌다는 것이다. 아직 폼 유효성 검사가 모든 브라우저에서 지원되는 것은 아니지만, 곧 그렇게 될 것이다. 먼저 폼과 관련된 HTML5의 새로운 기능에 대해 이해하고 가능하게 만들어보자. 모든 메커니즘을 이해하고 나면, 스타일 작업에 착수한다.

HTML5 폼의 구성요소 이해

강력한 HTML5 폼을 분석해 보자. 폼은 세 부분으로 구성되어 있으며 legend를 포함하는 fieldset 엘리먼트로 둘러싸여 있다.

```
<fieldset>
<legend>About the offending film (part 1 of 3)</legend>
<div>
   <label for="film">The film in question?</label>
   <input id="film" name="film" type="text" placeholder="e.g. King
Kong" required>
</div>
```

위의 코드에서 폼의 각 input 엘리먼트는 레이블을 포함하는 div 엘리먼트로 둘러싸여 있다. 여기까지는 일반적인 내용이다. 그러나 첫 번째 input 엘리먼트에서 HTML5의 새로운 폼 기능이 사용되었다. 일반적인 ID와 name, type 속성 다음에 새로운 placeholder 속성이 있다.

플레이스홀더

placeholder 속성은 다음과 같다.

```
placeholder="e.g. King Kong"
```

폼 필드의 플레이스홀더 텍스트는 아주 일반적인 요구사항이어서 새로운 HTML5의 기능으로 포함되었다. 단순히 placeholder 속성을 input 엘리먼트에 추가하기만 하면, 필드가 포커스를 얻을 때까지 디폴트 값이 표시된다. 입력된 값 없이 포커스를 잃게 되면, 플레이스홀더 텍스트가 다시 나타난다.

플레이스홀더 텍스트 스타일링

:placeholder-shown 의사 선택자로 placeholder 속성에 스타일을 줄 수 있다. 이 선택자는 몇 번의 변경을 거쳤기 때문에 프리픽서 도구로 이전 버전을 구현한 브라우저를 위한 폴백을 제공하는 것이 좋다.

```
input:placeholder-shown {
  color: #333;
}
```

앞의 예제 코드에서 placeholder 속성 뒤에 required 속성이 뒤따른다.

필수

required 속성은 다음과 같다.

```
required
```

HTML5를 지원하는 브라우저에서 부울 값(단순히 이 속성을 추가하거나 아닌 것을 의미한다)인 required 속성을 input 엘리먼트에 추가하면, 이 필드는 반드시 입력되어야 함을 나타낸다. 필요한 정보를 입력하지 않은 채 폼을 제출한 경우 경고 메시지가 표시된다. 표시되는 메시지는 브라우저나 사용된 입력 형식에 따라 달라진다(콘텐츠와 스타일 모두).

앞에서 required 필드가 포함되었을 경우 크롬 브라우저에서 어떻게 메시지가 표시되는지 확인했다. 다음 스크린샷은 파이어폭스에서 동일한 메시지가 어떻게 표시되는지 보여준다.

required 값은 값이 입력되기 위해 여러 입력 형식에서 사용할 수 있다. 예외적으로 range, color, button, hidden처럼 기본 값을 가지는 입력 형식의 경우는 함께 사용하지 않는다.

오토포커스

HTML5 autofocus 속성은 페이지가 로드될 때 해당 필드가 포커스를 얻게(선택되게) 해준다. 다음 코드는 input 필드에 autofocus 속성을 사용한 예를 보여준다.

```
<div>
    <label for="search">Search the site...</label>
    <input id="search" name="search" type="search" placeholder="Wyatt
Earp" autofocus>
</div>
```

이 속성은 주의해서 사용해야 한다. 복수의 필드에 autofocus 속성이 추가되어 있으면 브라우저에서 처리할 때 혼란이 생길 수 있다. 예를 들어, 복수의 필드에 오토포커스를 지정했을 때, 사파리는 autofocus 속성을 가지는 마지막 필드에 포커스를 위치한다. 그러나 파이어폭스와 크롬에서는 반대로 첫 번째 필드가 선택된다.

또한 일부 사용자는 웹 페이지가 로드됐을 때 콘텐츠를 빠르게 건너뛰기 위해 스페이스 바를 사용한다는 사실도 고려해야 한다. 페이지에 오토포커스 입력 필드가 있을 경우, 스페이스 바를 누르면 대신 포커스된 입력 필드에 공백이 입력되어 이러한 건너뛰기 기능을 사용할 수 없게 된다. 이것은 사용자를 불만하게 만드는 원인이 될 수 있다.

autofocus 속성을 사용하는 경우, 폼에서 단 한번만 사용하고 스페이스 바로 스크롤하는 사람의 의도를 이해하고 있어야 한다.

자동완성

대부분의 브라우저는 가능하면 폼 필드의 입력 값을 자동으로 완성해 사용자의 입력을 편하게 해준다. 사용자가 직접 브라우저에서 필드 자동완성 기능을 끄고 켤 수도 있지만, 이제 이 기능의 사용을 원하지 않는 경우 마크업으로 설정할 수 있게 됐다. 이는 민감한

데이터(예를 들어 은행 계좌번호)의 입력뿐만 아니라 사용자가 주의를 기울여 직접 값을 입력하도록 할 경우에도 매우 유용하다. 예를 들어 전화번호를 입력해야 하는 경우, 나는 종종 가짜 번호를 입력한다. 이 경우 해당 입력 필드에 autocomplete 속성을 off로 설정해 자동완성 기능에 의해 가짜 전화번호가 자동으로 입력되는 것을 막을 수 있다. 다음 코드는 autocomplete 속성을 off로 설정한 입력 필드의 예를 보여준다.

```html
<div>
    <label for="tel">Telephone (so we can berate you if you're
wrong)</label>
    <input id="tel" name="tel" type="tel" placeholder="1-234-546758"
autocomplete="off" required aria-required="true" >
</div>
```

폼 자체에 이 속성을 사용해 폼 전체(필드셋 만이 아닌)에서 자동완성 기능이 동작하지 않게 할 수도 있다. 다음 코드는 사용 예를 보여준다.

```html
<form id="redemption" method="post" autocomplete="off">
```

리스트와 데이터리스트 엘리먼트

list 속성과 이와 관련된 datalist 엘리먼트는 필드를 입력할 때 사용자에게 선택할 수 있는 목록을 보여준다. 다음 코드는 div 엘리먼트 안에 list 속성과 datalist 엘리먼트가 사용된 예를 보여준다.

```html
<div>
    <label for="awardWon">Award Won</label>
    <input id="awardWon" name="awardWon" type="text" list="awards">
    <datalist id="awards">
      <select>
        <option value="Best Picture"></option>
        <option value="Best Director"></option>
```

```
                <option value="Best Adapted Screenplay"></option>
                <option value="Best Original Screenplay"></option>
        </select>
    </datalist>
</div>
```

list 속성의 값(awards)은 datalist 엘리먼트의 ID를 참조한다. 이렇게 해서 입력 필드를 datalist 엘리먼트와 연결시킨다. 옵션 목록을 반드시 `<select>` 엘리먼트로 묶어야 하는 것은 아니지만 구형 브라우저에 폴리필을 적용할 때 도움이 된다.

> **NOTE**
>
> 놀랍게도 2015년 중반 현재, datalist 엘리먼트는 iOS와 사파리, 안드로이드 4.4 이하에서 아직 지원되지 않는다(http://caniuse.com/).
>
> datalist의 규격은 http://www.w3.org/TR/html5/forms.html에서 볼 수 있다.

input(입력) 필드가 일반적인 텍스트 입력 필드처럼 보이지만, 필드에 입력을 시작하면 아래쪽에 datalist(데이터리스트)에서 일치하는 결과가 선택 박스로 나타난다(지원하는 브라우저의 경우). 다음 스크린샷에서 사용자의 입력에 따라 목록이 나타나는 것을 확인할 수 있다(파이어폭스). 이 경우, B는 datalist의 모든 항목을 대표하기 때문에 모든 목록이 선택 박스에 나타난다.

그러나 대신 D를 입력하는 경우 다음 스크린샷처럼 일치하는 목록만이 보인다.

list와 datalist는 사용자가 입력 상자에 원하는 어떠한 값도 입력할 수 있게 하면서도, 공통적인 기능과 사용자 경험의 향상을 마크업만으로 제공할 수 있는 좋은 방법이다.

HTML5 입력 형식

HTML5에는 별도의 자바스크립트 없이 사용자의 입력 데이터를 제한할 수 있는 많은 새로운 입력 형식이 추가됐다. 이러한 새로운 입력 형식은 브라우저가 지원하지 못할 경우 표준 텍스트 입력 상자로 처리하기 때문에 구형 브라우저에서도 문제없이 사용할 수 있다. 또한 이미 구형 브라우저에 사용할 수 있는 많은 폴리필이 존재한다. 새로운 HTML5의 입력 형식과 이것이 제공해주는 장점을 알아보자.

email

입력 필드에 email 형식을 다음과 같이 설정할 수 있다.

```
type="email"
```

이 형식을 지원하는 브라우저는 입력 필드에 이메일 주소가 입력되기를 기다린다. 다음 예제에서 type="email"이 required 및 placeholder 속성과 함께 사용되었다.

```
<div>
  <label for="email">Your Email address</label>
  <input id="email" name="email" type="email" placeholder="dwight.
schultz@gmail.com" required>
</div>
```

Required 속성과 함께 사용하면 적합하지 않은 입력 값으로 폼이 제출됐을 때 브라우저는 경고 메시지를 발생시킨다.

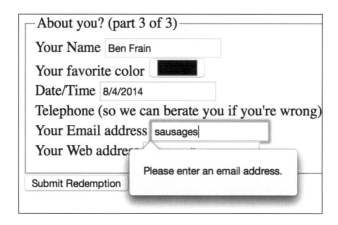

또한 많은 터치스크린 디바이스(예를 들어, 안드로이드, 아이폰 등)는 이 입력형식에 기반해 입력 표시를 변경한다. 다음 스크린샷은 입력형식이 `type="email"`일 때 아이패드에서 화면이 어떻게 표시되는지 보여준다. 이메일 주소 입력을 편하게 하기 위해 자동으로 '@' 기호가 제공된다.

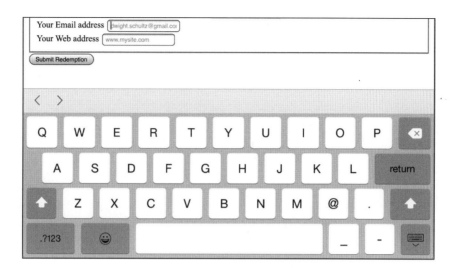

number

입력 필드에 number 형식을 다음과 같이 설정할 수 있다.

```
type="number"
```

이 형식을 지원하는 브라우저는 입력 필드에 숫자가 입력되기를 기다린다. 또한 스피너 컨트롤^{Spinner Control}을 기본으로 제공해 사용자가 업/다운을 클릭하여 입력 값을 변경하기 쉽게 해준다. 다음은 예제코드이다.

```
<div>
   <label for="yearOfCrime">Year Of Crime</label>
   <input id="yearOfCrime" name="yearOfCrime" type="number"
min="1929" max="2015" required>
</div>
```

다음 스크린샷은 이 형식을 지원하는 브라우저에서 어떻게 표시되는지 보여준다(크롬).

```
┌─About the offending film (part 1 of 3)─────────────┐
│ The film in question? [e.g. King Kong            ]  │
│ Year Of Crime [        ◊]                           │
│ Award Won [              ]                           │
│                        ┌─────────────────────────┐  │
│                        │I fell asleep within 20  │  │
│ Tell us why that's wrong? │minutes...            ⁄│  │
│                        └─────────────────────────┘  │
│ How you rate it (1 is woeful, 10 is awesomesauce)   │
└─────────────────────────────────────────────────────┘
```

숫자를 입력하지 않았을 때 처리하는 방식은 브라우저마다 다르다. 예를 들어, 크롬과 파이어폭스는 폼이 제출되기 전까지 아무 동작도 하지 않지만, 필드 위에 경고 메시지를 띄운다. 반면에 사파리는 폼이 제출될 때까지 아무 동작도 하지 않는다. 인터넷 익스플로러 11은 필드가 포커스를 잃으면 즉시 필드를 지워버린다.

min과 max 범위

앞의 예제에서 다음 코드와 같이 허용할 수 있는 최댓값과 최솟값을 설정한 모습을 볼 수 있다.

```
type="number" min="1929" max="2015"
```

이 범위를 벗어나는 숫자가 입력되었을 때 처리하는 방법 역시 브라우저마다 다르게 구현되어 있다. 예를 들어 인터넷 익스플로러 11과 크롬, 파이어폭스는 경고 메시지를 표시하는데 비해 사파리는 아무런 경고 메시지도 표시하지 않는다.

증가 단위 변경

step 속성으로 다양한 입력 형식의 스피너 컨트롤 증가 단위를 변경할 수 있다. 예를 들어 한 번에 10 단위씩 변경하려면 다음과 같이 코드를 작성한다.

```
<input type="number" step="10">
```

url

입력 필드에 URL이 입력되기를 원할 경우 다음과 같이 설정할 수 있다.

```
type="url"
```

url 입력 형식은 예상하듯이 입력 값으로 URL 스트링을 갖는다. tel이나 email 입력 형식과 유사하게 표준 텍스트 입력과 거의 동일하게 동작한다. 그러나 일부 브라우저는 잘못된 값이 입력됐을 경우 경고 메시지를 보여준다. 다음 코드는 placeholder 속성과 함께 사용한 예를 보여준다.

```
<div>
    <label for="web">Your Web address</label>
    <input id="web" name="web" type="url" placeholder="www.mysite.com">
</div>
```

다음 스크린샷은 크롬에서 URL 필드에 잘못된 값이 입력되었을 때 경고 메시지를 보여준다.

type="email"과 마찬가지로, 터치스크린 디바이스는 이 입력 형식에 기반해 입력 표시를 변경한다. 다음 스크린샷은 아이패드에서 type="url" 입력 형식을 어떻게 처리하는지 보여준다.

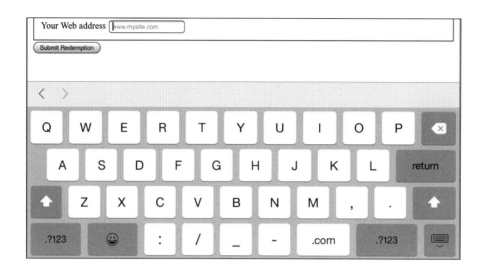

　.*com* 키가 보이는가? URL 입력 형식을 사용하였기 때문에 디바이스는 URL 입력을 편하게 하기 위해 이 입력 키를 제공해준다(iOS의 경우, .com을 입력하지 않는 경우 키를 계속 누르고 있으면 다른 인기 있는 최상의 도메인을 제공한다).

tel

　입력 필드에 전화번호가 입력되기를 원할 경우 다음과 같이 설정할 수 있다.

```
type="tel"
```

　전체 예제는 다음과 같다.

```
<div>
  <label for="tel">Telephone (so we can berate you if you're wrong)</
label>
    <input id="tel" name="tel" type="tel" placeholder="1-234-546758"
autocomplete="off" required>
</div>
```

숫자 형식이 입력되기를 기다리고 있지만, 인터넷 익스플로러 11과 크롬, 파이어폭스 같은 최신 브라우저를 포함한 대부분의 브라우저에서 단순한 텍스트 입력 필드처럼 동작한다. 폼 제출 시 잘못된 값이 입력돼도 적당한 경고 메시지를 제공하지 않는다.

그러나 좋은 소식은 email이나 url 입력 형식처럼, 터치스크린 디바이스에서는 전화번호 입력을 쉽게 완성할 수 있도록 변경된 입력 표시를 제공해준다는 점이다. 다음은 아이패드(iOS 8.2)에서 tel 입력 형식을 처리하는 화면이다.

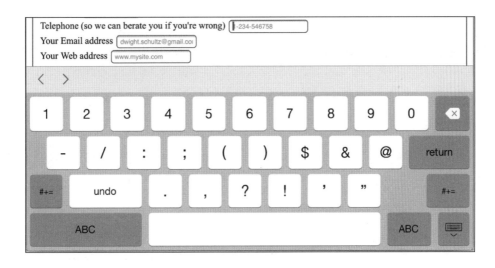

키보드 화면에 알파벳이 없다. 이런 형태의 키보드 제공은 사용자가 올바른 형식으로 값을 빠르게 입력할 수 있게 도와준다.

> **TIPS**
>
> **짧은 팁**
>
> iOS 사파리에서 tel 입력을 사용할 때 전화번호의 파란색 디폴트 색상이 성가시다면, 다음 선택자를 사용하여 수정할 수 있다.
>
> ```
> a[href^=tel] { color: inherit; }
> ```

search

입력 필드에 search 형식을 다음과 같이 설정할 수 있다.

```
type="search"
```

입력 형식은 표준 텍스트 입력과 동일하게 동작한다. 다음은 예제 코드를 보여준다.

```
<div>
  <label for="search">Search the site...</label>
  <input id="search" name="search" type="search" placeholder= "Wyatt
Earp">
</div>
```

하지만, 소프트웨어 키보드(모바일 디바이스에서 볼 수 있는)는 종종 맞춤형 키보드를 제공한다. 다음은 iOS 8.2에서 search 입력 형식이 포커스를 얻었을 때 어떻게 렌더링하는지 보여준다.

pattern

입력 필드에 특정 패턴이 입력되기를 원할 경우 다음과 같이 설정할 수 있다.

```
pattern=""
```

pattern 속성은 정규 표현식을 통해 입력 필드에 입력할 수 있는 특정 데이터의 형식을 지정할 수 있게 해준다.

NOTE

정규 표현식에 대해 자세히 알아보기

정규 표현식에 대해 들어본 적이 없다면, 다음부터 시작하기를 추천한다.
http://en.wikipedia.org/wiki/Regular_expressions
정규 표현식은 많은 프로그래밍 언어에서 가능한 문자열 매칭의 수단으로 사용된다. 처음 포맷을 보면 겁을 먹을 수도 있지만, 믿을 수 없을 만큼 강력하고 유연하다. 예를 들어, 비밀번호 형식과 일치하는 정규 표현식을 만들거나 특정 스타일의 CSS 클래스 이름 패턴을 선택할 수도 있다. 자신의 정규 표현식 패턴을 구축하고 어떻게 동작하는지 이해하는 데 도움이 되는 다음과 같은 브라우저 기반의 도구로 시작하기를 권한다. http://www.regexr.com/

다음 예를 살펴보자.

```
<div>
  <label for="name">Your Name (first and last)</label>
  <input id="name" name="name" pattern="([a-zA-Z]{3,30}\s*)+[a-zA- Z]
{3,30}" placeholder="Dwight Schultz" required>
</div>
```

이 책의 완성도를 높이기 위해, 약 458초 동안 인터넷을 검색해서 이름과 성에 알맞은 정규 표현식을 찾아냈다. pattern 속성을 지원하는 브라우저는 정규 표현식에 기술된 형태의 값이 입력되기를 기다린다. required 속성과 함께 사용할 경우, 이 속성을 지원하는 브라우저에서는 잘못된 값이 입력되었을 경우 다음과 같이 처리한다. 예제에서 성을 입력하지 않고 이름만 입력한 채 폼을 제출하려고 시도해보았다.

이 필드의 경우도 브라우저마다 다르게 처리된다. 인터넷 익스플로러 11은 필드가 올바르게 입력되도록 요청하는 반면, 사파리나 파이어폭스, 크롬에서는 아무런 처리도 하지 않는다(표준 텍스트 입력처럼 처리한다).

color

입력 필드에서 16진수 형태의 색상 값을 입력하도록 설정하고 싶다면 다음과 같이 하면 된다.

```
type="color"
```

color 입력 형식은 이 형식을 지원하는 브라우저(현재 크롬과 파이어폭스만 지원)에서 색상 선택기^{Color Picker}를 통해 사용자가 16진수 형태의 색상 값을 선택할 수 있게 해준다. 다음 예제를 살펴보자.

```
<div>
  <label for="color">Your favorite color</label>
  <input id="color" name="color" type="color">
</div>
```

날짜와 시간 입력

날짜와 시간을 입력할 때 일관된 사용자 경험의 제공을 위해 date와 time 입력 형식이 등장했다. 온라인에서 이벤트 티켓을 구매해본 경험이 있다면, 어떤 형태든 날짜 선택기^{Date Picker}를 사용해 봤을 것이다. 이 기능은 거의 자바스크립트(일반적으로 제이쿼리)를 사용해 제공했지만, HTML5에서는 순수하게 마크업만으로 가능해졌다.

date

다음 코드는 date 입력 형식의 사용 예를 보여준다.

```
<input id="date" type="date" name="date" />
```

color 입력 형식과 마찬가지로 현재 이를 지원하는 브라우저는 드물다. 대부분의 브라우저는 date 입력 형식을 텍스트 입력 상자로 처리하고 있다. 크롬과 오페라만이 이 기능을 지원하고 있다. 두 브라우저가 동일한 엔진(브링크^Blink)을 사용하는 것을 생각하면 놀라운 일도 아니다.

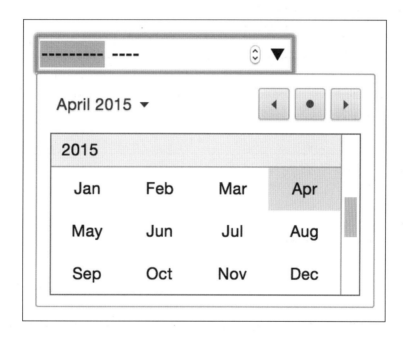

날짜 입력을 위해 다양한 날짜 형식을 사용할 수 있다. 다음 섹션에서 간단하게 살펴보자.

month

다음은 예제 코드다.

```
<input id="month" type="month" name="month">
```

사용자는 인터페이스를 통해 한달 단위로 선택할 수 있다. 예는 2015년 4월을 보여준다. 다음 스크린샷은 브라우저에서 어떻게 렌더링 되는지 보여준다.

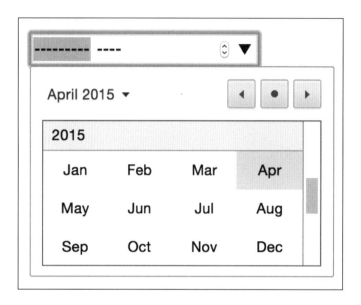

week

다음은 예제 코드다.

```
<input id="week" type="week" name="week">
```

week 입력 형식이 사용되면, 사용자는 한 주만을 선택할 수 있으며, 날짜 선택기는 2015-W15 형식으로 입력을 제공한다.

다음 스크린샷은 브라우저에서 어떻게 렌더링 되는지 보여준다.

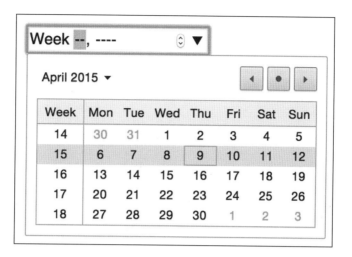

time

다음은 예제 코드다.

```
<input id="time" type="time" name="time">
```

time 입력 형식은 23:50과 같이 24시간 형식으로 값을 입력할 수 있게 한다.

이 형식을 지원하는 브라우저는 스피너 컨트롤을 함께 표시해주어, 오직 유효한 시간 값만이 입력 가능하다.

range

range 입력 형식은 슬라이더 인터페이스를 만든다. 다음은 예제 코드다.

```
<input type="range" min="1" max="10" value="5">
```

그리고 다음 스크린샷은 파이어폭스에서의 렌더링 결과를 보여준다.

디폴트 범위는 0에서 100까지다. 그러나 예제에서처럼 min과 max 값을 지정하면 1에서 10 사이의 값으로 한정시킬 수 있다.

range 입력 형식의 가장 큰 문제는 현재 값이 사용자에게 보이지 않는다는 점이다. 범위 슬라이더가 대략적인 값을 선택하기 위한 수단이긴 하지만, 값이 변화하는 것을 보여주고 싶을 때가 있다. 현재 HTML5로 이를 제공해줄 수 있는 방법은 없다. 그러나 슬라이더의 현재 값을 꼭 표시해야 한다면 간단한 자바스크립트로 해결할 수 있다. 앞의 예제를 다음과 같이 수정한다.

```
<input id="howYouRateIt" name="howYouRateIt" type="range" min="1"
max="10" value="5" onchange="showValue(this.value)"><span
id="range">5</span>
```

두 가지를 추가했다. 하나는 onchange 속성이고 나머지 하나는 ID가 range인 span 엘리먼트이다. 이제 다음 자바스크립트를 페이지에 추가한다.

```
<script>
  function showValue(newValue)
  {
    document.getElementById("range").innerHTML=newValue;
  }
</script>
```

이 코드는 범위 슬라이더의 현재 값을 가져와서 ID가 range인 엘리먼트(span 태그)에 표시한다. 그런 다음 CSS를 이용해 값이 표시되는 스타일을 변경한다.

HTML5에 새로 추가된 폼과 관련된 기능이 더 있다.
전체 규격은 http://www.w3.org/TR/html5/forms.html에서 볼 수 있다.

비지원 브라우저를 위한 폴리필

지금까지 설명한 HTML5 폼은 아주 훌륭하다. 그러나 HTML5 폼을 사용하는데 있어 두 가지 심각한 문제가 있다. 첫째, 브라우저간 기능을 구현하는 방법에 차이가 있고, 둘째, 기능을 지원하지 못하는 브라우저를 어떻게 다룰까 하는 것이다.

구형 브라우저나 기능을 지원하지 않는 브라우저를 지원해야 한다면 웹심^{Webshims} 라이브러리의 사용을 고려해 보자. 웹심 라이브러리는 `http://afarkas.github.com/webshim/demos/`에서 다운로드할 수 있다. 이것은 HTML5 폼을 처리하지 못하는 브라우저에 폼에 대한 폴리필을 로드할 수 있게 해주는 알렉산더 파카스^{Alexander Farkas}가 작성한 폴리필 라이브러리다.

TIPS

폴리필 사용 시 주의사항

폴리필 스크립트를 사용할 때 항상 신중하게 생각해야 한다. 폴리필을 사용하면 매우 편리하긴 하지만 프로젝트에 부담을 준다. 예를 들어, 웹심은 제이쿼리를 필요로 하기 때문에 제이쿼리를 사용하지 않는 경우 이에 대한 종속성도 생긴다. 구형 브라우저에 대한 폴리필이 꼭 필요한 것이 아니라면 되도록 사용하지 않는 것이 좋다.

웹심이 편리한 점은 필요한 폴리필만 추가할 수 있다는 것이다. 이미 HTML5 기능을 지원하는 브라우저라면 웹 페이지에 추가되는 코드는 아주 적다. 구형 브라우저라면 좀 더 많은 코드를 로드해야 하지만(기본적으로 지원하는 기능이 적은 만큼), 자바스크립트의 도움으로 적절한 기능을 추가해 유사한 사용자 경험을 제공할 수 있다.

그러나 단지 구형 브라우저를 위한 것만은 아니다. 이미 살펴본 바와 같이 많은 최신 브라우저들도 HTML5 폼 기능을 완전히 구현하고 있지는 않다. 웹심 라이브러리를 페이지에 적용함으로써 이들 브라우저간의 틈을 채울 수 있다. 예를 들어, 사파리는 required 속성이 있는 HTML5 폼이 입력 값 없이 제출되어도 경고 메시지를 보여주지 않는다. 실제로 폼이 제출되지 않았는데도 사용자에게 무엇이 문제인지 아무런 피드백도 제공하지 않는 것은 결코 이상적이지 않다. 웹심 라이브러리를 페이지에 추가하면 앞에서 말한 시나리오를 처리할 수 있다.

또한 파이어폭스가 type="number" 속성에 대해 스피너를 입력하지 못하는 경우에 웹심 라이브러리로 적당한 제이쿼리 폴백을 제공할 수 있다. 한마디로 말해서, 웹심 라이브러리는 훌륭한 도구다. 이 작으면서도 멋진 패키지를 설치해 HTML5로 폼을 작성하고, HTML5 폼을 알고 있는 사용자가 안전하게 폼을 사용할 수 있게 하자(IE6의 자바스크립트 기능을 중지시켜 놓고 사용하는 사람들은 제외하고).

먼저 웹심 라이브러리(http://github.com/aFarkas/webshim/downloads)를 다운로드하고 패키지의 압축을 푼다. 그리고 js-webshim 폴더를 웹 페이지의 관련 섹션에 복사한다. 예제의 경우 설명을 쉽게 하기 위해 웹 사이트의 루트에 복사했다.

이제 다음 코드를 웹 페이지에 추가한다.

```
<script src="js/jquery-2.1.3.min.js"></script>
<script src="js-webshim/minified/polyfiller.js"></script>
<script>
  // 필요한 기능 요청 :
  webshim.polyfill('forms');
</script>
```

코드를 자세히 살펴보자. 먼저 제이쿼리 라이브러리(최신 버전은 www.jquery.com에서 확인한다)의 로컬 복사본과 웹심 스크립트를 링크한다.

```
<script src="js/jquery-2.1.3.min.js"></script>
<script src="js-webshim/minified/polyfiller.js"></script>
```

마지막으로 필요한 모든 폴리필을 로드한다.

```
<script>
  // 필요한 기능 요청 :
  webshim.polyfill('forms');
</script>
```

필요한 모든 작업이 끝났다. 이제 브라우저에서 지원하지 못하는 기능은 적절한 폴리필에 의해 자동으로 추가된다. 훌륭하지 않은가?

CSS3로 HTML5 폼 스타일링하기

이제 우리가 작성한 폼은 모든 브라우저에서 완벽하게 동작한다. 이제 지금까지 배운 몇 가지 기술을 적용해 다른 뷰포트 크기에서 폼이 좀 더 매력적으로 보이게 만들어 보자.

> **NOTE**
>
> 폼에 스타일을 적용한 예제를 example_09-02에서 확인할 수 있다. 아직 예제 코드가 없다면 `http://rwd.education`에서 다운로드할 수 있음을 기억하자.

예제는 두 가지 버전의 스타일 시트를 포함하고 있다. `styles.css`는 벤더 프리픽스가 포함(오토프리픽서로 추가)된 버전이고 `styles-unprefixed.css`는 CSS로만 작성된 버전이다. 후자가 스타일이 어떻게 적용되는지 살펴보기에 더 편할 것이다.

다음 그림은 작은 뷰포트에서 기본 스타일이 적용된 폼이 어떻게 렌더링되는지 보여준다.

다음은 큰 뷰포트에서 렌더링된 모습이다.

Oscar Redemption

Here's your chance to set the record straight: tell us what year the wrong film got nominated, and which film **should** have received a nod...

About the offending film (part 1 of 3)

The film in question?	e.g. King Kong
Year Of Crime	1954
Award Won	jdhbdfhb
Tell us why that's wrong?	I fell asleep within 20 minutes...
How you rate it (1 is woeful, 10 is great)	⑤

What should have won? (part 2 of 3)

The film that should have won?	Cable Guy
Tell us why it should have won?	Hello? CAABBLLLLE GUUUY!!!!!

About you? (part 3 of 3)

Your Name	Dwight Schultz
Your favorite color	
Date/Time	
Telephone (so we can berate you if you're wrong)	1-234-546758
Your Email address	dwight.schultz@gmail.com
Your Web address	www.mysite.com

Ready?

CSS를 살펴보면 앞 장에서 배운 많은 기술들이 사용된 것을 알 수 있다. 예를 들어, 플렉스박스(3장)는 엘리먼트에 대한 균일한 간격과 유연성을 제공하기 위해 사용했고, 트랜스폼과 트랜지션(8장)은 포커스된 입력 필드가 커지거나 Ready/Submit 버튼이 선택되면 수직으로 플립되게 하는데 사용했다. 박스 섀도와 그라디언트(6장)는 폼의 다른 영역을 강조하는 데 사용했다. 미디어 쿼리(2장)는 다른 뷰포트 크기에서 플렉스박스의 방향을 전환하는데 사용했고, CSS 레벨 3 선택자(5장)에서는 부정 선택자가 사용됐다.

여기서 이 기술들에 대해 다시 자세히 살펴보지는 않겠다. 대신 몇 가지 특징만 살펴보자. 먼저 시각적으로 필수 입력 필드를 표시하는 방법(추가로 입력된 값을 표시하는 방법)과 필드가 포커스를 얻었을 때 '채움' 효과를 만드는 방법에 대해 알아본다.

필수 입력 필드 표시

CSS만으로 필수 입력 필드를 표시할 수 있다. 예를 들면 다음과 같다.

```
input:required {
  /* 스타일 */
}
```

선택자로 필수 필드에 경계선이나 외곽선을 추가할 수 있고 필드 안에 background-image를 추가할 수도 있다. 또한 다음과 같이 특정 선택자를 사용하여 포커스를 얻었을 때만 해당 필드를 선택할 수도 있다.

```
input:focus:required {
  /* 스타일 */
}
```

하지만 이렇게 하면 입력 상자 자체에 스타일을 적용할 것이다. 관련된 label 엘리먼트의 스타일을 수정하려면 어떻게 할까? 필수 입력 필드에 별표를 표시하려고 한다. 하지만 문제가 있다. 일반적으로 CSS는 엘리먼트의 자식이나 엘리먼트 자체, 또는 '상태(여기서 상태는 hover, focus, active, checked 등을 말한다)' 이벤트를 수신하는 인접 형제 엘리먼트의 변화에만 영향을 미칠 수 있다. 다음 예제에서 :hover를 사용하고 있지만 터치 디바이스에서는 문제가 된다.

```
.item:hover .item-child {}
```

앞의 선택자로 항목이 호버될 때 스타일이 item-child에 적용된다.

```
.item:hover ~ .item-general-sibling {}
```

이 선택자로, 항목이 호버될 때 항목과 같은 DOM 레벨이라면 item-general-sibling에 스타일이 적용된다.

```
.item:hover + .item-adjacent-sibling {}
```

여기에서 항목이 호버되면 항목의 인접 형제 엘리먼트라면(DOM에서 바로 다음 항목) item-adjacent-sibling에 스타일이 적용된다.

이슈로 되돌아가서, 입력 앞에 레이블이 있는 폼이 있다면 문제가 생긴다.

```html
<div class="form-Input_Wrapper">
  <label for="film">The film in question?</label>
  <input id="film" name="film" type="text" placeholder="e.g. King
Kong" required/>
</div>
```

이 상황에서 CSS만 사용하면, 입력이 필요한지 아닌지 여부에 기반하여 레이블의 스타일을 변경할 방법이 없다(마크업에서 라벨 다음에 오기 때문에). 마크업에서 두 엘리먼트의 순서를 바꿀 수 있지만, 그럴 경우 레이블이 입력 필드 다음에 표시된다.

하지만 이 경우 플렉스박스로 엘리먼트의 시작적 순서를 쉽게 바꿀 수 있다(플렉스박스에 대해서는 3장을 참조한다). 따라서 다음과 같이 마크업을 수정한다.

```
<div class="form-Input_Wrapper">
  <input id="film" name="film" type="text" placeholder="e.g. King
Kong" required/>
  <label for="film">The film in question?</label>
</div>
```

그런 다음 부모에 단순히 flex-direction: row-reverse나 flex-direction
:column-reverse를 적용한다. 이 선언은 자식 엘리먼트의 시작적 순서를 바꾸어 레
이블이 입력의 위에 위치하거나(작은 뷰포트), 왼쪽에 위치하게(큰 뷰포트) 만들 수 있다. 이
제 필수 입력 필드를 표시할 수 있게 됐다.

변경된 마크업 덕분에 인접 형제 선택자로 이 작업이 가능하다.

```
input:required + label:after { }
```

이 선택자는 required 속성을 포함한 입력 다음에 오는 모든 레이블에 규칙을 적용한
다. CSS는 다음과 같다.

```
input:required + label:after {
  content: "*";
  font-size: 2.1em;
  position: relative;
  top: 6px;
  display: inline-flex;
  margin-left: .2ch;
  transition: color, 1s;
}

input:required:invalid + label:after {
  color: red;
}
```

```
input:required:valid + label:after {
  color: green;
}
```

이제 필수 입력을 선택하고 적합한 값을 입력하면, 별표가 녹색으로 바뀐다. 작지만 사용자에게 도움이 된다.

NOTE

앞에서 살펴본 선택자 외에도 많은 선택자들이 있다(구현된 것도 있고 규격에만 존재하는 것도 있다). 선택자 레벨 4 규격의 최신 편집자 초안에서 이들 선택자의 최신 목록을 확인할 수 있다.
http://dev.w3.org/csswg/selectors-4/

배경 채움 효과 만들기

6장에서 배경 이미지로 선형 그라디언트와 원형 그라디언트를 만드는 방법을 배웠다. 아쉽게도 두 개의 배경 이미지 사이에 트랜지션 효과를 주는 것은 불가능하다(브라우저에서 효과적으로 이미지로 선언할 수 있게 해주는). 하지만 background-position과 background-size 같이 관련된 속성 값을 트랜지션 시키는 것은 가능하다. 이 엘리먼트로 input이나 textarea가 포커스를 받을 때 채움 효과를 만들어 보겠다.

입력에 추가된 속성과 값은 다음과 같다.

```
input:not([type="range"]),
textarea {
  min-height: 30px;
  padding: 2px;
  font-size: 17px;
  border: 1px solid #ebebeb;
  outline: none;
  transition: transform .4s, box-shadow .4s, background-position .2s;
  background: radial-gradient(400px circle, #fff 99%, transparent
99%), #f1f1f1;
```

```
    background-position: -400px 90px, 0 0;
    background-repeat: no-repeat, no-repeat;
    border-radius: 0;
    position: relative;
}


input:not([type="range"]):focus,
textarea:focus {
    background-position: 0 0, 0 0;
}
```

첫 번째 규칙에서 흰색 원형 그라디언트가 생성되었지만 보이지 않는 위치로 오프셋 되었다. Background 색(radial-gradient 다음의 16진수 값)은 화면에서 보이도록 설정되었기 때문에 기본 색으로 제공된다. 입력이 포커스를 받으면 radial-gradient의 배경 위치가 뒤로 설정되고 배경 이미지의 트랜지션이 설정되어 있기 때문에 둘 사이의 트랜지션이 일어난다. 결과적으로 입력이 포커스를 받으면 다른 색으로 채워지는 효과가 발생한다.

NOTE

각 브라우저는 브라우저 고유의 UI 스타일을 변경할 수 있는 독자적인 선택자를 제공하고 있다. 아울렐리우스 웬델킨^{Aurelius Wendelken}은 이들 특정 선택자에 대한 인상적인 목록을 작성했다. 이 목록을 발전시켜 복사본을 만들었는데 이 목록을 https://gist.github.com/benfrain/403d3d3a8e2b6198e395에서 볼 수 있다.

요약

9장에서는 새로운 HTML5 폼 속성을 사용하는 방법을 배웠다. 이러한 새로운 HTML 폼 속성을 이용하면 이전보다 훨씬 더 폼을 사용하기가 쉽고, 적절한 데이터를 쉽게 선택할 수 있다. 더욱이 자바스크립트의 성능 감지 기능과 조건에 따른 폴리필 스크립트의 로딩으로 브라우저의 성능에 상관없이 모든 사용자가 유사한 폼 특성을 경험할 수 있게 할 수 있다. 이것이 새로운 마크업의 미래 경쟁력을 만들어 준다.

이제 반응형 HTML5와 CSS3에 대한 여정이 거의 막바지에 이르렀다. 많은 시간을 함께 했지만, 앞으로 직면할 다양한 도전 과제들을 해결할 모든 정보를 제공할 수는 없다. 따라서 마지막 장에서는 반응형 웹 디자인에 접근하기 위한 대략적인 방법을 알아보고 좋은 모범 사례를 통해 여러분의 다음 번 또는 첫 번째 반응형 프로젝트가 첫 발을 잘 내디딜 수 있도록 도와주도록 하겠다.

10장

반응형 웹 디자인으로의 접근

좋아하는 영화나 소설을 보면 항상 멘토가 영웅에게 소중한 조언과 마법의 아이템을 전해주는 장면이 나온다. 이 아이템이 언젠가 유용할 것임은 알지만, 언제 어떻게 사용해야 하는지는 모른다.

10장에서 나는 멘토의 역할을 담당하려고 한다(기억력도 서서히 감퇴하고 있고 외모 또한 영웅 역할을 맡을 만큼 잘 생기기 못했다). 머나먼 반응형 디자인 원정을 시작하기 전에, 나의 수제자인 여러분에게 몇 가지 조언을 해주고자 한다.

10장의 절반은 철학적 묵상과 지도로, 절반은 여러 가지 팁과 기술의 럭키백으로 채워져 있다. 언젠가 여러분의 반응형 여정에 이 팁들이 유용하게 쓰이길 바란다. 10장에서 다루는 내용은 다음과 같다.

- 가능한 빨리 실제 브라우저와 디바이스에서 디자인하기
- 디자인에서 브레이크 포인트를 판단
- 점진적 향상의 수용
- 브라우저 지원 매트릭스의 정의
- 점진적 향상의 실제
- CSS 브레이크 포인트를 자바스크립트로 연결
- 제품에서 CSS 프레임워크를 제외
- 실용적인 솔루션 개발
- 최대한 간단하게 코드 작성하기

- 뷰포트에서 콘텐츠를 로딩하고 숨기고 보이게 하기
- CSS에 (시각적으로) 무거운 작업의 수행을 맡기기
- 유효성 검사기와 린팅^{linting} 도구 사용하기
- 웹 페이지의 성능 분석 및 테스트(webpagetest.org)
- 보다 빠르고 효율적인 기술의 수용
- 다음 큰 기술의 변화를 주시하기

가능한 한 빨리 브라우저에서 디자인하기

많은 반응형 웹 디자인 작업을 하면서 깨달은 중요사항은 최대한 빨리 브라우저 환경에서 디자인하고 실행하라는 것이다. 디자이너이자 개발자라면 문제는 단순해진다. 시각적 느낌이 충분히 구체화 되었다면 즉시 이를 브라우저 환경에서 프로토타이핑하고 개발하라. 이 방법은 고품질의 전체 페이지 목업^{Mockup} 없이도 무드보드$^{Moodboard\ 3)}$,와 목업의 중간 단계인 스타일 타일$^{Style\ Tiles}$ 등으로도 충분히 디자인이 가능하게 만든다. 스타일 타일의 소개글(http://styletil.es/)에서 다음과 같이 설명하고 있다.

"스타일 타일은 폰트와 색상, 인터페이스 엘리먼트로 이루어진 디자인 결과물로 웹의 시각적 브랜드의 본질을 전달한다."

이 그래픽 결과물이 이해 관계자들 사이에서 룩앤필을 전달하고 소통하는데 유용하다는 사실을 알게 되었다.

디자인에서 브레이크 포인트를 판단

앞 장에서 언급했던 중요 사항을 다시 한 번 반복하고 싶다. 디자인에서 브레이크 포인트 설정을 정의하도록 만들자. 브라우저에서 디자인을 하면 이 과정이 훨씬 쉬워진다. 가장 작은 스크린 크기에서 디자인을 시작하고 점점 큰 뷰포트 크기에서 디자인을 수정해 나가면, 어떤 지점에서 브레이크 포인트가 필요한지 쉽게 알 수 있다.

---

3) 역자 주 : 디자인 컨셉, 주제, 아이디어 등을 함께 모아 압축해 놓은 보드

이 방식으로 하면 디자인의 코딩도 쉬워진다. 가장 작은 뷰포트의 CSS를 먼저 작성하고 미디어 쿼리로 엘리먼트의 변경을 추가한다. 예를 들면 다음과 같다.

```
.rule {
  /* 가장 작은 뷰포트용 스타일 */
}

@media (min-width: 40em) {
  .rule {
    /* 중간 뷰포트 크기로 변경 */
  }
}

@media (min-width: 70em) {
  .rule {
    /* 큰 뷰포트 크기로 변경 */
  }
}
```

실제 디바이스에서 디자인을 보고 사용하기

가능하면 작업 결과가 잘 동작하는지 확인할 수 있도록 구형 디바이스(모바일 및 태블릿)로 '디바이스 랩'을 구축하라. 다양한 많은 디바이스를 보유할수록 좋다. 다양한 디바이스에서 디자인이 실제로 동작하는지 확인할 수 있을 뿐 아니라 레이아웃/렌더링 특이성을 프로세스 초기 단계에서 노출시켜 준다. 아무도 특정 환경에서 제대로 동작하지 않는 프로젝트를 완료했다고 믿지 않는다. 되도록 빨리, 그리고 자주 테스트하자. 많은 비용이 필요하지도 않다. 이베이에서 구형 모바일/태블릿 모델을 주문해도 되고, 친구나 친척이 디바이스를 업그레이드할 때 구형 디바이스를 구매해도 된다.

점진적 향상 수용

이전 장에서 점진적 향상의 개념을 간략하게 살펴보았다. 이 방법은 실제 개발에서 아주 유용하기 때문에 반복해서 말해도 지나치지 않을 것 같다. 점진적 향상의 기본 아이디어는 가장 낮은 성능의 공통 분모 프론트엔드 코드(HTML, CSS, 자바스크립트)로 시작하는 것이다. 그런 다음, 더 좋은 성능의 디바이스와 브라우저를 위한 코드로 점진적으로 향상시킨다. 단순해 보일지 모르지만, 먼저 최적의 경험으로 디자인하고 낮은 성능의 디바이스/브라우저에서도 동작하는 방법을 찾는 방식으로 작업해 왔다면, 점진적 향상이 아주 쉬운 방식임을 알게 될 것이다.

낮은 성능의 기능을 제대로 갖추지 못한 디바이스를 상상해 보자. 자바스크립트도 지원하지 못하고, 플렉스박스도 지원하지 못한다. CSS3/CSS4도 없다. 이런 상황에서 유용한 사용자경험을 제공하기 위해 무엇을 할 수 있을까?

가장 중요한 것은 콘텐츠를 정확하게 기술하는 의미있는 HTML5 마크업을 작성하는 것이다. 텍스트 및 콘텐츠 기반의 웹 사이트를 구축하는 경우 쉬운 작업이다. 이런 상황에서는 main이나 header, footer, article, section, aside 같은 엘리먼트를 올바르게 구성하는 일에 집중한다. 코드의 다른 섹션을 식별하는데 도움이 될 뿐만 아니라 추가 비용 없이 사용자에게 더 좋은 접근성을 제공할 수 있다.

웹 기반 애플리케이션이나 시각적 UI 구성요소(카루셀[Carousels], 탭, 아코디언[Accordions] 등)를 구축하는 경우 시각적 패턴을 접근 가능한 마크업으로 만드는 방법에 대해 생각해야 한다.

좋은 마크업은 모든 사용자에게 기본 수준의 경험을 제공할 수 있기 때문에 아주 중요하다. HTML로 많은 일을 할수록, 구형 브라우저 지원을 위해 CSS나 자바스크립트를 사용해야 할 필요성이 줄어든다. 그리고 구형 브라우저를 지원하기 위한 코드 작성을 좋아하는 사람은 아무도 없다.

> **NOTE**
>
> 이 주제에 대한 좋은 읽을거리와 실전 예제로, 다음의 두 글을 추천한다.
> http://www.cssmojo.com/how-to-style-a-carousel/
> http://www.cssmojo.com/use-radio-buttons-for-single-option/

이 방식으로 생각하는 것이 결코 간단하지는 않다. 하지만 이 방식으로 불필요한 브라우저 지원을 위해 낭비하는 노력을 최소화할 수 있다.

이제 브라우저에 대해 생각해보자.

브라우저 지원 매트릭스 정의

웹 프로젝트에서 지원해야 할 브라우저와 디바이스를 아는 것은 성공적인 반응형 웹 디자인 개발에 있어 매우 중요하다. 이런 관점에서 점진적 향상이 왜 유용한지는 이미 살펴보았다. 이 방법으로 잘 설계하면, 여러분의 사이트가 구형 브라우저를 포함한 대부분의 브라우저에서 잘 동작할 것이다.

하지만 높은 수준의 전제조건을 필요로 하는 경우도 있을 수 있다. 어쩌면 자바스크립트가 필수적인 프로젝트를 수행하고 있을 수도 있다. 이런 경우에도 여전히 점진적인 향상 방법을 사용할 수 있다. 대신 다른 시작점에서 시작하고 디자인을 향상시킨다.

가장 중요한 것은 시작점이 무엇인지 결정하는 것이다. 그런 다음, 다른 브라우저와 디바이스에서 지원하고자 하는 시각적, 기능적 경험을 정의하고 향상시킬 수 있다.

미적 관점이 아닌 기능적 관점에서 판단

웹 사이트가 모든 브라우저에서 동일하게 보이고 동일하게 동작하게 만드는 것은 비현

실적이며 바람직하지도 않다. 브라우저별 특징과 더불어 필수 기능에 대한 고려도 해야 한다. 예를 들어, 터치 스크린에서는 마우스 기반 디바이스에는 없는 터치 버튼과 링크에 대해 고려해야 한다.

따라서 반응형 웹 개발자의 역할 중 하나는, '구형 브라우저의 지원'이 '구형 브라우저에서 동일하게 보이는 것을 의미하지 않는다'는 점을 고객(상사, 의뢰인, 주주)에게 교육시키는 것이다. 브라우저 지원 매트릭스는 시각적 관점이 아닌 기능적 관점에서 작성되어야 한다. 이는 체크아웃을 구축하는 경우, 모든 사용자가 체크아웃을 통해 상품을 구입할 수 있음을 의미한다. 현대적인 브라우저에서는 사용자에게 좀 더 멋있는 시각적 효과 및 상호작용을 제공할 수 있겠지만, 그렇지 않은 브라우저에서도 기본적인 핵심 작업은 모두 가능해야 한다.

지원 브라우저의 선택

일반적으로 지원 브라우저를 논할 때 이는 구형 브라우저를 어디까지 지원할지를 의미한다. 상황에 따라 여러 가능성을 고려해야 한다.

기존 웹 사이트라면 방문자 통계(구글 애널리틱스^{Analytics} 등)를 살펴보고 대략적인 계산을 해야 한다. 예를 들어, 브라우저 X를 지원하는 데 드는 비용이 브라우저 X를 지원해서 얻는 이득보다 적다면, 브라우저 X를 지원해라.

또한 통계에서 10% 미만의 사용자가 이용하는 브라우저라면 동향을 다시 고려해 볼 필요가 있다. 지난 3, 6, 12개월 동안 사용자가 얼마나 바뀌었는가? 만약 현재 6%뿐이고 그 수치가 지난 12개월 동안 절반으로 줄어들었다면, 성능향상을 위해 해당 브라우저의 지원을 배제하는 것이 좋다.

새 프로젝트여서 통계를 사용할 수 없는 경우라면, 보통 '이전 두 버전' 정책을 선택한다. 이는 각 브라우저의 현재 버전과 이전 두 버전을 지원하는 것을 말한다. 예를 들어, 인터넷 익스플로러 12가 현재 버전이라면, IE10과 IE11(이전 두 버전)을 지원한다. 이 선택은 빠른 릴리스 주기로 지속적으로 업데이트 되는 '에버그린^{Evergreen}' 브라우저(예를 들어, 파이어폭스와 크롬)의 경우 좋은 방법이다.

사용자 경험의 계층화

이 시점에서 고객이 충분히 교육되어 동일한 합의를 이루었다고 가정하자. 또한 향상된 경험을 추가할 브라우저도 명확하게 결정했다고 가정하자. 이제 경험의 계층화를 설정할 수 있다. 단순하게 하기 위해, 가능한 '기본' 계층과 좀 더 '향상된' 계층을 정의한다.

기본 경험은 사이트의 최소한의 실행 가능한 버전이고 향상된 버전은 기능이 완벽하게 지원되고 미학적으로도 아름다운 버전이다. 계층의 세분화가 더 필요한 경우도 있다. 예를 들어 플렉스박스나 translate3d를 지원하는 브라우저로 기능별로 분기할 수 있다. 계층이 정의되는 방법에 상관없이, 어떻게 계층을 정의하고 각각의 계층에 제공할 것을 명확히 해야 한다. 그런 다음 각 계층에 대한 실제 코딩이 가능하다.

계층별 실제 경험 제공

현재 모더나이저가 디바이스 기능에 따라 사용자 경험을 분기하고 향상시켜주는 가장 강건한 방법을 제공해준다. 비록 프로젝트에 자바스크립트 의존성이 추가되긴 하지만, 충분히 가치 있는 일이라 생각한다.

CSS를 작성할 때 미디어 쿼리의 외부에 있고 모더나이저가 추가 클래스를 필요로 하는 선택자가 없는 코드가 '기본' 경험이 된다.

그리고 모더나이저 덕분에 브라우저 기능을 기반으로 좀 더 향상된 경험을 계층화할 수 있다. 앞의 example_08-07을 참조하면 오프 캔버스 메뉴 패턴에 적용된 사고방식과 코드 패턴을 볼 수 있다.

CSS 브레이크 포인트를 자바스크립트에 연결

일반적으로 웹 기반 상호작용에는 자바스크립트가 포함된다. 반응형 프로젝트를 개발한다면, 다른 뷰포트 크기에서 CSS뿐만 아니라 자바스크립트도 다르게 동작하게 만들고 싶을 것이다.

CSS에서 특정 브레이크 포인트에 도달했을 때 특정한 자바스크립트 함수를 호출하고 싶다고 가정해보자(브레이크 포인트는 반응형 디자인이 크게 변경되는 지점을 정의하는데 사용되는 용어다). 브레이크 포인트가 47.5rem (16px 루트 폰트 크기에서 760px과 동일하다)이고 이 크기에서만 함수를 실행한다고 가정한다. 확실한 해결책은 단순히 스크린의 폭을 측정하고 값이 CSS 브레이크 포인트와 동일할 때 함수를 호출한다.

자바스크립트는 폭의 값을 rem이 아닌 픽셀 값으로 반환한다. 이것이 첫 번째 문제다. 그러나 CSS에서 브레이크 포인트를 픽셀 값으로 설정한 경우에도, 뷰포트 크기를 변경하는 경우에 그 값을 두 곳에서 업데이트해야 함을 의미한다.

다행히 더 좋은 방법이 있다. 제레미 키스^{Jeremy Keith}의 웹 사이트에서 이 기술을 우연히 발견했다(http://www.acornpub.co.kr/book/responsive-web-design).

전체 코드는 example_10-01에서 볼 수 있다. 기본 아이디어는 CSS에 자바스크립트가 쉽게 읽고 이해할 수 있는 코드를 삽입하는 것이다.

다음 CSS를 살펴보자.

```css
@media (min-width: 20rem) {
  body::after {
    content: "Splus";
    font-size: 0;
  }
}
@media (min-width: 47.5rem) {
  body::after {
    content: "Mplus";
    font-size: 0;
  }
}
@media (min-width: 62.5rem) {
  body::after {
    content: "Lplus";
    font-size: 0;
  }
}
```

자바스크립트와 통신할 각 브레이크 포인트를 위해 after 의사 엘리먼트(before 의사 엘리먼트를 사용할 수도 있다)를 사용하고, 의사 엘리먼트의 content를 브레이크 포인트의 이름으로 설정한다. 앞의 예제에서, 작은 스크린에 Splus를, 중간 스크린에는 Mplus를 그리고 큰 스크린에는 Lplus를 사용했다. 의미가 있는 어떤 이름도 사용할 수 있다 (orientations, heights, widths 등).

> **TIPS**
>
> ::before와 ::after 의사 엘리먼트는 DOM에 섀도 DOM 엘리먼트로 삽입됐다. ::before 의사 엘리먼트는 부모의 첫 번째 자식으로 삽입되고, ::after는 마지막 자식으로 삽입된다. 브라우저 개발자 도구에서 이 지점을 확인할 수 있다.

이 CSS로 DOM 트리를 탐색하고 ::after 의사 엘리먼트를 볼 수 있다.

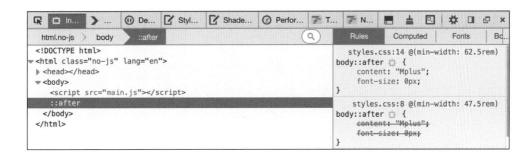

이렇게 하면 자바스크립트에서 이 값을 읽을 수 있다. 먼저, 이 값을 변수에 할당한다.

```
var size = window.getComputedStyle(document.body,':after').
getPropertyValue('content');
```

이제 이 값으로 원하는 작업을 할 수 있다. 이 개념을 증명하기 위해 뷰포트 크기에 따라 페이지가 로드되면 경고 메시지를 보여주는 간단한 자체 호출 함수self-invoking function(자체 호출은 브라우저에서 파싱하면 바로 실행되는 것을 의미한다)를 하나 만들었다.

```
;(function alertSize() {
  if (size.indexOf("Splus") !=-1) {
    alert('I will run functions for small screens');
  }
  if (size.indexOf("Mplus") !=-1) {
    alert('At medium sizes, a different function could run');
  }
  if (size.indexOf("Lplus") !=-1) {
    alert('Large screen here, different functions if needed');
  }
})();
```

여러분의 프로젝트에서 경고 메시지보다 재미있는 무언가를 만들기를 바란다. 하지만 이미 문제를 이런 방식으로 접근할 때 큰 이득이 있음을 알게 됐을 것이다. CSS 미디어 쿼리와 폭에 종속적인 자바스크립트 함수에 더 이상 의존하지 않아도 된다.

제품에 CSS 프레임워크를 사용하지 마라

반응형 웹 사이트의 빠른 프로토타이핑과 개발을 도와주는 무료 프레임워크가 많이 있다. 가장 대표적인 예가 부트스트랩(http://getbootstrap.com/)과 파운데이션(http://foundation.zurb.com/)이다. 훌륭한 프로젝트이긴 하지만, 특히 반응형 시각적 패턴을 배우는 사람이라면 실제 제품에서 이들을 사용하지 말기를 권한다.

이들 프레임워크로 프로젝트를 시작하고 필요에 맞게 코드를 수정하는 많은 개발자들에게 말해왔다. 이 접근 방식은 빠른 프로토타이핑 개발(예를 들어, 고객에게 상호작용을 보여주기 위한)에 아주 효과적이긴 하지만, 제품 개발에는 적합하지 않다고 생각한다.

먼저, 기술적인 관점에서 보면, 프레임워크로 시작하면 프로젝트에 필요 이상의 코드를 포함하게 된다. 둘째 미학적 과점에서 보면 이들 프레임워크의 인기 때문에 프로젝트가 다른 무수히 많은 사이트와 매우 유사해질 것이다.

마지막으로 단순히 코드를 복사해 넣고 필요에 따라 수정하면, 프레임워크 아래에서 어떤 일이 일어나는지 알 수 없다. 프로젝트에서 직접 코드를 정의하고 문제를 해결할 때만 코드를 마스터할 수 있다.

실용적인 코딩 솔루션

프론트엔드 웹 개발에서 '상아탑 속에 틀어박힌 이상주의'는 매우 위험한 것이다. '올바른 방법'을 찾으려고 노력할 때, 항상 실용주의가 승리해 왔다. 예제(최종 코드는 example_10-02)를 하나 보여주겠다. 오프 캔버스 메뉴를 여는 버튼이 있다고 가정해보자. 일반적으로 다음과 같이 마크업을 구성할 것이다.

```
<button class="menu-toggle js-activate-off-canvas-menu">
  <span aria-label="site navigation">&#9776;</span> menu
</button>
```

간단하지만 훌륭하다. 버튼이므로 button 엘리먼트를 사용했다. 버튼에 두 개의 다른 HTML 클래스를 사용했다. 하나는 CSS 스타일의 연결고리(menu-toggle)고, 또 다른 하나는 자바스크립트의 연결고리(js-activate-off-canvas-menu)다. 추가로 aria-label 속성(ARIA는 4장에서 다루었다)을 사용하여 span 안의 캐릭터를 스크린 리더와 통신한다. 예제에서는 HTML 엔터티 &#9776를() 사용했는데, 이는 유니코드 캐릭터 'Trigram for Heaven(≡)'이다. 여기서는 단순히 메뉴를 상징하는데 사용하는 '햄버거 아이콘'과 비슷하기 때문에 이 엔터티를 사용했다.

TIPS

aria-label 속성을 언제 어떻게 사용하는지에 대한 조언이 필요하다면, 오페라 개발자 사이트에서 하이든 피커링^{Heydon Pickering}의 게시물을 추천한다.
https://dev.opera.com/articles/ux-accessibility-aria-label/

이제 좋은 모양을 갖게 되었다. 시맨틱적으로 접근성 있는 마크업과 클래스로 문제를 분리할 수 있다. 멋지다. 약간의 스타일을 추가해보자.

```css
.menu-toggle {
  appearance: none;
  display: inline-flex;
  padding: 0 10px;
  font-size: 17px;
  align-items: center;
  justify-content: center;
  border-radius: 8px;
  border: 1px solid #ebebeb;
  min-height: 44px;
  text-decoration: none;
  color: #777;
}

[aria-label="site navigation"] {
  margin-right: 1ch;
  font-size: 24px;
}
```

파이어폭스에서 열면 다음과 같이 보인다.

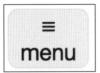

우리가 원하는 모양대로 되지 않았다. 파이어폭스는 단순히 button 엘리먼트를 플렉스 컨테이너로 사용하는 것을 허용하지 않는다. 개발자에게는 큰 문제다. 올바른 엘리먼트를 선택하고 올바르게 꾸몄는가? 이상적으로 만들기 위해, '햄버거 아이콘'을 메뉴의 왼쪽에 그리고 'menu' 단어를 오른쪽에 위치시키고자 한다.

링크를 버튼으로 활용

첫 번째 선택이 잘못되었을 경우, 다음 최선책인 엘리먼트를 선택하고 ARIA role을 변경하여 가능한 잘못 선택한 엘리먼트를 만회하려고 노력한다. 이 경우, 메뉴 버튼이 확실히 링크는 아니지만(버튼을 눌러도 다른 사이트로 연결하지 않는다) a 태그를 사용하도록 한다. 다른 엘리먼트 보다는 버튼에 가장 가깝기 때문에 이것을 차선책으로 선택했다. 또한 링크를 사용하면 우리가 원하는 모양을 표시할 수 있다. 마크업은 다음과 같다. a 태그에 ARIA role로 보조 기술을 사용하여 이 태그의 역할이 버튼임을(그리고 링크가 아님을) 나타냈다.

```
<a class="menu-toggle js-activate-off-canvas-menu" role="button">
  <span aria-label="site navigation">&#9776;</span> menu
</a>
```

완벽하진 않지만, 실용적인 솔루션이다. 파이어폭스(버전 39.0a2)에서 두 개(왼쪽이 button 엘리먼트고, 오른쪽이 a 태그다)의 결과는 다음과 같이 렌더링된다.

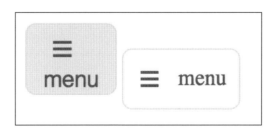

물론 이 간단한 예제에서, 플렉스를 블록으로 바꾸고 원하는 결과가 나올 때까지 패딩을 추가하여 디스플레이를 변경할 수도 있다. 또는 button 엘리먼트를 유지하고 다른 의미

없는 엘리먼트(span)로 플렉스 콘테이너를 둘러쌀 수도 있다. 각각의 방법에는 장단점이 있다.

궁극적으로, 가능한 합리적인 마크업 문서를 만드는 것은 여러분에게 달려있다. 한편에서는 브라우저에서 원치 않는 스타일이 없도록 하기 위해 div와 span만 사용하는 개발자도 있다. 고유한 시맨틱 엘리먼트 작성에 드는 비용이 없는 반면, 접근성은 떨어진다. 다른 한편에서는 마크업 순수 주의자들은, 시각적 결과가 어떻게 나타나는지에 상관없이 오직 모든 콘텐츠를 올바른 엘리먼트로 구성하는 것만 생각한다. 이 둘의 중간 단계가 가장 생산적인 결과를 낼 수 있는 합리적인 방법이라고 생각한다.

가능한 가장 단순한 코드를 사용하라

새로운 기술이 제공하는 가능한 가장 간단한 방식으로 반응형 문제를 해결하도록 하자. 예들 들어, 항목의 목록에서 다섯 번째 항목에 스타일을 주려고 마크업에 접근하는 경우, 다음과 같이 n번째 선택자를 사용하지 마라.

```
.list-item:nth-child(5) {
  /* 스타일 */
}
```

마크업에 접근할 수 있다면, 항목에 HTML 클래스를 추가하여 이 문제를 아주 쉽게 해결할 수 있다.

```
<li class="list-item specific-class">Item</li>
```

그런 다음 이 클래스로 항목에 스타일을 준다.

```
.specific-class {
  /* 스타일 */
}
```

이해하기 쉬울 뿐만 아니라, 추가 비용 없이 폭 넓은 브라우저를 지원할 수 있다(구형 인터넷 익스플로러는 nth-child 선택자를 지원하지 않는다).

뷰포트에서 내용을 숨기거나 표시하고 로딩하기

반응형 웹 디자인에서 널리 통용되는 격언 중 하나는 작은 뷰포트 스크린에 필요 없는 것은 큰 뷰포트 스크린에서도 필요 없다는 것이다.

이는 사용자가 모든 뷰포트 크기에서 동일한 목적(제품을 구매하거나 기사를 읽는 등의 인터페이스 작업)을 달성할 수 있어야 한다는 의미다. 지극히 상식적인 말이다. 결국 사용자 중 한 사람으로서 여러분이 단지 작은 스크린을 사용하기 때문에 원하는 작업을 하지 못한다면 좌절감을 느낄 것이다.

또한 남는 공간을 채우기 위해 추가 요소(예를 들면 위젯이나 광고, 링크 등)를 추가하고 싶은 충동을 자제해야 한다. 사용자가 작은 스크린 크기에서 이들 부가 요소 없이도 불편함이 없다면, 큰 스크린에서도 이들이 필요 없다. 큰 뷰포트 크기에서 추가 콘텐츠를 표시한다면, 작은 뷰포트에서도 콘텐츠는 존재해야 하며 단지 숨겨지거나(일반적으로 CSS의 display: none;를 사용하여), 특정 뷰포트 크기에서 로드 되어야 함(자바스크립트의 도움으로)을 의미한다. 한마디로 콘텐츠가 로드 되지만 볼 수 없거나, 아직 보일 필요가 없는 것이다.

넓은 의미에서 위의 격언이 타당한 조언으로 생각된다. 이런 원칙이 없다면 디자이너와 개발자들은 스크린에 가능한 많은 콘텐츠를 표시하기 위해 더 많은 작업을 하게 될 것이다. 하지만 지금까지 웹 디자인에는 항상 예외가 존재해왔다.

다른 뷰포트 크기에서 새로운 마크업을 로딩하는 것을 반대하지만, 때로는 어쩔 수 없이 필요한 경우도 있다. 지금까지 작업한 프로젝트 중, 다른 뷰포트 크기에서 다른 마크업과 디자인이 필요한 복잡한 사용자 인터페이스가 많이 있었다.

이런 경우, 마크업의 영역을 다른 영역으로 대체하는 데 자바스크립트를 사용하였다. 이상적인 시나리오는 아니었지만, 가장 실용적인 방법이었다. 어떤 이유든 자바스크립트가 동작하지 않으면 사용자는 가장 작은 스크린 레이아웃만 볼 수 있다. 이들은 모두 같은 목표를 달성할 수 있다. 레이아웃은 쉽게 작업을 달성할 수 있는 차선책일 뿐이다.

반응형 웹 디자인이 복잡해질수록 자주 직면하게 될 선택의 문제다. 주어진 시나리오에서 무엇이 가장 최선의 선택인지 자신이 판단을 내려야 한다. 하지만 display: none로 마크업의 가시성을 토글하여 목적을 달성한다고 해서 문제될 것은 없다.

(시각적인) 무거운 작업은 CSS에 맡기자

자바스크립트가 웹 페이지에서 CSS 만으로는 달성할 수 없는 수준의 상호작용을 제공하는 것은 사실이다. 하지만 가능하면 시각적인 효과에서 만큼은 무거운 작업은 CSS로 처리해야 한다. 실전에서 이것은 자바스크립트만으로 메뉴를 애니메이션 시키지 말라는 의미다. 대신 자바스크립트로 마크업의 관련 부분의 클래스를 변경하고, 이 변경이 CSS 애니메이션을 구동하게 만든다.

> **TIPS**
>
> 최적의 성능을 위해, HTML의 클래스를 토글할 때, 가능한 효과를 주고자 하는 항목에 가까운 위치에 클래스를 추가한다. 예를 들어, 어떤 엘리먼트 위에 팝업 박스가 나타나게 하려면, 가장 가까운 공통 부모 엘리먼트에 클래스를 추가한다. 이것은 최적의 성능을 위해 브라우저가 페이지 전체를 다시 그리지 않고 특정 영역만 다시 그릴 수 있게 만들어 준다. 성능에 대한 폴 루이스[Paul Lewis]의 글 '브라우저 렌더링 최적화' 과정을 https://www.udacity.com/course/browser-rendering-optimization--ud860에서 볼 수 있다.

유효성 검사기와 린팅 도구

대체적으로 HTML과 CSS는 코드 작성에 상당히 관대한 편이다. 엘리먼트의 중첩이 잘못되거나 인용 부호나 닫는 태그를 빼먹어도 문제가 되지 않는다. 그럼에도 불구하고, 거의 매주 잘못된 마크업을 관리하느라 정신이 없을 지경이다. 때로는 단순히 잘못된 문자를 입력하거나, 때로는 span 안에 div를 중첩하는 것과 같은 아주 기본적인 실수를 저지르기도 한다(span이 인라인 엘리먼트이고 div이 블록 레벨 엘리먼트인 잘못된 마크업은 예상하지 못하는 결과를 초래할 수 있다). 다행히 도움이 되는 좋은 도구가 있다. 이상한 문제가 발생하는 경우, http://validator.w3.org/를 방문해 여러분의 마크업을 복사해 넣는다.

더 좋은 방법은 여러분의 HTML과 CSS, 자바스크립트 코드 검증을 위해 린팅^{Linting} 도구를 설치하고 구성하는 것이다. 또는 어느 정도의 유효성 검사 기능이 내장된 텍스트 에디터를 선택한다. 그러면 코드에서 문제가 되는 부분에 플래그가 지정된다. 다음은 마이크로소프트의 '코드^{Code}' 에디터에서 CSS의 맞춤법 오류를 보여주는 간단한 예다.

일부러 width 대신 widthh를 입력했다. 에디터는 이 오류를 발견하고 합리적인 대안을 추천해준다. 가능하면 이런 도구를 활용하는 것이 좋다. 여러분의 시간을 코드에서 구문 오류를 추적하데 사용하는 것보다 디자인을 발전시키는 데 사용하라.

성능

반응형 웹 디자인의 성능은 미적 아름다움만큼이나 중요하다. 하지만 성능은 움직이는 표적과 같아서 구현방법이 계속 달라진다. 예를 들어, 브라우저는 자원을 처리하는 방식을 개선하고, 새로운 기술은 기존의 모범 사례^{Best Practices}를 대체하기도 한다. 기술이 충분한 브라우저의 지원을 받으면 결국 광범위하게 채택되게 된다.

하지만 다음과 몇 가지 구체적인 기본 구현 방법이 있다(물론 HTTP2가 대중화될 때까지).

- 자산의 수를 최소화한다(예를 들어, 자바스크립트 파일을 하나로 통합할 수 있다면, 15개의 개별 파일을 로드하지 마라).
- 페이지의 크기를 최소화한다(이미지를 압축하여 크기를 줄인다).
- 필요하지 않은 자산은 로딩을 연기한다(페이지가 렌더링 될 때까지 CSS와 자바스크립트의 로딩을 연기하면, 로딩시간을 크게 단축시킬 수 있다).
- 페이지를 가능한 빨리 사용할 수 있게 한다(앞의 모든 단계를 수행하여).

성능을 측정하고 최적화하는 데 사용할 수 있는 좋은 도구들이 많이 있다. 개인적으로는 `http://webpagetest.org/`를 선호한다. 간단하게 URL을 선택하고 'START TEST'를 클릭한다. 그러면 전체 페이지를 분석한 유용한 결과를 보여준다. 페이지 렌더링을 빨리 완료하는데 집중할 수 있도록 페이지가 로딩되는 모습을 '슬라이드' 형태로 보여준다. 다음은 BBC 홈페이지를 슬라이드 형태로 보여주는 예다.

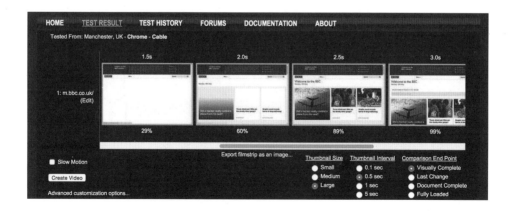

성능 최적화를 시도할 때마다 지난 측정 결과를 확인해라(그렇지 않으면 성능을 얼마나 효과적으로 개선시켰는지 알 수 없다). 그런 다음 코드의 수정과 테스트를 반복한다.

다음 큰 변화

프론트엔드 웹 개발자를 흥미 있게 만드는 것 중 하나는 상황이 빠르게 변화한다는 것이다. 항상 새로운 것을 배울 수 있으며, 웹 커뮤니티는 항상 문제를 해결하는 더 좋고 빠르고 효과적인 방법을 찾아낸다.

예를 들어, 3년 전 이 책의 초판을 썼을 때 반응형 이미지(3장에서 자세히 살펴본 `srcset`과 `picture` 엘리먼트)는 존재하지 않았다. 그 때는 다른 뷰포트 크기에 적합한 이미지를 제공하기 위해 서드 파티 솔루션을 사용해야 했다. 이제 이 일반적인 요구사항이 W3C 표준으로 반영되어 편하게 사용할 수 있다.

마찬가지로, 얼마 전까지 플렉스박스는 단지 규격 작성자만 쓸 수 있는 기술이었다. 규격이 발전된 후에도 구현하기에 어려웠다. 안드레이 시트닉[Andrey Sitnik]과 에빌 마틴스[Evil Martians] 그리고 에빌 마틴스 사(https://evilmartians.com/)의 영리한 친구들이 오토프리픽서를 개발한 이후에야 크로스 브라우저에서 쉽게 사용할 수 있게 되었다.

미래에 우리가 이해하고 구현할 수 있는 더 흥미로운 기술들이 생겨날 것이다. 예를 들어, 이미 4장에서 살펴 본 서비스 워커(http://www.w3.org/TR/service-workers/)는 웹 기반 애플리케이션을 오프라인에서 사용할 수 있는 좋은 방법이다.

이 외에도, 표준 섀도 DOM으로 구성한 '웹 컴포넌트'(http://w3c.github.io/webcomponents/spec/shadow/)나 사용자정의 엘리먼트(http://w3c.github.io/webcomponents/spec/custom/) 그리고, 맞춤형 재사용 가능한 컴포넌트를 가능하게 해주는 HTML 임포트(http://w3c.github.io/webcomponents/spec/imports/) 같은 기술들이 있다.

또한 CSS 레벨 4 선택자(http://dev.w3.org/csswg/selectors-4/) 및 2장에서 살펴본 CSS 레벨 4 미디어 쿼리 같은 앞으로 다가올 확장 기술도 있다.

마지막으로, 다가올 큰 변화는 HTTP2이다. HTTP2는 현재의 모범 사례를 나쁜 사례로 만들어 줄 것이다. 좋은 심도 깊은 입문서로 다이엘 스텐버그[Daniel Stenberg]의 'HTTP2 설명(http2 explained)'을 추천한다(무료 PDF다). 또한 간단하게 요약되어 있는 매트 윌콕스[Matt Wilcox]의 '프론트엔드 웹 개발자를 위한 HTTP2(HTTP2 for front-end web developers)' (https://mattwilcox.net/web-development/http2-for-front-end-web-developers)도 읽어 보기 바란다.

요약

이것으로 긴 시간 함께했던 우리의 여정이 끝났다. 지금까지 다뤘던 기술과 도구가 여러분이 앞으로 작성할 웹 사이트나 웹 애플리케이션을 반응형으로 만드는 데 도움이 되리라 믿는다.

기존의 워크 플로우와 사례, 기술을 미리 고민하고 약간만 수정하면, 방문자들이 사용하는 디바이스에 상관없이 빠르고, 유연하고, 유지 보수가 쉬운 웹 사이트를 제공해주는 반응형 웹 디자인을 만들 수 있다.

오랜 시간 동안 성능 최적화, 규격, 워크 플로우, 도구에 대한 많은 정보를 함께 알아보았다. 누구도 한 번 읽고 모든 것을 이해할 수 있을 것이라 기대하지 않는다. 따라서 다음에 우리가 다루었던 반응형 주제에 대해 기억하고 사용할 필요가 생길 때, 이 책을 다시 자세히 들여다보기 바란다. 그 때까지 여러분을 기다리고 있겠다. 여러분의 반응형 웹 디자인 도전에 행운이 함께 하길 바라며, 언젠가 다시 만나길 기대한다.

찾아보기